L'homme qui marche sur l'eau

L'ATLANTIQUE SANS EAU NI VIVRES

REMY BRICKA

L'homme qui marche sur l'eau

L'ATLANTIQUE SANS EAU NI VIVRES

Avec la collaboration
d'Anne Réale.

ARTHAUD

ISBN : 2-7003-0753-4. Imprimé en France.

nuit du 25 au 26 mai
mon cœur s'emballe
il devient fou
il est stressé à mort
j'espère qu'il ne va pas
lâcher
non il ne faut pas
qu'il lâche
je tente de le ralentir
de dominer mon corps
faut que ça se calme
je mets ma main comme
pour faire une imposition
j'ai mal partout
j'ai ~~envie~~ de tout casser
calme-toi Rémy
courage
tenir tenir encore
encore combien de temps

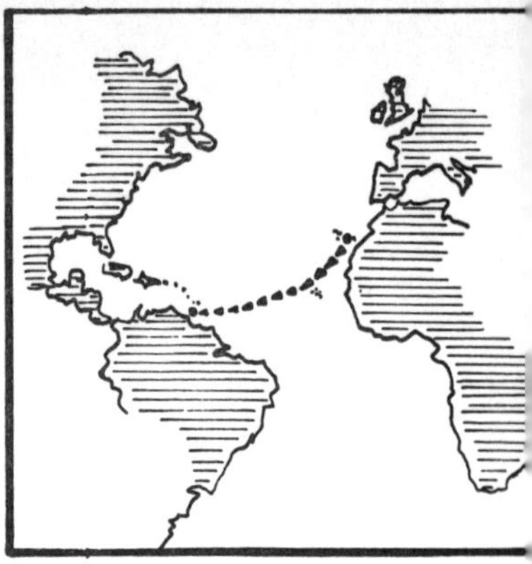

3 avril	dessalinisateur hors d'usage
8/9	1ères hallucinations
10	perte du filet à plancton
	plaques rouges s/poitrine
13	gonflement des oreilles et de la machoire
29	crise dépressive et pleurs
1 mai	douleurs rénales
2	chûtes de cheveux
9	malaises/perte équilibre
	chute / retour à la nacelle in-extrémis
10	1ères selles
16	blessure à la main droite
20 au 24	chavirages/perte des distillateurs
25/26	empoisonnement avec l'eau douce (polluée pendant la tempête)

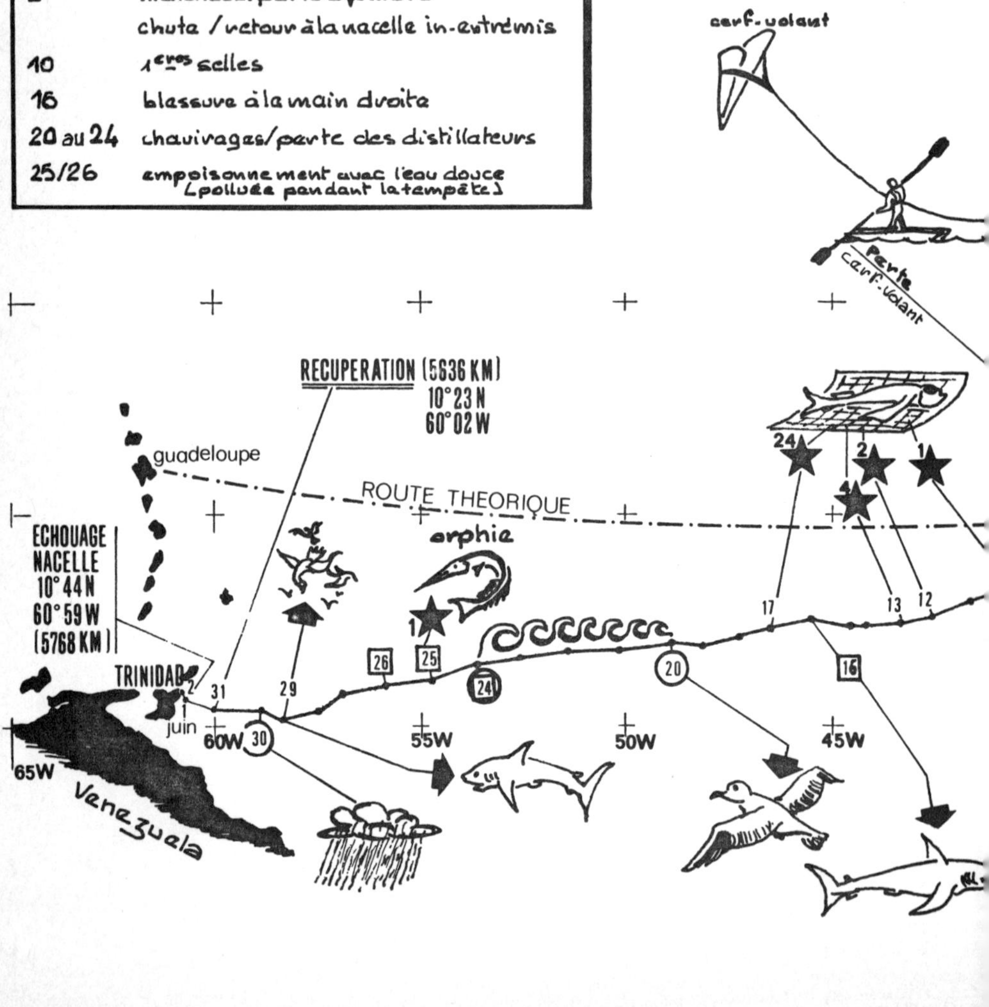

L'ATLANTIQUE en SOLITAIRE, SANS EAU ni VIVRES, en MARCHANT sur L'EAU

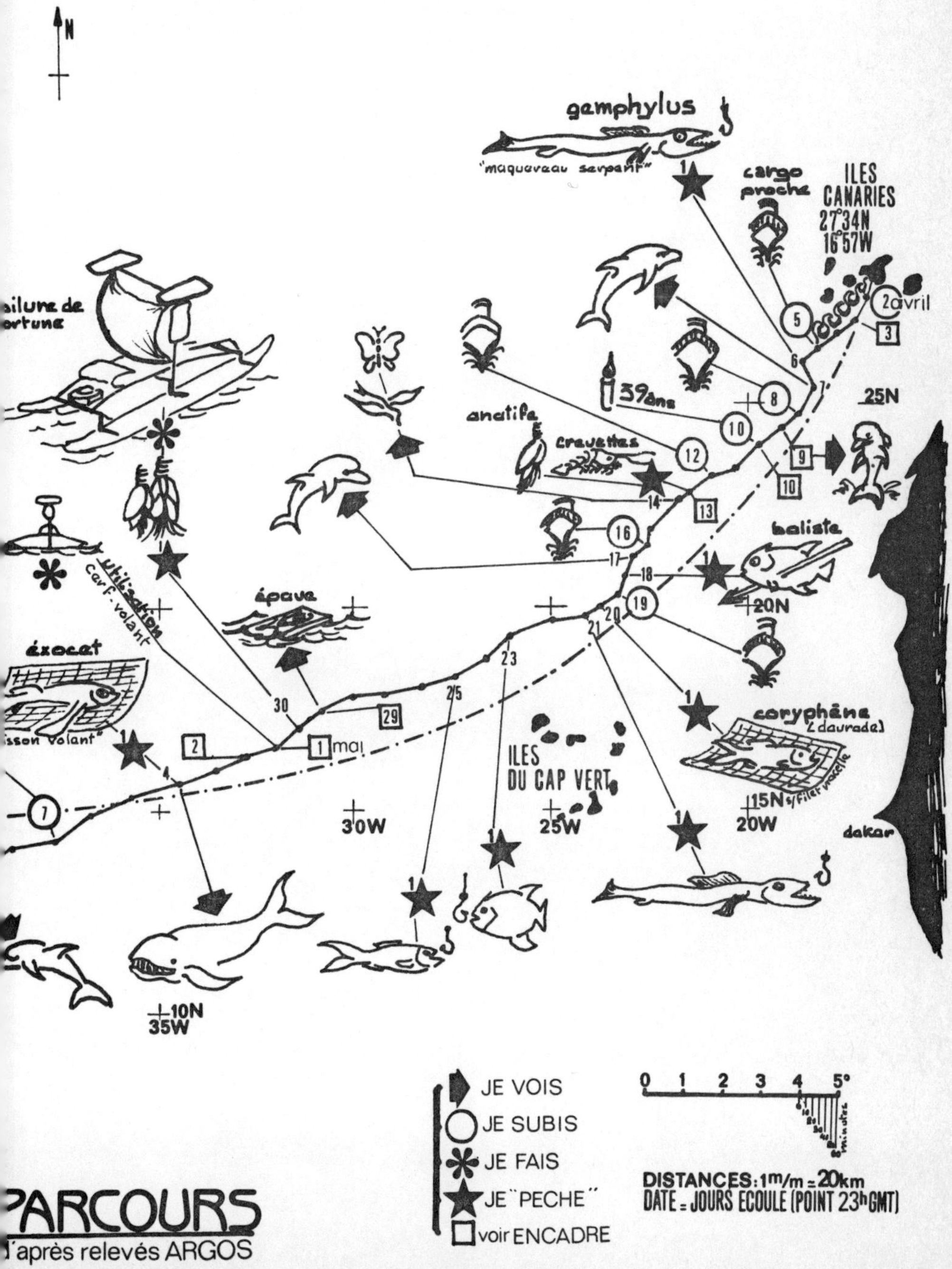

PARCOURS
d'après relevés ARGOS

La plupart des hommes ont un
moment dans leur vie
où ils peuvent faire de grandes choses.
C'est celui où rien ne leur semble impossible.

Stendhal

Avant-propos

Je reviens de si loin...

J'ai encore du mal à parler aux autres hommes. Deux mois sans eau ni vivres, deux mois de marche solitaire sur l'Atlantique, ce fut une éternité. Pour moi, mais aussi pour ceux qui m'attendaient et pensaient ne jamais me revoir. Ce que je suis parti chercher sur l'océan entre le 2 avril et le 31 mai 1988 est difficile à comprendre : j'ai voulu me dépasser, reculer les limites des capacités humaines. J'ai couru derrière cet idéal qu'on n'a plus le temps de quêter à terre. J'ai voulu rejoindre les héros et les conquérants, enrichir l'humanité de mon expérience de pionnier. Et, en deux mois d'horreur sublime, je suis effectivement devenu un autre homme.

A mon arrivée à Trinidad, dans le désarroi qui suivit le pillage de ma nacelle, mon journal de bord, le seul témoin de mon exploit (avec les relevés officiels d'Argos), avait disparu. Je pense que si les pêcheurs ne l'avaient pas restitué au commissariat de Sangre Grande, les détails de mon expérience auraient été perdus à jamais. Ces cent pages de mon calvaire, c'étaient les mots jaillis de moi pendant l'exploit, les misères et les grandeurs de ma vie de randonneur océanique. Si ce cahier n'avait pas été retrouvé, je pense que je n'aurais jamais eu le courage de me replonger dans ces moments si pénibles, dans ces mille souffrances et délires.

Je me suis forcé à écrire presque chaque jour, notant ma progression, mes doutes, mes divagations, mes peurs et mes joies. A la fin de mon épopée, ces notes n'étaient plus que des bribes éparses, des mots jetés en vrac sur les pages, d'une écriture méconnaissable, hachée, défigurée. Plus vraiment des phrases, plutôt des cris de douleur et de rage de vivre, où j'oubliais parfois des mots, des verbes, ne notant que l'essentiel. La collaboration intuitive et clairvoyante d'Anne Réale m'a aidé à revivre l'inexprimable et à retrouver l'essence de cette recherche de l'absolu.

Je m'étais engagé à traverser l'océan à pied, totalement seul, avançant grâce à mes pieds et mes jambes, tirant ma nacelle de repos derrière moi et survivant avec pratiquement « rien dans les poches ». Un pied de nez symbolique à notre civilisation où plus rien ne se fait sans machines et sans assistance. J'ai failli payer ce défi de ma vie, mais j'ai tenu à aller jusqu'au bout. Pourtant il eût suffi d'un geste (tirer sur le cordon de détresse de la balise Argos, constamment sous mes yeux) pour déclencher les secours et mettre fin à mon aventure. Ce geste, même à demi mourant dans la dernière tempête, je ne l'ai jamais fait.

J'ai beaucoup souffert, mais je crois que le plus dur, ce fut justement d'être obligé de prendre conscience que je n'étais qu'un homme, un homme qui menait à son terme une entreprise surhumaine certes, mais dans un corps d'homme qui parfois le trahissait. J'aurais voulu marcher plus encore, marcher 24 heures sur 24, mais ce n'était pas possible. Même l'univers doit avoir certaines limites, et celles de l'homme, fût-il le plus téméraire, ne peuvent reculer indéfiniment.

J'ai réussi cette traversée grâce à la force de mon esprit et j'espère que mon témoignage servira à d'autres. D'abord pour leur montrer qu'un homme décidé, sûr de lui, bien préparé, ne doit pas se laisser rebuter par les railleries et critiques de ceux qui n'osent pas (si j'avais écouté moqueurs et sceptiques, je ne serais jamais parti sur l'océan). Ensuite qu'un exploit n'est jamais gratuit : j'espère, à travers ce livre, redonner espoir à tous ceux qui croient être au bout du rouleau, aux naufragés en puissance, mais aussi aux malades, aux déprimés. Dès les premiers jours de ma traversée, j'ai vécu l'enfer. Ce qui m'arriva après fut pire encore, et j'en suis revenu!...

1

On me croit fou!

Depuis des heures, je glisse sur du bleu. Du bleu partout, du bleu à l'infini. Je glisse et je marche, seul sur la mer. Aujourd'hui les vagues se sont calmées, elles me soulèvent et m'emportent en douceur, presque en silence, tandis que j'avance un pied après l'autre, en balançant le corps de gauche à droite. Je lance un ski à l'assaut d'une dune liquide, puis l'autre suit naturellement tandis que j'équilibre ma danse aquatique avec une pagaie double.

Dans le monde des courants, des lames et des vents, après des heures et des heures de tâtonnements, de chutes et d'équilibre instable, soudainement, mon pas de géant est né!

Et je marche, je marche vraiment sur l'eau!

Voilà des jours que je glisse sur l'Atlantique, traînant derrière moi ma minuscule maison flottante. Bleu derrière, bleu devant, seul j'émerge de ce bleu impalpable de l'océan, fait de milliers de reflets. Bleu écumant et presque transparent des crêtes qui éclatent sur l'avant de mes longs skis aquatiques, bleu-vert rieur des tourbillons qui roulent sous moi, me donnant parfois une démarche de canard maladroit. Bleu brillant et grandiose de la houle lointaine qui déroule sans arrêt d'immenses tapis de vagues vers moi, des vagues dont je dois sans cesse me méfier, car souvent, après une série d'ondulations tranquilles, une déferlante jaillit brutalement, faisant exploser ma frêle assurance.

Suis-je vraiment fou? Faut-il il être fou pour traverser l'Atlantique, au ras des vagues, deux skis aux pieds, réalisant enfin le vieux rêve de l'humanité : marcher sur les eaux!

Suis-je fou? Parfois je le pense, quand je me contemple, petit homme perdu au milieu de l'océan, dix fois plus petit que les vagues qu'il affronte, les deux pieds bloqués dans ses skis flotteurs, tirant vaille que vaille un invraisemblable trimaran surmonté d'un portique, la minuscule cellule où je me réfugie la nuit quand la mer se fâche vraiment.

Suis-je fou? Depuis mon départ des Canaries, je n'ai encore rien mangé. Car je suis parti sans eau ni vivres, pensant tirer ma nourriture de la mer. La mer! Je la croyais mer mère, mer-nourricière. Je la découvre sauvage et sans pitié, sévère. Je croyais qu'elle veillerait sur moi. Elle me surveille seulement, du haut de sa grandiose indifférence. Elle ne me pardonnera pas la moindre défaillance, le moindre faux pas. Elle ne me donnera presque aucune nourriture. J'attendrai cinq semaines le premier poisson volant. Et le plancton, ce n'est pas par bols entiers que je le mangerai, mais à la petite cuiller. Quand il y en a.

Je vais m'en sortir, mais il me faudra ruse et patience pour arracher à la mer de quoi survivre.

Je viens tout juste de commencer ma traversée et je me sens déjà exténué. Mais j'ai encore plusieurs dizaines de milliers de vagues à escalader ainsi, le ventre creux secoué de spasmes, la soif m'écrasant la bouche, le sel me desséchant la peau. J'ai encore devant moi près de 6 000 kilomètres d'océan, des milliers de milles d'horizon à déchirer, des dizaines de jours à essayer d'arracher à mes distillateurs d'eau de mer quelques gouttes de molécules non salées, des centaines d'heures à tenter de pêcher, le plus souvent en vain, pour extirper de l'océan quelque poisson ou crustacé à avaler.

Suis-je fou? Quand j'arriverai de l'autre côté, au bout de deux mois entre Canaries et Antilles, j'aurai pris vingt ans de plus. Mon regard sera vide comme l'horizon que j'aurai fixé désespérément pendant soixante jours, y cherchant vainement autre chose que des courbes et des vagues. J'aurai les yeux globuleux et absents de ces poissons des profondeurs qui m'effrayaient tant. Je serai autre. Inhumain. Mutant, et mourant.

Au moment où j'écris ce livre, un mois a passé depuis mon arrivée à Trinidad, le 1er juin 1988.

J'ai déjà réintégré ma coquille de citadin pressé, de musicien toujours en vadrouille entre deux métros et deux avions pour l'Europe, le Japon ou l'Amérique.

J'ai du mal à me souvenir que je fus cet homme misérable, heureux profondément de ce qu'il accomplissait, mais profondément pitoyable aussi. Squelettique et anémié, presque comateux à la fin, souffrant un calvaire au-delà des forces humaines habituelles, un enfer inimaginable à terre.

Personne pour me voir. L'Atlantique c'est grand! Je ne l'avais traversé qu'une fois, sur le paquebot *France*, jetant parfois un œil distrait, entre deux bouchées de feuilleté au foie gras ou de tournedos béarnaise, sur le sillage argenté que traçait l'immense navire. Aurais-je remarqué, du haut des cinquante mètres du géant, une poussière d'homme titubant entre deux vagues?

J'ai croisé des bateaux. L'un d'entre eux m'a illuminé une nuit du feu de son projecteur balayant la mer. J'ai tenté plusieurs fois d'entrer en contact radio avec ces mastodontes. Aucun ne m'a vu ni entendu. De la passerelle d'un cargo, je ne suis qu'une ombre sur la houle. Un fantôme d'homme. Comme l'« enfant de la haute mer », la petite fille sortie des flots par (l'écrivain) Supervielle, je vis ma propre vie de skieur de fond de l'océan, seul pour une éternité, irréel, avalé par les vagues dès que pointe à l'horizon l'étrave d'un bateau.

Quel homme de quart de toute façon pourrait affirmer, sans passer pour fou lui-même, que cette silhouette qui va son chemin sur les dunes de l'océan, hissant derrière elle un amas de tubes et de plastique, au profil fantasmagorique issu d'un roman de Jules Verne, est réellement un homme, un homme qui marche sur les eaux!

Peut-être d'autres hommes m'ont-ils aperçu? Peut-être venaient-ils de finir un bon repas bien arrosé, et peut-être se sont-ils frottés les yeux avec une exclamation d'incrédulité devant cet extra-terrestre jailli des flots, carcasse insolite nourrie d'eau de mer et de daurade séchée... Et puis, l'un deux a plaisanté et dit qu'il avait trop bu. Il y a eu un ordre, un supérieur est arrivé, ils ont détourné les yeux un moment et, l'instant d'après, il n'y avait plus que des vagues anonymes qui roulaient comme chaque jour autour du bateau en charriant les fantasmes de marins trop imaginatifs...

J'ai du mal à me souvenir que je fus cet homme-là.

A peine quinze jours après mon arrivée, j'avais déjà repris mon poids normal de 66 kilos, et oublié que j'avais laissé 20 kilos de moi sur l'océan. 20 kilos de graisse, de muscles, de vivacité.

Quand on m'a recueilli, au bout de 5 636 kilomètres à pied sur l'Atlantique, j'étais devenu une espèce d'être hybride, au regard absent. Barbu, éthéré, les côtes saillantes, les jambes en chiffon. Lent, très lent, et infiniment las.

J'avais désappris à parler. Je bégayais et cherchais mes mots. Mes yeux avaient oublié qu'il existait d'autres couleurs que ce bleu que je ne voulais plus voir. Mes jambes amortissaient malgré elles d'invisibles balancements du plancher comme si elles étaient encore obligées de jouer les ressorts sur les vagues.

Mon corps était devenu si maigre que je n'osais plus le regarder. Tanné, desséché, il était couvert d'une seconde peau qui me donnait l'allure étrange d'un animal mi-terrien, mi-aquatique : sel, pommade solaire et crasse agglomérés me protégeaient aussi du soleil et des embruns.

Curieusement, mon esprit s'était affermi et développé au fur et à mesure que mon corps s'affaiblissait. Et malgré mon extrême lassitude, l'agonie qui commençait après ces deux mois sans presque rien manger, et les vagues de souffrances qui ne me laissaient plus aucun répit à la fin de mon odyssée, ma volonté était encore plus forte que jamais.

Et comme au début de ce périple, je me répétais sans arrêt, sans jamais laisser mon imagination s'égarer à inventer autre chose qu'un succès final, en refusant d'imaginer ne serait-ce que les prémices de ma propre mort : « Continue!

Accroche-toi Rémy! Courage! Courage! Tenir, tenir encore! Je suis fort, je me battrai jusqu'au bout! »

Je fus cet être-là pendant un long, trop long cauchemar de deux mois sur l'océan. Ce cauchemar dont j'ai failli ne jamais revenir, je ne le regrette pas, mais je ne souhaite à aucun homme de vivre ce que j'ai enduré.

Ce fut la plus formidable expérience de ma vie. Une parenthèse fulgurante et inhumaine. J'ai voulu aller jusqu'au bout de moi-même, jusqu'aux limites extrêmes de la survie. Je ne pensais pas que ce serait si dur.

J'ai failli mourir sur l'Atlantique. J'ai tenté cette traversée pour me prouver à moi-même que j'étais capable de l'impossible. Capable de gagner, alors que personne ne croyait en moi. J'ai tenu ma vie à bout de bras, et même si j'ai douté parfois, j'ai toujours eu la certitude que je resterai en vie tant que j'en aurai la volonté et le courage.

La vie est la plus merveilleuse chose qui soit! C'est parce que j'en suis persuadé que j'ai accepté de la risquer sur l'océan. Et pour montrer aussi aux autres, aux naufragés en puissance que rien n'est jamais perdu. Qu'on peut tenir des semaines entières en survie. Que dans des conditions extrêmes de dénuement, on découvre et on puise en soi des forces physiques et surtout morales dont on ne se serait jamais senti capable. Il y a eu des moments où mon corps refusait de m'obéir. Où cela aurait été si facile de se laisser aller, de s'endormir définitivement, de ne plus lutter. Cette victoire sur moi-même, c'est ma plus belle récompense!

2

Et tout de suite, l'enfer!

Deux millions de pas.

J'ai eu le temps de calculer. Depuis mon départ, le 2 avril 1988, et jusqu'à la fin de ma traversée le 31 mai, il m'a fallu glisser un pied après l'autre environ deux millions de fois sur ce désert liquide sans jamais voir une trace de mon sillage derrière moi, ni une lueur de terre promise devant.

Des pas de géant, des pas de fourmi. Des pas optimistes. Car je suis un optimiste incorrigible. Mais aussi des pas de galérien. J'ai conté la splendeur et la grandeur de la mer. Je ne la connaissais pas. Elle m'a bluffé : parfois quand j'admirais cette immensité dégringolant en cascades autour de moi, j'aurais voulu simplement me contenter de la regarder, sans bouger, blotti sur ma nacelle, sans essayer de m'imposer sur mes faibles skis, car la démesure était trop grande. La tentation était forte de me laisser dominer. Et puis non, il fallait à nouveau se défendre, s'y frayer une place.

On m'avait prédit l'enfer. La mort.

Pour l'enfer, ils avaient raison. A peine les derniers adieux lancés au large des Canaries, dans une mer houleuse et grise, l'épreuve a commencé. En quelques minutes, le bateau qui m'accompagnait avait déjà disparu. J'étais seul. Seul avec mon impossible défi : presque 6 000 kilomètres d'océan devant mes skis.

Le vent soufflait à force 6-7, déjà du gros temps.

J'ai balancé mon corps de gauche à droite comme je l'avais déjà fait mille fois, pour la traversée de la Manche, pour la traversée de la Méditerranée, pour mes récents essais près de Noirmoutier et de Port-la-Vie.

J'ai escaladé mes premières collines d'eau salée en plein Atlantique. Une descente. S'accrocher. Remonter la colonne d'eau grondante. Pas si facile. S'accrocher. Lancer la pagaie sans mouvements brusques pour ne pas déséquilibrer le corps.

Attention! Je manque de basculer dans une gerbe d'écume. La vague a déferlé sans prévenir. Pourtant elle a dû prévenir. En mer, je m'en apercevrai plus tard, si on surveille bien la houle, ses manifestations, ses bruissements ou ses grondements, on peut en prévoir presque chaque mouvement. Mais je n'ai pas encore l'habitude. Ma combinaison polaire est trempée. J'ai froid.

Et déjà la prochaine vague s'annonce. Cette fois-ci je l'ai vue venir. J'écarte légèrement les skis pour mieux me caler et affronter le monstre écumant. Elle est passée. Mais la suivante est déjà sur moi. Tout un train de vagues immenses m'arrivent sur le dos dans un rugissement de tonnerre. Les embruns volent et je tente d'amortir les chocs dans un brouillard de grêlons sans pouvoir coordonner mes mouvements.

A perte de vue, l'océan tempête et hurle.

Je vais essayer de regagner la nacelle. En pensant cela, j'ai dû me déconcentrer quelques secondes, et dans un tourbillon d'écume je perds l'équilibre. Mes skis valsent sans que je puisse les remettre droit. Je bois la tasse et je plonge en me demandant si je serai encore vivant dans quelques minutes. La masse d'eau qui m'a écrasé était si puissante que j'ai l'impression de voler en éclats...

Ils m'avaient prédit l'enfer. Et ils avaient raison.

Mais cela voulait-il vraiment dire que j'avais tort?

Chaque personne que je rencontrais avant mon départ brandissait Neptune et ses foudres. J'osais défier la mer, moi un terrien, un Alsacien, qui n'avais jamais senti l'iode et l'air du large avant mes 30 ans! J'osais défier l'océan, moi un néophyte, un « éléphant », qui avait seulement découvert la voile à 37 ans, lors d'un stage aux Glénans! J'osais en outre tenter une expérience de survie sur la mer alors qu'à 39 ans je n'étais ni médecin, comme Alain Bombard, ni seulement marin, et pas même reconnu officiellement dans la discipline sportive que j'avais inventée, le ski aquatique ou la marche sur skis flotteurs.

A Ténériffe, il y avait eu la bousculade, la gentillesse envahissante des gens autour de moi, les critiques méchantes des sceptiques jusqu'au dernier moment, et puis surtout la course contre la montre pour partir le plus vite possible avant qu'on ne m'en empêche.

Car j'étais interdit d'Atlantique. Mon projet de traverser l'océan à pied paraissait si insensé à ceux qui ne me connaissaient pas que la solution la plus simple, sans approfondir plus, était de m'interdire de partir. Amis, médecins, sportifs et officiels trouvaient dément que je parte, en outre sans eau ni vivres.

On me croyait vraiment fou. Personne, ni en France ni aux Canaries, ne voulait avoir sur la conscience mon naufrage, ni payer les frais d'un éventuel repêchage. « Des kamikazes qui veulent traverser l'Atlantique, on en voit tous les jours. Où irait-on si on les prenait au sérieux! » Et on me refusait l'homologation indispensable pour mon « engin de plage » sans même prendre la peine de se déplacer pour voir ledit engin, ni le temps de m'entendre exposer mes raisons et mes trois ans de préparation.

Moi je savais que j'étais prêt.

Je n'ai rien d'un paranoïaque. Je crois avoir toujours été lucide. Si je n'avais pas été prêt et sûr de ma détermination, je ne serais pas parti. Bien sûr, il manque toujours quelque chose. Mais la liste de mon matériel n'était pas bien grande, limitée par la taille de ma nacelle : même pas deux mètres carrés au total, où je devais loger l'indispensable pour deux mois.

Ce n'était pas l'avitaillement qui m'encombrait puisque je partais sans aucune réserve d'eau et sans aucune nourriture. Une décision qui s'était pratiquement imposée d'elle-même.

Non pas que l'exploit sportif ne fût pas suffisant en soi : traverser l'Atlantique à pied était déjà assez extraordinaire. Il y avait ce problème de place. Ma nacelle était juste une capsule de survie, à garder la plus légère possible car je devais la traîner derrière moi.

Mais ce n'était pas uniquement une question de poids. J'aurais pu emporter des aliments lyophilisés ou déshydratés. C'était... peut-être l'aboutissement logique d'une éthique de vie. Je suis végétarien, écologiste, habitué à imposer à mon corps et à mon esprit une discipline assez stricte afin de mieux les contrôler. Partir ainsi sur l'océan, pour une traversée que je prévoyais d'au moins deux mois et demi, c'était l'occasion de tester jusqu'à quel point je pouvais justement garder le contrôle de mes facultés.

Trente-six ans après Bombard, je m'engageais ainsi dans une nouvelle expérience de naufragé volontaire. Mais il n'était pas question que je reste passif, bloqué dans un radeau sans moyen d'action. Je n'envisageais cette expérience de survie que parce que je marcherais. De la survie active, doublée d'une odyssée sportive.

Maintenant que j'ai vécu cette folie jusqu'au bout, je me rends compte combien j'étais présomptueux. Marcher ainsi dans un état d'épuisement et d'anémie alors qu'un sportif ne peut envisager un effort prolongé sans une alimentation calorique importante, c'était presque du suicide. Enfin ce l'eût été si je n'avais pas été aussi bien préparé, physiquement et mentalement. Mais qui s'est soucié avant mon départ de m'interroger sur ma préparation?

« J'espère bien que c'est la dernière connerie que tu tentes dans ta vie! Et si tu en reviens, et si tu veux encore recommencer, va d'abord voir un psychanalyste pour comprendre enfin quelles sont les forces irrésistibles qui t'ont poussé à faire parler de toi à tout prix, y compris au prix de ta vie! » Marie-Rose, ma compagne, n'était pas tendre avec moi. Mais elle m'a laissé partir, elle m'a aidé patiemment, sans ménager ses forces, jusqu'au dernier moment. Car elle savait, Marie-Rose. Elle savait que depuis ma première marche sur l'eau en

1980, j'avais revu cent fois la conception de mes skis. Que ma nacelle, avec ses étranges formes géométriques, ne devait rien au hasard, qu'elle était le fruit de trois ans de travail d'ajustage, de retouches, de perfectionnements. Que chaque objet indispensable à ma traversée avait son double dans mes bagages, en cas de panne. J'avais même prévu quatre appareils à fabriquer de l'eau douce (un dessalinisateur et trois distillateurs). Heureusement, car ils me lâchèrent les uns après les autres.

Outre cet énorme sac à dos que constituait la nacelle de survie avec environ 300 kilos, j'emportais sur moi comme un dromadaire mes propres réserves de graisse et de vitamines. En effet, six mois avant le départ, en liaison avec le diététicien Serge Baudoin, j'avais entrepris un programme de suralimentation. Joufflu, ventru, les jambes gonflées de graisse, je ressemblais à un gros bébé boulimique. Pas vraiment une silhouette de sportif ni une gueule d'aventurier! A la limite de la nausée parfois, je me bourrais de calories, de sels minéraux d'oligo-éléments. Je mangeais tout le temps et j'avais réussi à accumuler ainsi six kilos supplémentaires.

Combien de temps ai-je tenu sur ces réserves de dromadaire des mers?

Deux jours avant le départ, j'avais perdu deux kilos en une seule soirée, lors d'un spectacle que j'avais donné, en me démenant beaucoup il est vrai. Quel stock de forces étais-je déjà en train de lâcher dans cette première bataille sur l'Atlantique, quelques heures après mon départ, alors que la traversée commençait à peine?

3

Premiers réflexes de survie

Je n'ai pas vomi tout de suite.

Peut-être parce que la force de ma concentration était telle au début pour m'obliger à tenir sur mes skis et à marcher sans tomber dans ce maelström étourdissant que mon corps m'obéissait totalement.

J'ai perdu l'équilibre. Plusieurs fois. Mais je me rattrapais toujours.

Enfin j'ai enfourné dans une descente, et je suis tombé pour de bon. Emporté par l'élan, j'ai failli sancir, la tête la première, comme un bateau qui s'enfonce le mât dans l'eau. Et puis, au dernier moment, je me suis jeté sur le côté pour éviter de me blesser sur l'avant des skis. Lors d'une chute brutale, c'était le risque : se rompre les ligaments, subir entorse ou fracture.

J'ai réussi à me dégager de mes skis et à regagner la nacelle avec eux. Et c'est alors que ça a commencé. Les vagues m'éclaboussaient. Et mon estomac leur rendait la pareille. Des torrents sortaient de moi comme si mon corps se rebellait de l'avoir gavé pour mieux résister.

Je me tordais de nausées sur la nacelle. Je restituais à la mer tout ce que j'avais accumulé pour mieux la défier. Et je n'arrêtais pas de me vider. Des spasmes impossible à maîtriser. Il y avait longtemps que le petit déjeuner pantagruélique du départ était au fond de l'eau. Maintenant c'était de la bile, des déchets organiques incolores.

Comme si mon corps, déjà baptisé durement par la tempête, devait encore se laver de ses impuretés pour être digne de la bataille à venir sur l'Atlantique.

Je note tout cela après coup. Sur le moment, ce que j'endurais était tellement abominable que, même quand je me suis senti mieux dans ma peau, je ne voulais plus y repenser, et surtout pas l'écrire dans mon journal de bord, où pourtant je me suis efforcé de tout retranscrire.

Dans mon journal, j'ai seulement noté pour ces premiers jours de cauchemar : « Ce que je suis en train de vivre devient trop personnel et trop atroce pour que je laisse quelque trace de ce début de calvaire... » Dur, très dur d'avouer que le héros de l'Atlantique, quelques dizaines de milles seulement après son départ, était déjà réduit à l'état de loque. Ce corps dont j'étais si fier, car je croyais l'avoir dompté grâce à ma longue préparation physique et mentale, il me lâchait déjà, et de la façon la plus humiliante qui soit...

Et puis je me suis repris. Grâce justement à ce bouclier psychique que j'avais forgé pendant une année d'exercices mentaux à terre.

Je me suis allongé sur la nacelle tant bien que mal. Et je me suis efforcé de retrouver mon calme et le contrôle de moi-même en respirant profondément.

Les vagues de nausées ont cessé peu à peu de me secouer. Je me sentais encore très mal. Jambes en marmelade et cœur au bord des lèvres. Mais je savais que si je n'agissais pas, ce serait pire. La mer, elle, ne se calmait pas.

Alors j'ai serré les dents. J'ai vérifié si mon harnais de sécurité était bien crocheté. Et j'ai remis mes skis à l'eau.

« Marche, Rémy, marche. C'est ce que tu as voulu. Plus que tout au monde. Cela fait dix ans que tu veux marcher sur l'eau. Des années que tu programmes cette traversée symbolique de l'océan. Impossible d'abandonner! Il faut marcher, marcher! Quand tu gémissais sur ta nacelle, tu n'étais pas digne d'un être humain. Tu dois te battre, Rémy! C'est pour cela que tu es là, pour prouver que rien n'est impossible, qu'on peut reculer indéfiniment les limites de la résistance humaine. Alors vas-y, accroche-toi!... »

Et je suis reparti. Je me suis immergé à nouveau,

funambule vacillant et titubant, dans cet univers blanc, froid et écumant.

Pas question de reculer maintenant. Je n'en ai plus les moyens d'ailleurs. La veille de mon départ, j'avais essayé une première fois de m'engager sur l'Atlantique mais les vents m'avaient repoussé vers la terre. Maintenant, ces vents et ces courants m'emportent vers le large. Avec mes skis et ma pagaie, je transforme cette dérive passive en dérive active, je la corrige et je la complète. Mais je sais que je ne suis pas de taille à lutter contre ce gigantesque tapis roulant et déferlant, le courant Nord équatorial, qui m'entraîne dans ses tentacules vers l'Amérique.

Je me concentre sur mes skis pour garder l'équilibre au milieu des montagnes d'eau et j'en oublie parfois mon mal de mer.

Les vagues m'assaillent à droite, à gauche, devant et derrière. Et je suis seul avec ma pagaie et mon savoir-faire pour dévaler ces dunes sans cesse en mouvement, qui se croisent et s'entrecroisent sans que j'aie le temps d'y deviner un chemin.

Je marche, je valse, ou plutôt je vole de vague en vague, me retrouvant parfois sous l'eau, parfois au-dessus, dans toutes les positions. Quand la vague est trop impressionnante, je me concentre sur mes bras et mes jambes, je surfe à fond, et je passe. Mais déjà la vague suivante est sur moi.

Je tombe à nouveau. Geyser d'eau froide. Impression d'éclatement, de me retrouver impuissant, ballotté dans une lessiveuse géante. Secondes interminables où je gigote entre deux eaux, me battant de toutes mes forces pour que mon aventure ne s'arrête pas là.

J'ai gagné! Je suis sorti indemne de ce premier corps à corps avec la mer. Mais je suis à bout. Et je sais que mon succès final dépend aussi de la façon intelligente dont je vais doser mes efforts. Ne jamais aller trop loin dans l'épuisement, dans la provocation. La victoire, c'est aussi d'arriver, chaque soir, entier dans la nacelle afin de pouvoir recommencer ma marche de titan le lendemain, ou dans la soirée si la lune est pleine (et elle le fut trois fois pendant ces deux mois, quatre ou cinq jours durant).

J'arrête de marcher. Je me rapproche de mon unique refuge. La nacelle, à l'extérieur et à l'intérieur, est aussi trempée que moi. Je m'étais pourtant protégé avec une combinaison à capuche serrée. Équipement d'alpiniste sophistiqué, qui laissait passer la transpiration mais devait arrêter les embruns, et d'où n'émergeaient que mon nez et mes yeux. Mais je n'avais pas suffisamment étudié le problème des chutes...

Maintenant, il faut que je m'occupe de ma survie. Je n'ai pas envie de manger, je suis trop malade pour ressentir le moindre creux, mes malaises occupent tout l'espace. Mais je commence à avoir soif.

Et puis, je dois protéger ma capsule, cette plate-forme flottante qui va être ma sauvegarde pendant ces longues semaines sur l'Atlantique. 3,25 mètres de long sur 65 centimètres de large et 65 centimètres de haut, ma minuscule tanière tangue et roule follement, menaçant régulièrement de plonger dans les vagues.

Et si elle chavirait? J'ai prévu cela, mais, pour ne pas donner prise aux vents contraires près des côtes de Ténériffe, je n'ai pas encore mis en fonction mon système de sécurité. Un retard insensé! Je me précipite et je gonfle rapidement les bouées (ou volumes gonflables) fixées en haut du portique haubanné pour rendre la nacelle insubmersible. Maintenant, il faut sans tarder que je fabrique de l'eau douce avant que la nuit tombe. Régir et organiser mon univers restreint de naufragé volontaire. Acquérir rapidement les réflexes indispensables à ma survie.

J'ai sorti le dessalinisateur et j'ai commencé à pomper.

Au bout de quelques minutes, deux gouttes, trois gouttes sont sorties : la récolte précieuse commençait. Je savais qu'il me faudrait pomper peut-être des heures pour obtenir quelques verres d'eau douce à partir de dizaines de litres d'eau de mer (le mode d'emploi prévoyait un litre pour mille coups de pompe environ), mais de voir cette eau couler miraculeusement, même goutte à goutte, cela me redonnait courage.

J'ai vite déchanté.

Malgré tous mes efforts, j'avais beau m'acharner sur la pompe, plus rien ne sortait.

Le dessalinisateur aura duré cinq minutes en tout.

Vice caché ou mauvais fonctionnement? Le mécanisme intérieur avait craqué et je n'avais plus qu'à jeter ou ranger l'appareil. Réflexion faite, je le range. Peut-être pourrai-je le réparer un jour.

Pas de temps à perdre : mes autres appareils sont des distillateurs solaires et le soleil, déjà à demi caché par les nuages de la dépression qui monte, risque de disparaître d'un moment à l'autre. Sous une pluie d'embruns, je sors la notice d'emploi, que j'avais fait traduire avant le départ, d'anglais en français. Un peu inquiet tout de même. Les distillateurs ont été livrés au dernier moment et vu le manque de soleil en France, je n'ai pas eu le temps de tester leur fiabilité...

Ouf! Le distillateur solaire fonctionne.

En une demi-heure, il était déjà monté. Je me suis servi du gonfleur pour construire la bouée qui soutient l'ensemble et lui permet éventuellement de flotter sur l'eau. Je l'ai posée sur le flotteur tribord de ma nacelle. Puis j'ai gonflé et installé le dôme en pyramide. Enfin j'ai attaché mon engin entre un flotteur et la capsule située au milieu de la nacelle. Il fallait faire attention à ne pas le fixer trop serré pour qu'il n'éclate pas à la première déferlante. J'ai donc laissé un certain jeu et cela a parfaitement fonctionné. Parfois, les vagues le déportaient et le repoussaient, mais le système tenait.

Le principe était simple : chaque jour, je versais quatre à cinq litres d'eau de mer dedans, puis j'attendais patiemment. Il fallait au minimum une journée pour obtenir ainsi un demi-litre ou trois quarts de litre d'eau douce, parfois beaucoup plus longtemps si le soleil était rare. Pendant les tempêtes, bien sûr, inutile d'espérer la moindre récolte. Je devais prévoir des réserves...

Soif. Très soif. Déjà! Le supplice du naufragé, volontaire

ou non, est aussi psychologique : mourir de soif dans un pot à eau...

Mon pot à eau atlantique contient environ 35 grammes de sel par litre. L'eau de mon robinet parisien guère plus de 0,6 gramme. Périr de sel ou de soif... Je n'arriverai jamais à cette extrémité, j'espère, j'ai emporté suffisamment d'appareils de rechange. Mais ce ne sera jamais l'abondance. Or on sait, grâce à de nombreuses expériences, dont celle de Bombard, que l'homme peut ingurgiter sans risques jusqu'à 800 ml d'eau de mer quotidiennement pendant environ une semaine. En attendant que le distillateur me dispense les précieuses gouttes d'eau pure, c'est le moment d'appliquer cette théorie. Je m'y suis longuement préparé à terre.

Pas envie d'eau de mer, s'insurge mon estomac.

Ce qu'il me faudrait en ce moment, c'est un grand verre de limonade, un bol de chocolat chaud et onctueux.

Oublie tout ça, Rémy. Ce sont des luxes de terrien. Tu es parti sur l'Atlantique sans eau ni vivres pour prouver tes capacités de résistance physique et morale. Enfile tout de suite ta seconde peau d'homme des mers. Force-toi : ce n'est que le premier jour. Qui sait ce que réserve demain? L'eau de mer peut être bue en petites quantités chaque jour sans dommage, mais en situation de survie, il ne faut surtout pas attendre d'être déshydraté pour l'avaler.

Agrippé à ma nacelle, je me penche et je lape doucement, comme je peux, l'eau qui dévale sous ma maison flottante, quand ce n'est pas au-dessus.

Haut-le-cœur.

Je me suis pourtant habitué à terre, depuis plus de six mois, à boire presque chaque jour un verre d'eau salée. Mais là, j'ai apparemment trop demandé à mon organisme.

Je recrache tout et à nouveau la nausée s'empare de moi, me tord, m'écrase et me submerge. Encore une fois je me retrouve affalé dans la nacelle, incapable du moindre mouvement, me vidant par saccades, secoué de frissons que je ne peux réprimer. Un pauvre type!

Mon corps m'échappe, m'abandonne, et, pendant ces minutes interminables où je grimace et gémis, je hais ce ventre trop gros qui n'est pas vraiment le mien, le ventre de ce type trop sûr de lui qui voulait traverser l'Atlantique à pied, et qui n'est même pas capable de se tenir debout. A terre, souvent j'ai failli vomir, quand j'engraissais de yaourts, de céréales, de fruits et légumes verts jusqu'au-delà de la satiété ce corps enceint d'un projet fou. Christophe Colomb, lui, avait des rats dans sa cale pour combler les creux. Moi, c'est mon corps qui me sert de garde-manger puisque la mer se refuse...

A moins que ce ne soit moi qui refuse inconsciemment la mer...

Nous allons avoir tout le temps de nous apprivoiser mais le contact est rude. Les vagues me secouent sans pitié, il faut que j'acclimate mon corps à ce mouvement perpétuel, à ces secousses et ces chocs continuels. Mais mon esprit lui aussi a besoin d'un temps d'acclimatation. Il n'est pas encore libéré de tous les soucis du départ, pas encore prêt pour cette symbiose océane dont je rêve, pas encore assez souple probablement pour accepter que je me balance sans restriction au rythme de la mer.

Je croyais avoir tout prévu, tout imaginé. Je m'aperçois que j'étais loin, très loin de la réalité. J'ai lu les récits des autres naufragés ou aventuriers de l'océan, de leur calvaire, de leurs découragements et de leurs expériences. Je m'en suis inspiré pour forger mon propre exploit. Je pensais avoir compris quel enfer ils avaient vécu. C'est presque un paradis, ou du moins un simple purgatoire que j'envisageais, en comparaison de ce que je suis en train de vivre.

Et encore, je m'interdis de penser à ce qui m'attend, aux milliers de kilomètres d'océan qu'il me reste encore à escalader, aux jours et aux nuits de solitude et d'angoisse. Aux moments terribles où, décharné, mon corps reflétant en creux les formes anciennes de l'abondance, je regretterai ce ventre traître que j'abomine en ce moment...

Avant de partir, je suis allé demander conseil au pionnier de la survie, Alain Bombard. Il m'a dit que ce serait très dur, que la mer n'était pas très généreuse. « Lorsque tout ira mal, lorsque vous aurez envie de vous laisser mourir, pensez que moi aussi je suis passé par là, et tenez bon! Je suis heureux qu'enfin quelqu'un veuille continuer l'expérience de survie que j'ai réalisée en 1952, en profitant des moyens modernes actuels comme le distillateur, gage de survie, et la balise Argos, gage d'un éventuel secours. »

Je me suis documenté. J'ai lu tous les livres de survie, comme celui du docteur Maniguet, y puisant de précieux conseils. J'ai fait appel à des spécialistes pour m'aider à me préparer. Serge Baudoin, bionutritionniste, qui avait expérimenté sur lui-même un jeûne de deux mois, m'a entraîné à modifier mes goûts et mes habitudes. J'adorais le sucre, le chocolat, les pâtisseries. J'ai commencé à manger salé, de plus en plus salé, supprimant progressivement le sucre et introduisant l'eau de mer dans mon alimentation quotidienne. Je n'ai pas une tension très élevée d'ordinaire, il était prévisible qu'elle baisserait encore avec les restrictions caloriques de la traversée. J'ai donc pu continuer cette évolution alimentaire jusqu'au dernier moment.

J'avais même poussé le perfectionnisme jusqu'à me forcer à manger du poisson cru. Je me revois encore, la veille du départ de Los Cristianos, découpant en lanières la daurade achetée à la criée, et m'obligeant à l'avaler, après avoir ingurgité ma ration de gavage habituelle : pâtes, fromages, œufs, algues, céréales, yaourts.

J'avais aussi expérimenté avec succès, avant cette période de suralimentation, une modification de mes rations caloriques quotidiennes. Même en diminuant la nourriture journalière normale d'un homme en activité de 3 000 à 2 400 calories, en supprimant pratiquement toute viande, je gardais un rendement énergétique excellent. Peu de charbon dans le poêle, mais ça chauffait quand même, et parfaitement! Je savais donc que je pouvais survivre avec peu de nourriture pour un maximum d'efforts. Ce que je ne savais pas, c'est que ce peu de nourriture serait réduit à pratiquement rien...

J'avais analysé les terribles efforts psychiques et les

transformations mentales des défricheurs de l'histoire, des pionniers de l'Everest, du Sahara, des solitaires de l'Atlantique. Je m'attendais à une épreuve morale effrayante et j'avais tout fait pour l'affronter. Ma sœur Christa, professeur de yoga, ainsi que Patrick Drouot, spécialiste en sophrologie, m'avaient aidé à acquérir le contrôle de mes muscles et de mon cerveau. Je partais avec, dans mes bagages, les cassettes de relaxation dirigée de Patrick et de nombreuses cassettes de musique apaisante ou stimulante, que je pouvais écouter à l'aide d'un walkman étanche.

Je m'étais entraîné à fractionner et à écourter mon sommeil, en me réveillant la nuit vers trois ou quatre heures du matin, compensant ensuite ces veilles par une sieste. J'avais même emporté une boîte de boules Quiès pour mes oreilles, car je savais par mes essais sur l'Atlantique que le bruit des vagues et les rugissements de la mer pouvaient devenir insupportables. Ce que je ne savais pas, c'est que non seulement mes oreilles, mais tout mon corps allaient ressentir le choc permanent des vagues au plus profond de l'être, et que jamais je n'accepterais complètement cette agression incessante, ces hurlements, ces cascades sonores, ces explosions, cette rumeur assourdissante et impétueuse sans cesse recommencée, qui est la mer elle-même...

Pire encore : j'avais prévu de marcher sur l'eau, de marcher encore, de marcher toujours, automate tourné vers l'horizon, vers la terre promise de l'autre côté de l'Atlantique. Je pressentais que c'était cette marche active, si épuisante fût-elle, qui me sauverait, cet effort insensé qui me soutiendrait dans ma détermination. « Marche, Rémy, marche », me répétais-je chaque jour, des mois avant le départ. Or ce symbole essentiel de ma traversée, cette marche sur l'eau, voilà que la mer voulait me la refuser dès les premiers jours !

Je m'étais imaginé fonçant comme un camion fou, pulvérisant la crête des vagues dans un nuage de vent et d'eau salée, filant sur mes skis, salué par les dauphins, escorté par les albatros, homme libre à la conquête du Graal !

Et je me retrouvais bloqué dans ma capsule par la tempête, mouillé et glacé, misérable et malade!

Seul et abandonné, je pensais aux nombreux amis qui m'avaient mis en garde. « Marcher sur l'eau, sans accompagnement, sans eau ni vivres, sans rien, c'est de la démence pure. Ça ne peut pas exister, ça ne se verra jamais! » Même les plus fidèles, sauf rares exceptions, refusaient de cautionner de leur amitié ce qu'ils estimaient être un plongeon définitif. Avec moi, c'était une partie d'eux-mêmes qu'ils pensaient voir disparaître sur l'océan. Ils voulaient garder un ami, pas seulement un souvenir, aussi glorieux fût-il! Ceux qui auraient pu me sponsoriser ne voulaient pas financer un « suicide », d'autant moins qu'ils savaient le veto que le ministère de la Mer avait mis sur ma tentative. Et les plus sceptiques, quand ils ont appris mon départ par la presse, ont cru à un gag!

J'avais été obligé de me battre jusqu'au bout pour partir quand même. Gentiment, le gouvernement espagnol, malgré les recommandations négatives du consulat de France, avait fait mine de fermer les yeux et le gendarme de garde, sur le port, le jour de mon départ, avait regardé presque avec indifférence mon engin s'éloigner au milieu de la foule. En fait, j'avais dû signer un papier m'interdisant de partir dans ces conditions et, pendant plusieurs jours, j'ai vécu avec l'angoisse d'être rattrapé dans les eaux territoriales espagnoles, l'angoisse du klaxon qui stopperait brutalement mon rêve.

Ceux qui avaient travaillé sur la nacelle avec moi connaissaient aussi ma rage de vaincre, ma façon toujours positive de réagir devant l'échec ou les problèmes. Mais les autres, même ceux qui m'ont accompagné en voilier pendant les premiers milles, me filmant et me photographiant, étaient persuadés qu'on me reverrait bientôt penaud et mourant, repêché par le premier bateau de passage. Certains rigolaient devant la mer grondante où je posais mes skis pour ce départ des Canaries. « Ça bouge, le ciel est menaçant, c'est un mauvais présage » me disait même une certaine Séréna.

Les marins ne doivent pas écouter les sirènes. J'avais fermé mes oreilles et fait appel à toute ma force de concentration. Dans ma mémoire, dans mes bagages, j'emportais aussi toute une chaîne de solidarité. Famille et amis avaient été sévères et ne m'avaient pas ménagé leurs critiques. Mais quand ils ont vu qu'ils n'arriveraient pas à ébranler ma détermination, que si je ne m'élançais pas au printemps comme prévu, ce serait pour l'automne ou le printemps suivant, alors beaucoup se sont défoncés pour m'aider à mettre tous les atouts de mon côté.

Mais maintenant, lové dans mon sarcophage humide, malheureux et pitoyable, je n'arrivais même plus à écouter les voix secourables de ces vrais amis dont les messages d'espoir filaient vers moi sur les ondes, des petits Mickael et Jeremy qui priaient chaque soir devant ma photo pour que les requins ne me mangent pas, de Marie-Rose, qui m'avait laissé dans un coin de mon caisson une lettre d'amour, de Christian qui devait suivre ma progression grâce à la balise Argos (positions recueillies par satellite et transmises à Toulouse), d'Anne, la dermatologue, qui avait minutieusement composé ma trousse médicale, de Roland Mack et de toute l'équipe de l'Europa Park, de dizaines d'autres copains des deux côtés de l'océan.

J'entendais seulement le vent siffler, les vagues claquer, cette mer en colère qui ne voulait pas de moi, et je hurlais en moi-même pour chasser les sorcières et les sirènes de mauvais augure.

Il n'y avait plus qu'une chose à faire : m'endormir pour essayer de tuer ces minutes interminables qui ne débouchaient que sur du désespoir.

4

Marche ou crève!

Voilà cinq jours que je marche maintenant.

Cinq jours terriblement durs. J'avais écrit : « effroyables ». C'est ainsi que je les ai vécus en ce début de traversée. Mais ce n'était rien en comparaison de ce qui m'attendait après. Alors disons seulement : très durs. Cinq jours où j'ai avancé d'environ 70 kilomètres par jour, ce qui me situe maintenant par 26° Nord et 18,5° Ouest, à 350 kilomètres des Canaries.

La mer et moi... On se surveille! Ce n'est pas encore l'accord total, mais une espèce de trêve, de cessez-le-feu.

« La mer, la mer toujours recommencée... »

La mer m'a effrayé, terrorisé.

Je croyais la connaître. Si j'avais su ce qu'elle était réellement, peut-être ne serais-je jamais parti!

Il y a eu des heures où le ciel et la mer me dégringolaient sur la tête. Je ne pouvais rien faire, coincé dans ma nacelle par des déferlements comme je n'en avais jamais imaginés. Blotti, pelotonné dans mon sac de couchage, j'étais comme dans un cocon ballotté au cœur de l'enfer. La bulle qui coiffe la capsule sur le dessus me permet de m'asseoir parfois, mais le reste du temps je suis bloqué au niveau de la ligne de flottaison et je ne peux que subir. J'ai vu des vagues hautes comme des immeubles, neuf à dix mètres environ, éclater au-dessus de la nacelle, l'envelopper, et l'emporter tandis qu'impuissant, mouillé, tremblant, je ne savais plus si j'étais sur l'eau ou sous l'eau ni si je ressortirais jamais de ces cataractes...

J'attendais, je ne pouvais rien faire d'autre, coincé dans ce minuscule habitacle, que je refusais d'appeler cercueil comme certains et, où pourtant, je ne peux reposer que sur le dos, les bras repliés sur le ventre, car toute la place est prise à droite et à gauche par le matériel indispensable à la traversée : sextant, livres de survie, lignes de pêche, trousses médicale et dentaire, petit réchaud pour cuire des poissons que je n'ai pas encore aperçus. Où sont donc les nuées de daurades coryphènes et de balistes qui empêchaient Steven Callahan de dormir lors de ses interminables soixante-seize jours de dérive sur l'océan après son naufrage? Où sont les poissons volants qui faisaient l'ordinaire de Bombard ou presque?

Depuis cinq jours, je n'ai rien mangé.

J'ai bu heureusement. Le distillateur solaire, déplié en pyramide, me fournit de quoi supprimer la sensation de soif, sans pouvoir cependant me jeter goulûment sur la seule chose qui nourrit mon estomac. Je dois sans cesse me rationner en prévision d'une « récolte » insuffisante.

J'ai attendu, glacé, essayant en vain de réchauffer mon corps et mon âme, essayant en vain d'écrire, mais cela bougeait trop. Alors, je vérifiais si mon mousqueton de sécurité était bien accroché au piton intérieur de la nacelle (car même enfermé à l'abri, je m'attachais constamment, en prévision du pire). Et puis je calais mon walkman sur les oreilles et j'essayais de ne plus me concentrer que sur mon objectif : les Antilles, l'arrivée sous le soleil, ma joie à toucher la terre.

La bataille serait probablement impitoyable, mais je savais que j'étais capable de la gagner. J'écoutais les cassettes d'autosuggestion que j'avais enregistrées pour me stimuler. Je me répétais que je m'en sortirais, que j'avais tout préparé pour gagner cette traversée, que j'étais sûr de moi, sûr de mon matériel, que j'allais marcher, avancer sur mes skis huit heures par jour comme je l'avais prévu. Oui, j'allais marcher, marcher, marcher. Et je gagnerais!

A-t-on vraiment besoin d'une telle stimulation psychologique pour réaliser un exploit surhumain? Je ne sais pas. Peut-être y serais-je arrivé sans cela, tant était forte ma conviction. Mais je sais aussi que faute d'une nourriture physique, j'avais besoin d'un ferment moral. Alors j'écoutais les mots magiques répétés mille fois :

« Je marche, je cours, je vole sur les flots.

Je suis léger, léger, j'avance de plus en plus vite! »

Sur un autre homme, cette litanie victorieuse n'aurait peut-être produit aucun effet. Mais ces mots, je les avais choisis, assimilés comme une potion miraculeuse. C'étaient eux, les premières lignes de mon bouclier mental. Je les égrenais, je les scandais comme un chant d'attaque, comme en 1870 lors de la charge héroïque des cuirassiers de Reischshoffen (la ville de mon enfance en Alsace), comme les marins des clippers qui affrontaient les déferlantes des quarantièmes rugissants, en hurlant des chants à hisser la toile, comme Jean-François de Nantes : « Il bouline la donzelle et navigue en mer belle. »

Moi aussi, je criais mes incantations, je les lançais vers l'océan comme des canots de sauvetage, des filins tendus vers l'Amérique : « Je suis un guerrier, je suis un chevalier de feu! Je transmettrai ma flamme par-delà l'océan! »

Cette mélopée magique me stimulait. Je savais que plus tard, quand je serais au bout du rouleau, ces mots et bien d'autres m'aideraient à garder ma sérénité.

Je n'avais pas de radio, sauf une VHF pour les liaisons à courte portée avec les bateaux de rencontre, et qui ne fonctionna jamais. Aucune possibilité de dialogue. Je ne savais pas que j'allais rester deux mois, ou plus, sans voir un être humain.

Je me sentais assez fort pour ne pas craquer à l'épreuve de la solitude. Mais cette force, il me fallait l'alimenter, la soutenir. Sans cette préparation mentale, je ne sais pas si j'aurais tenu le coup aussi longtemps. Sans cette puissance de l'autosuggestion, qui bloquait les délires nocifs de mon imagination en branchant mon esprit sur son seul objectif, traverser, et en noyant mes peurs sous des déferlantes d'encouragements, je crois que je n'aurais pas osé sortir.

La marche sur cette mer déchaînée était pire que l'immobilité. Mais elle me réveillait, me fouettait.

Marche ou crève!

Sors de ton cocon, Rémy! Sors! Tu ne peux plus reculer maintenant. Tu as estimé envers et contre tous que tu étais capable de l'impossible! Tu as lancé un défi presque aussi insolent que celui d'escalader l'Himalaya en solitaire. Quoi que tu endures désormais, tu sais que ce sera pénible, périlleux, douloureux. Mais tu tiendras! Sors, Rémy!

Et effectivement, je sortais.

Je quittais le cocon sécurisant (malgré son inconfort, son espace étroit battu par la mer où je me cognais de partout).

Et je marchais. Non plus seulement sur la mer, mais sur mes propres frayeurs. En affrontant ces vagues monstrueuses, cette houle qui déboulait vers moi, cet horizon noir et incertain, c'étaient aussi mes angoisses et mes incertitudes que je voulais écraser à jamais!

Ce n'était pourtant pas ma première marche sur la mer. Loin de là. Mais à côté de ce chemin de croix océanique, à côté de ces efforts inhumains que je m'imposais, toutes mes autres traversées, que j'estimais avoir été extrêmement pénibles, me paraissaient de simples promenades...

Pas si facile de marcher sur l'eau!

J'ai eu des précurseurs. Mais très peu. Et il y a très longtemps. Il y a plusieurs siècles, quelques inventeurs s'étaient amusés à hasarder quelques pas hésitants sur des plans d'eau intérieurs avec des skis en bois, s'inspirant peut-être des dessins de Léonard de Vinci, qui avait conçu au XVe siècle des patins en bois insubmersibles.

A l'époque des sans-culottes, un mécanicien espagnol avait gagné son pari : rester vingt minutes sur l'eau du bassin de la Rapée sans tomber, grâce à des sabots aplatis. Un peu plus d'un siècle plus tard, un marin allemand, Grossmann, monté sur des aquaskis en bambou, réussit plusieurs aller et retour sur le Rhin. Mais la seule tentative de traversée à la marche de la Seine, en 1930, s'est soldée par un échec, les flotteurs en bois du skieur fluvial, qui se propulsait à l'aide de bâtons, ayant coulé au bout de cinquante mètres!

Moi-même, j'avais failli y rester lors d'une première tentative avec des skis aquatiques en polyester. Le courant était très violent sous le pont d'Asnières et je fus projeté par un remous dans l'eau glacée. C'était à la fin de l'hiver et le courant m'emportait déjà sans que je puisse résister, charriant en vrac mes skis et ma pagaie. Sans être excellent nageur, je ne cède jamais à la panique. J'avais alors réussi à m'en sortir, en me raisonnant et en respirant régulièrement sans m'affoler, tout en crawlant en travers du courant. Quand les pompiers étaient arrivés, j'avais déjà regagné la rive par mes propres moyens.

Mais je ne suis pas du genre à me décourager au premier essai. Au contraire.

C'est ainsi que je me suis retrouvé à trente et un ans dans le *Livre des Records* : le premier homme à avoir couru un marathon sur l'eau le 6 mai 1980, en montant et descendant la Seine à Paris : 42 kilomètres, en neuf heures et vingt minutes. Et puis, au cours des huit années suivantes, après ma première marche triomphale, cette idée de traverser l'Atlantique m'a envahi. C'est devenu une obsession, puis un objectif. Très vite, je n'ai plus vécu que pour cela, perfectionnant sans arrêt mes skis et tentant de nouvelles marches sur l'eau pour m'endurcir, me tester et tester mon matériel.

En 1985, j'ai fait Londres-Paris sur des aquaskis (un peu plus courts que ceux de l'Atlantique), en traversant la Manche. C'était en automne et, déjà, on me traitait de fou. Je crois que ce qui fut le plus dur dans ce marathon, ce ne fut pas l'eau glacée où je tombais souvent, les vents, l'orage, les rouleaux qui me piégeaient à chaque escale, me faisant valser dans l'écume au pied du comité d'accueil, mais surtout les quolibets, les railleries, les sabotages même (on cassait mon matériel pour m'empêcher d'aller plus loin), qui ponctuèrent ce parcours exténuant.

J'avais terminé dans les temps, avec un pouce droit fêlé, un rhume terrible et une extinction de voix. J'avais échappé de justesse à la noyade dans la Tamise, mais j'avais réussi. J'avais senti une telle osmose entre la mer et moi, entre les éléments et moi, que malgré toutes les difficultés, jamais je n'avais pensé abandonner ni échouer.

Ensuite, ce fut Cannes-Calvi en 1986 : 167 kilomètres en trente heures de marche et soixante-quatre heures en tout, car j'avais fait des étapes, m'arrêtant, comme pour la traversée Londres-Paris et la Manche sur un bateau accompagnateur, quand je me sentais trop fatigué.

Je pensais avoir beaucoup souffert lors de ces premiers exploits sur la mer. Je ne savais pas alors ce qu'était la vraie souffrance...

Marche ou crève!

Cette devise de l'extrême revient sans cesse dans mon esprit. Mon leitmotiv de survie pendant cette première semaine de calvaire sur l'Atlantique en ce début d'avril 88. Il faut que je m'en sorte, que j'émerge de cette léthargie dans laquelle je sombre quand je m'enfonce dans le tiroir de ma capsule.

Tout à l'heure pourtant, j'ai bondi! Un grain noir fonçait vers moi : ma douche! Ce sera peut-être mon unique décrassage de la semaine ou du mois! J'ai sauté sur mon flacon de savon liquide spécial eau de mer, j'ai ôté cette combinaison collante sous laquelle j'avais transpiré depuis des jours, où adhéraient encore des restes d'argile séchée (les cataplasmes avec lesquels j'avais combattu mes nausées). Je me frotte le corps avec le savon poisseux. Les premières gouttes font mousser le tout, je jubile! Pas très longtemps : les gouttes s'espacent, s'arrêtent. Je regarde le ciel : la douche est terminée! Je me trouve tout bête, couvert de mousse verte des pieds à la tête, nu et grelottant sur mon flotteur. J'attends... Mais le nuage s'éloigne et je n'ai plus qu'à me rincer à l'eau de mer, en m'immergeant prudemment à côté de la nacelle.

Finalement, cela m'a permis de me changer, et le bain froid m'a redonné du tonus. Je me remets au travail avec une vigueur nouvelle. J'ai d'innombrables corvées de surveillance, de réparation du matériel, de pêche et de fabrication de l'eau, la « routine » du randonneur atlantique, qui me prend chaque jour plusieurs heures.

Ma vie sur l'océan, c'est aussi : veille ou meurs!

C'est pourquoi, dès le début, je me suis efforcé de respecter des horaires rigoureux sur ce minuscule univers flottant dont je constitue la seule société, le seul commandement, l'unique galérien. Hélas, pas le moindre repas pour ponctuer cette discipline horaire, mais une suite d'obligations quotidiennes : écrire, réparer l'attache des filets entre les flotteurs, vérifier le bon fonctionnement des distillateurs solaires (j'avais installé le deuxième très rapidement pour augmenter la production d'eau), surveiller les lignes de pêche, sécher et soigner pieds et mains. Et puis, encore et toujours, marcher.

Dès que je devinais la mer plus maniable, moins torrentielle, je me harnachais et je marchais à nouveau.

Les vagues déboulaient dans un bruit animal, sauvage et démoniaque. Je me cramponnais au portique de la nacelle et j'essayais de ne pas me laisser impressionner par le spectacle de cette mer colossale, moutonnant jusqu'à l'horizon. Je ne lâchais mon mousqueton de sécurité que lorsque j'avais crocheté mon harnais de sécurité au long bout vert de traction d'une vingtaine de mètres, qui me reliait en permanence à la nacelle quand je glissais sur l'eau. Mon cordon ombilical. Il n'a jamais cédé.

Je glissais mes pieds dans des bottes de cheval et je montais sur mes skis. Un peu à la façon des chaussures de ski de descente alpin, qui montent très haut, j'avais installé sur chaque ski flotteur un tube en PVC coupé sur la moitié et qui me maintenait le mollet jusqu'à la pliure. Je coinçais donc mes bottes à l'intérieur et les serrais sur l'avant à l'aide d'une plaque épaisse de mousse. Puis je dégageais mes skis de la nacelle. Tout cela ne me prenait guère plus de quinze minutes, car j'avais prévu des encoches le long du flotteur gauche de la nacelle où les skis, qui mesuraient chacun plus de quatre mètres de long, s'emboîtaient rapidement et facilement.

J'attrapais ma longue pagaie double. Je me repoussais légèrement de la nacelle. Et je m'élançais.

Quand la mer était forte, c'était le moment critique. Je me mettais alors en position de catamaran humain, les jambes arquées sur mes skis flotteurs. Une position que j'avais prévue avant le départ pour stabiliser ma marche en cas de grosse mer. Deux cordons d'acier, l'un à l'avant, l'autre à l'arrière, reliés par un long sandow, me permettaient d'écarter suffisamment les jambes pour garder un équilibre de sécurité.

Et puis j'avançais, je glissais, je marchais. J'étais là pour ça n'est-ce pas? Je marchais, essayant d'esquiver les vagues les plus sournoises, celles qui vous arrivent dessus sans crier gare après une série de vallées presque confortables.

Cette vague que j'apercevais au loin, était-elle à trente ou à soixante mètres! Faisait-elle deux mètres ou six mètres de haut? Était-elle seule? Ces ourlets d'écume qui dansaient sur sa crête signifiaient-ils que ce n'était pas une vague innocente, mais une énorme conjugaison de plusieurs vagues emmêlées? Arriverais-je jamais à évaluer la puissance des montagnes de la mer, au milieu de cette infinité d'eau écumante où tout semblait pareil?

Je marchais, des boules Quiès dans les oreilles pour mieux me concentrer et ne plus entendre hurler la mer. Le plus dur était de trouver le point d'appui et d'équilibre sur ces collines instables, secoué par le vent, brutalisé par les paquets de mer, bondissant comme un ressort sur ces mille vagues qui convergeaient vers moi de façon imprévisible. J'essayais de marcher le plus souplement possible, pour économiser et ménager mes muscles. Pour durer le plus longtemps sur l'eau. Pour retarder encore le moment de rejoindre mon tiroir infernal.

Je n'ai ri qu'une fois, au cours de cette progression difficile. Le jour où j'ai bâillé brutalement en plein effort sur l'eau. A ce moment précis un monstre d'écume a hurlé dans mes oreilles. Je me retourne : rien. Enfin, aucune déferlante soudaine à craindre sur l'infini de la houle. C'est alors que j'ai réalisé que mes boules de cire venaient de se décoller et que le bruit terrible que j'avais entendu n'était autre que le grondement normal d'une mer de gros temps...

5

Et toujours rien dans le ventre

Plus les kilomètres défilaient et plus ma foulée s'affirmait.

En ce 8 avril, après une semaine de rodage, je commençais à libérer enfin ma rage de vaincre, j'attaquais, je donnais toute mon énergie, et c'était bon, je trouvais mon rythme, je marchais, je glissais, je volais, toujours plus vite, dans un fabuleux duel entre moi et la mer.

Jamais je n'avais connu une telle impulsion, un tel plaisir dans l'effort. J'avançais à quatre ou cinq nœuds (sept à neuf kilomètres à l'heure), bondissant de crête en creux, peinant de creux en crête.

Je me sentais comme un extra-terrestre planant sur les flots, en plein océan. Je ne me connaissais plus de limites. Elles se confondaient avec l'horizon : des bornes intouchables qui reculaient sans cesse, toujours plus loin. J'attaquais l'eau avec ma pagaie comme un bretteur, je riais en moi-même de me voir maîtriser aussi bien mes skis, et je chantais comme Daniel Balavoine : « L'amour te porte dans tes efforts... » « Acharne-toi, Rémy, vas-y, fonce... »

Pendant ces heures de joie intense, malgré le danger toujours menaçant de l'océan qui semblait prendre plaisir à rassembler sous moi mille pièges, je filais sans voir le temps passer, dans un défi à la pesanteur et à la raison : chaque mille gagné sur les vagues était aussi un pari fou fait de risques calculés, de frissons contrôlés à chaque pas.

Parfois, je ne savais même plus si je montais ou si je descendais, tellement j'étais pris dans le mouvement des vagues. J'étais dans la mer, *j'étais la mer*, je respirais en même temps qu'elle...

Je marchais deux à trois heures d'affilée. Et puis soudain, je sentais les muscles de mes jambes comme du béton armé, mes pieds semblaient pendre sans volonté comme ceux d'un pantin. Je réalisais que je ne dirigeais plus mes skis, mais que c'étaient eux qui me guidaient. Alors j'arrêtais.

J'essayais de ne pas lutter contre la mer, mais de marcher en harmonie avec elle, de deviner ses ondulations et ses humeurs pour mieux accorder mes mouvements avec ceux des vagues et du vent. J'essayais aussi de ne pas dépasser un certain stade d'épuisement que j'estime suicidaire. Je marche jusqu'à un seuil de tolérance que j'ai appris à ne pas franchir. A chaque fois que j'ai essayé d'aller au-delà, je me suis retrouvé à l'eau instantanément, sans avoir eu le temps de comprendre.

Les jambes qui se dérobent sous moi, l'espace qui chavire dans une gerbe d'eau nébulisée... Je me sens basculer. Trop tard pour me rattraper : je glisse et j'explose encore une fois.

Une chute, c'est toujours trop rapide. L'instant d'avant, je filais comme un dieu. Et puis j'ai dû sans m'en apercevoir commencer à marcher « à côté » de mes skis.

Je bois la tasse, je barbote en me débattant dans cette eau à nouveau hostile.

Je suis brutalement ramené à mon statut de terrien, aux pieds étroits et lourds de bipède, créés pour arpenter les sentiers et les bois et non pour fouler d'instables prairies marines. Je n'ai pas l'aisance prodigieuse des baleines, dont les cent tonnes lisses et huilées filent à près de 100 kilomètres à l'heure sous la mer. Je n'ai pas l'agileté des dauphins, capables de se mouvoir avec la même souplesse dans l'eau et hors de l'eau, où on les a vu bondir jusqu'à huit mètres de haut.

Je n'ai pas l'ubiquité et la légèreté aérienne de ces oiseaux que je vois parfois voleter autour de moi. Le nom de ces pétrels tempête, petits oiseaux pélagiques à longues pattes, provient de leur étonnante faculté à « marcher » sur l'eau tout en volant, trottinant à la surface et l'effleurant à toute vitesse. Je les admire. Je les envie. Je suis jaloux de leur décontraction, de leur liberté.

Moi, l'intrus, pour tenir debout sur cette mer qui est pourtant l'élément essentiel de ma planète, je dois m'aider de patins, d'une pagaie. Et quand je trébuche, je ne suis plus rien, qu'une masse de chair de 70 kilos, dont la durée de vie en mer froide ne peut excéder quelques heures (entre une et six heures à 10°, pas plus de vingt-quatre heures à 15°). Des statistiques à faire froid dans le dos.

L'homme pataud est tombé! Il n'est plus qu'un paquet d'os humide et misérable, qui se hisse lourdement et péniblement hors de l'eau, tirant ses skis, ses prothèses aquatiques sans lesquelles il s'enfoncerait désespérément...

Il est temps de revenir à la nacelle. Je n'en suis jamais éloigné de plus de dix sept mètres, grâce à mon cordon. C'est mon espace de sécurité. Lorsque j'y remonte, je fixe mes skis sur le flotteur, je dégage mes bottes, et enfin j'aère mes pieds. Je les nettoie, je les masse, je les talque. J'en prends un soin infini.

Mes pieds, si imparfaits soient-ils, sont mon moyen de locomotion. Moi le marcheur de l'Atlantique, sans ces battoirs douloureux, je ne serais plus rien. J'ai prévu toute une trousse de secourisme pour mes précieux orteils, pour mes talons fragiles exposés aux frottements, pour mes mollets sans arrêt compressés : pommades adoucissantes, pommades et protections à bulles d'air contre les ampoules (deuxième peau), talc, chaussettes spéciales et manchons en latex pour les garder à l'abri de l'eau pendant la marche et éviter la macération dans l'eau de mer.

Au moment où je préparais ma traversée, en 1986, j'avais été très impressionné par les monstrueuses souffrances endurées par Daniel Pradel et Tony Laurent qui avaient traversé l'Atlantique en Hobie Cat. Leurs jambes rougeâtres étaient gonflées et creusées d'ulcères, leurs pieds, eux aussi, étaient atteints d'œdème, couverts de furoncles et de plaies vives. Ils ne pouvaient plus marcher en débarquant aux Antilles.

Il était impensable que je me retrouve dans un état pareil. L'œdème surtout m'effrayait particulièrement. C'est pourquoi, j'avais emporté une deuxième paire de bottes, plus larges, au cas où mes pieds gonfleraient durant la traversée. En réalité, ce sont des bottes plus petites qu'il m'aurait fallu, tant mes pieds ont maigri et minci durant ces deux mois sur l'océan!

Pendant mes « récréations » sur la nacelle, je regarde toujours si un poisson n'a pas mordu à l'hameçon. J'ai trois lignes de pêche en permanence à la traîne et pourtant rien ne vient. Pas le moindre poisson, pas le moindre animalcule ne pointe son nez. J'ai passé une nuit entière à essayer de récolter du plancton. En vain aussi. J'ai l'impression de glisser au-dessus des eaux mortes d'une mer vide...

Peut-être vais-je trop vite? *To be or not to be*, ralentir ou mourir alors? Rien n'est certain sur cet océan aux contours flous.

Je glisse sûrement plus vite qu'un radeau de survie, écartant ainsi probablement les colonies de poissons qui s'attachent aux épaves, aux bois flottants, ou aux embarcations en caoutchouc dérivant sur l'océan. Mais je n'offre pas non plus beaucoup de surface mouillée, avec mes skis minces et les trois coques étroites de ma nacelle (dont deux flotteurs en mousse polyuréthane de 4,70 mètres chacun sur 38 centimètres de large encadrant la capsule de survie). Il y a peut-être aussi une question de couleur. La plupart des objets flottants sur l'océan, y compris les radeaux, sont de couleur sombre et apparemment plébiscités par la faune des profondeurs. Mon refuge est blanc. Peut-être les poissons n'aiment-ils pas le blanc?

Peut-être est-il aussi trop tôt pour qu'un écosystème se soit développé autour de mon étrange attirail de marcheur de l'océan. Pourtant, Bombard avait tiré sa première daurade de l'océan six jours après son départ, six jours après avoir vu, touché et blessé avec son crochet de fortune des dizaines d'autres poissons. Mais il était parti à l'automne. Au printemps, les poissons ont – il faut croire – d'autres occupations plus agréables que le spectacle d'un terrien maladroit explorant sans ménagements leur territoire...

En revanche, je récolte des sacs en plastique, des saletés et puis surtout, du goudron ou du mazout qui s'agglomère sur l'extérieur des distillateurs. La vie de naufragé n'est plus ce qu'elle était! Dans mon matériel indispensable, j'ai oublié les chiffons à poussière et l'aspirateur! Je n'aurais jamais pensé avant le départ que je serais obligé de nettoyer régulièrement les distillateurs pour ne pas avaler de pétrole! Je prends un polo sale et je m'en sers pour racler les résidus de mazout avant de rebalancer (hélas moi aussi!) le tout à la mer...

J'essaie de faire le point, quand le soleil est observable, afin de déterminer si je respecte bien la route qui me mène aux Antilles et le cap prévu, si je ne dérive pas vers la mer des Sargasses, le Pot-au-Noir, ou je ne sais quel autre piège tendu par l'océan.

J'ai bien une balise Argos fixée sur ma nacelle, qui envoie aux satellites de passage au-dessus de moi, à des centaines de kilomètres dans les étoiles, ma position exacte. Six fois par jour, cette position est retransmise à un centre de données, qui les répercute par Minitel à un de mes amis, Christian Tourel, chargé de les traduire pour mes proches. Eux savent constamment où je suis précisément. Moi pas. Enfin, jamais avec une certitude absolue. Car je n'ai aucun moyen de connaître ces positions Argos, et je ne peux déterminer ma situation sur l'océan qu'à l'aide de mon sextant en plastique.

Sur l'un de mes skis et sur la nacelle j'ai fixé un compas. Mais au début de la traversée, les coups de vent m'ont fait dériver vers l'ouest. Ainsi, bien qu'ayant correctement tenu mon cap théorique, la route que j'avais prévue n'a pas été respectée, d'autant moins que la mer et le ciel de tempête m'empêchaient d'utiliser mon sextant. Je me sentais alors si minuscule et si impuissant que je doutais un peu de mes chances de réussite. Et puis là, après une semaine de glissades et surtout de bousculades, une hauteur sextant du soleil et un simple calcul guidé par le manuel Astro du naufragé me montrent que je suis en avance sur mon programme : j'ai dû abattre près de 75 kilomètres par jour, alors que je pensais que 65 kilomètres quotidiens seraient déjà un record!

J'ai beau n'avoir rien dans le ventre (qui a d'ailleurs considérablement diminué depuis le départ), j'ai beau avoir les muscles endoloris, je me sens brusquement aérien devant cette performance. Oubliés les cauchemars terrifiants et les abominables sensations du départ! Le mal de mer s'en est allé doucement de lui-même au fur et à mesure que je m'amarinais, d'autant plus que je n'avais vraiment plus la moindre parcelle d'aliment à rendre à l'océan.

La mer est avec moi!

On m'avait pourtant répété avant le départ que partir au printemps était une folie de plus, car les alizés, qui soufflent plutôt à l'automne, ne seraient pas au rendez-vous pour m'aider à foncer vers l'Amérique. Mais ils sont là, ou bien ce sont leurs cousins. Ce sont eux qui me chahutaient si brutalement depuis les Canaries. Grâce à ces vents puissants qui m'aident à me propulser plus vite sur les vagues, ma nacelle est moins lourde, moins pénible à tirer. Avec ses coussinets gonflables et son canot de survie fixé à l'avant, elle offre une bonne prise au vent et semble glisser comme une savonnette sur la peau de l'océan.

Je marche en ce moment jusqu'à huit heures par jour, mes skis légers saillant l'eau comme des couteaux. Sur ma silhouette qui s'amincit de plus en plus, j'ai l'impression qu'il me pousse des ailes, des ailes diaphanes qui m'emportent au-delà de l'horizon, les ailes de la victoire. En même temps que je glisse sur l'eau, je tire ma nacelle-traîneau. Attaché à mon cocon flottant comme un cheval à sa remorque, je herse la mer.

Je hale, j'ahane, je gagne mètre par mètre, je respire profondément entre chaque foulée, je me détends moralement, et puis je recommence, un ski après l'autre, ma glissade sans fin sur l'océan, inlassablement...

Huit heures, c'est une éternité. Mais maintenant que cette lutte est commencée, même si à chaque fois que je pose les skis sur l'eau j'ai l'impression qu'il s'agit d'un nouveau départ, d'un nouveau combat, j'irai au bout. Au bout de moi-même, au bout du voyage. Quoi qu'il arrive.

6

J'ai faim, épouvantablement faim

J'ai faim.

Je n'ai plus le mal de mer, mais j'ai faim. Des crampes d'estomac me crispent le ventre. Je les calme avec l'eau que me fournissent généreusement mes deux distillateurs solaires en forme de pyramide. Mais le creux de mon estomac ne se comble jamais pour longtemps. Et très vite, les crampes reviennent. C'est une torture lancinante à répétition.

Je n'ai rien à donner à cette sangsue qui s'accroche à moi.

Quand la bête me fait trop mal, je la nourris d'eau, à nouveau. Elle s'endort. Mais parfois, elle renaît ailleurs. Sur ma jambe par exemple. Je suis là, presque tranquille enfin, après avoir bu l'équivalent d'un verre d'eau, debout sur la nacelle, regardant le soleil. Soudain, une douleur affreuse sur la cuisse droite. Comme un courant électrique.

La chose est accrochée à ma jambe, elle m'arrache la chair. Durant quelques secondes, je crois fermement qu'une partie de ma jambe est en train de disparaître, engloutie par cette bête noire et gluante, qui ressemble (mais l'ai-je vraiment vue?) à une gigantesque araignée.

Je porte ma main à ma jambe pour chasser la bête, pour tâter ce qui reste de ma cuisse. Mais il n'y a plus rien. Je me précipite vers l'eau, je regarde autour de la nacelle. Rien. Ce n'était qu'une hallucination. Pourtant, je mets plusieurs minutes avant de me ressaisir. Je savais, bien sûr, qu'avec la fatigue, la faim et le manque de sommeil, je serais facilement en proie aux vertiges, ou à ces délires, à ces rêves éveillés que sont les hallucinations. Mais je ne pensais pas les sentir, les vivre dans ma chair, aussi violemment.

Voilà bientôt neuf jours que je n'ai pratiquement rien mangé. Au sixième jour de ma traversée pourtant, j'ai cru que le garde-manger marin s'ouvrait enfin pour moi. Un immense serpent de mer gigotait au bout d'une des lignes que je traîne constamment derrière moi. Mon premier poisson!

Il ressemblait à une roussette. Plus tard, en feuilletant mes livres de survie, je l'identifierai comme un maquereau-serpent : un mètre de long, un long fourreau étroit qui se tortille sur la nacelle. Je sors fébrilement le gros gourdin acheté spécialement dans un magasin de pêche pour assommer mes prises. (En réalité, il ne me servira qu'une fois durant toute la traversée. La pêche miraculeuse dont je rêvais à terre n'a jamais eu lieu.) J'abats l'engin sur le poisson, je découpe en rondelles. Je vais enfin pouvoir manger!

Des images de poisson, de cuisine, de restaurant, que je refoulais sagement jusque-là, envahissent la nacelle, tandis que je fais cuire mon serpent dans de l'eau de mer sur le réchaud. Je vois des paëllas, des soles meunières, des bars au beurre blanc et de délicates odeurs de sauce au citron me chatouillent les narines. Dans mon estomac, la bête hurle de faim. Je lui sers un de ces apéritifs marins que je réussis maintenant parfaitement à concocter, depuis une semaine que je marine moi-même dans le shaker : eau de mer plus eau douce distillée. On secoue le tout, un zeste de salive, une bonne dose d'imagination, et on croirait presque boire un gin-fizz!

Et j'attaque directement le serpent dans la gamelle de cuisson. Pas de chichis! J'en ai les lèvres mouillées tant je me régale à l'avance. Pouah! Ce n'est pas bon du tout!

Je ne recrache pas. J'ai trop faim. J'arrache à pleines dents les morceaux attachés à l'épine dorsale arrondie (le maquereau-serpent n'a pas d'arêtes), et j'essaie de mâcher lentement. Il ne faut pas traumatiser mon estomac. En une semaine de jeûne, il est devenu paresseux. Et je préfère encore la faim aux horribles nausées et vomissements du mal de mer. Je « déguste » un gros tronçon, et je découpe le reste en lanières pour le faire sécher.

Ce sont ces lanières, devenues brunes et dures, que je m'efforce de mâchouiller en ce neuvième jour de ma traversée. Du cuir salé! Cela ressemble exactement à du cuir salé, mais tant que je n'ai pas trop de haut-le-cœur, je m'applique à les croquer, à les triturer dans ma bouche comme du chewing-gum, en essayant d'imaginer qu'il s'agit de saumon fumé. Du saumon fumé qui aurait durci...

Mais si l'autosuggestion que je pratique est efficace pour m'aider à marcher et à tenir bon sur l'eau, jamais elle nc m'aidera à manger n'importe quoi pour subsister. Ainsi, j'ai sans arrêt sous les yeux les couennes de porc que j'ai apportées à bord en guise d'appâts pour les poissons. Rien que l'idée de les absorber me donne des nausées. Même quand je serai agonisant, à la fin de la traversée, je ne réussirai pas à digérer les coquillages qui auront poussé sous les coques de la nacelle. Mon estomac les rejettera presque à chaque essai.

Soudain, j'entends le cliquetis du moulinet. Ce n'est pas possible! Un poisson a mordu!

J'enfile mes bottes à toute vitesse, car je prévois une rude bataille sur les coques rugueuses qui m'écorchent souvent les genoux. Effectivement, je lutte longuement pour ramener ma prise sur la nacelle, sans efforts trop violents non plus, car je ne veux pas que le fil casse. Enfin, je réussis à hisser l'animal à portée de main. Je n'en crois pas mes yeux, c'est une énorme bête, un mérou, je crois, ou un petit thon, je ne sais pas très bien, en tout cas c'est un festin qui s'annonce.

J'en tremble, j'en pleurerais presque.

Mais il se débat encore, il n'est pas vraiment mort.

J'attrape le gourdin, et je frappe, je frappe, comme un forcené. Il se défend méchamment, je suis obligé de lui donner d'énormes coups. Ouf, il est K.O. Je salive déjà et je m'apprête à chercher le couteau, quand, dans un brusque réflexe de survie, le mérou sursaute et de toute la force de son corps puissant, réussit à se décrocher. Il me glisse entre les mains et s'enfonce dans la mer.

J'en ai mal au cœur. Les larmes aux yeux. De rage, de faim, de déception... Comment ai-je pu le laisser filer aussi bêtement! Un pêcheur professionnel, lui, ne l'aurait jamais laissé s'échapper! En même temps, je me dis que si j'avais connu l'issue finale, je ne l'aurais jamais frappé. Mais c'est la loi de la jungle. Moi qui n'ai jamais chassé de ma vie, qui n'ai presque jamais pêché (sauf quelques perches ou gardons dans les rivières d'Alsace quand j'étais jeune), je dois maintenant tuer si je veux m'en sortir. Désormais, je me servirai de mon gaffeau, encore gentiment rangé à l'intérieur.

Je suis épuisé. J'ai encore plus faim qu'avant cette pêche ratée.

Brutalement toutes les douleurs et souffrances que j'ai endurées en silence jusqu'ici semblent retomber sur moi. Voilà plus d'une semaine que je tiens péniblement, sans broncher, le terrible rythme que je me suis imposé dès le départ, dès que la mer est devenue plus maniable.

J'ai parcouru près de 600 kilomètres en pratiquant les trois-huit, mes horaires implacables de héros de l'Atlantique, des horaires qui m'interdisent la moindre faiblesse car ils ne me laissent aucun répit, pas même une minute pour feuilleter les livres et brochures de survie que j'ai emportés : huit heures de marche environ (entrecoupées de petites pauses pour les pieds), huit heures de sommeil parfois fractionnées et huit heures de corvées quotidiennes pour assurer ma survie.

Pendant ce demi-millier de kilomètres, ces longues heures de marche sur l'eau où je me suis battu contre les vagues, progressant parfois en aveugle au milieu du brouillard, tâtonnant à la recherche du point d'appui, essayant de deviner avec mes jambes, plus qu'avec mes yeux, vers quelles crevasses mouvantes m'entraînait la houle, pendant ces centaines de kilomètres où je dispersais toute mon énergie, je n'ai mangé qu'un poisson!

Mon seul carburant, c'était l'eau, mon champagne de

marcheur des mers, récupérée tous les jours précieusement par évaporation dans les distillateurs solaires. Et puis, un peu de plancton, mais si peu!

A Paris, avant mon départ, je m'imaginais glissant sur le plancton, marchant dans la soupe de plancton. Je voyais la mer comme un gigantesque chaudron d'animalcules appétissants où je n'aurais qu'à puiser quand la faim se ferait sentir. Je m'étais muni de filets de toutes sortes, censés me ratisser chaque jour un bon bol de cette vie grouillante de l'océan, qui m'apporterait ma ration quotidienne de vitamine C et de protéines. Les baleines, les plus gros mammifères de la planète, ne vivent que de plancton. J'aurais pu faire pareil, sachant que certains naufragés y avaient puisé de quoi résister à la mort pendant plusieurs semaines.

La soupe de plancton, je l'attends toujours. C'est à Paris que je mangerai enfin, après deux mois de jeûne, cette soupe de poissons dont j'ai tant rêvé chaque jour, en manipulant les filets à plancton. C'était à la tombée de la nuit, au moment où les minuscules particules vivantes remontent à la surface, que je pensais avoir le plus de chances de récolte.

Alors, tous les soirs, je sortais mon filet à provisions, et j'attendais, penché au-dessus des ténèbres mouvantes, que la manne lumineuse et bienfaitrice monte dans mon caddy marin. Au début, j'utilisais l'extracteur de parachute en soie que l'on m'avait conseillé et puis je me suis vite aperçu que ses mailles trop fines laissaient passer trop peu d'eau. J'avais heureusement acheté aux Canaries, avant de partir, un simple filet à provisions en nylon tressé au supermarché. Cela semblait plus efficace, mais je ne recueillais (et je ne recueillerai jamais guère plus) qu'une ou deux cuillerées à soupe.

La nuit dernière, j'ai laissé traîner derrière la nacelle ce filet pendant toute la nuit, en espérant que les précieux crustacés s'y prendraient plus facilement. Mais dans les mailles, il n'y a ni larves, ni crabes miniatures, ni crevettes microscopiques. Je crois apercevoir quelque chose et je lèche le filet directement, espérant racler ainsi avec ma langue le maximum de plancton. Quelques grammes de bouillie verdâtre et brunâtre descendent dans ma gorge. C'est salé, très salé, iodé, pas terrible. Et pourtant, je meurs d'envie d'en manger plus.

Je relance dans l'eau le filet à provisions. Et c'est la catastrophe : le mousqueton qui le retenait à la nacelle cède, et le filet disparaît dans une vague à l'arrière de la nacelle. Je bondis sur mes pieds : il faut que je rechausse mes skis, que j'essaie de rattraper ce filet qui flotte encore, à demi noyé, à la surface. Et puis je me raisonne : jamais je ne pourrai tracter la nacelle en arrière, avec le fort vent qui sévit en ce moment sur l'Atlantique. Mieux vaut essayer d'en confectionner immédiatement un autre avec un de mes objets en réserve. Une manche à vent, par exemple, que je peux découper et recoudre à la bonne dimension.

Le filet à plancton a déjà disparu. Autour de moi, il n'y a plus rien, rien que de l'eau de mer.

Je me penche et, dans ma main en coquille, j'attrape un peu d'eau que je happe à la volée, me rafraîchissant le visage en même temps.

Je me penche et le soleil au-dessus de moi faisant briller la surface des eaux comme un miroir, entre deux ondulations mouvementées, quand la mer devient plus lisse, j'aperçois une silhouette étrange.

Une espèce de clochard à la barbe rousse et aux cheveux ébouriffés, à la peau rougeâtre, aux bras démesurés. C'est vrai que mes bras et mes jambes, qui ont déjà beaucoup maigri, semblent plus longs. J'ai abandonné la combinaison polaire rouge des débuts, qui moisissait sur moi, au profit d'un polo et d'un short, où mon buste commence déjà à flotter. Les six kilos de gavage du départ ne sont plus qu'un souvenir.

De grosses plaques rouges sont apparues sur ma poitrine. Et malgré les précautions que je prends pour protéger du soleil ma peau de blond (crème écran total, casquette à visière avec protège-nuque, lunettes noires de glacier), j'ai déjà une couperose légère sur le visage et les mains.

Le clochard attrape l'eau à pleines mains, il la fait couler sur lui, il s'asperge en grommelant, en gémissant, pour ne pas laisser croire qu'il pleure. Des perles de lumière verte et des gouttes d'eau en suspension cristallisent la lumière sur ses os saillants tandis que ses poils blanchis de sel le couvrent d'une poussière d'argent.

Le clochard pleure à chaudes larmes maintenant. Il se souvient brusquement qu'aujourd'hui 10 avril, c'est le jour de son anniversaire. Il paraît peut-être soixante ans, mais il n'en a que trente-neuf. A terre, il aurait chanté *Happy Birthday* avec Marie-Rose, et ils auraient bu du vrai champagne en croquant ces délicieux gâteaux au chocolat dont elle a le secret.

Avec la faim, l'horrible frustration du poisson envolé, mes douleurs se sont réveillées. Mon front bat sous la fièvre, mes mains couvertes d'ampoules dues au maniement incessant de la pagaie, mes poignets et mes genoux me font affreusement souffrir. J'ai l'impression que la bête qui ronge mon estomac s'attaque à mes os, me tire la moelle. Dans ma bouche, un goût horrible persiste. Ce n'est pas le succédané de caviar que je viens de lécher, mais un rhume chronique que je traîne depuis les Canaries, et qui ne veut pas céder.

Sur mes joues qui se sont déjà un peu creusées, les larmes continuent à glisser, mais je ne les empêche pas. Quand la douleur devenait trop forte, trop dure à supporter, j'avais la sensation qu'elle transpirait par les yeux, et cette eau salée qui coulait de moi me soulageait.

L'*homo nauticus* naissait. Un homme nouveau se développait sous cette peau tannée et abîmée de vieillard des mers, et l'enfantement n'était pas facile. Pourtant, bizarrement, heureusement aussi, plus mon corps allait s'affaiblissant, plus j'avais l'impression que mon esprit se développait.

Chaque jour, je découvrais en moi, j'extirpais de moi de nouvelles forces physiques et morales dont je me croyais incapable. C'est cette assurance formidable de pouvoir augmenter sans cesse le champ de mes capacités qui me donna le courage de tenir jusqu'à l'extrême limite de mon souffle.

7

Je veux, donc je peux!

Nuit épouvantable.

Je me suis effondré d'épuisement au milieu d'un fourbi innommable, la tête entre le gonfleur du matelas pneumatique, les piles, la radio, le magnétophone et les livres s'entassant à mes pieds, repoussant sous mes coudes le cerf-volant en vrac et mes documents rangés dans un plastique, pour tenter de trouver un minimum de place.

Et pourtant, je ne gonfle plus le matelas depuis longtemps. C'est moins confortable, surtout avec mes os qui saillent et se cognent à la moindre aspérité, mais cela me laisse un peu plus d'espace pour respirer. Il suffit de faire un rapide calcul – 65 centimètres de hauteur dans lesquels on case 10 centimètres de matelas plus 25 centimètres de bonhomme (ça diminue de jour en jour, mais il reste tout de même la carcasse!), plus les bras et les mains... Certaines momies égyptiennes étaient mieux loties que moi!

Malgré les exercices de respiration que je faisais pour me détendre, le sommeil ne voulait pas venir. Sans cesse, je revoyais mon mérou sauter sur la nacelle, puis bondir à l'eau, et sans cesse je tournais dans ma tête les gestes que j'aurais dû faire pour l'en empêcher, tandis que la faim me tenaillait le ventre de plus belle.

Au moment où je réussissais enfin à sombrer dans un sommeil agité, un bruit bizarre, répétitif, m'a fait sursauter. On aurait dit des coups frappés sur la nacelle. Un gros poisson? Un requin? Cela, je l'écris maintenant, mais sur le moment, il était hors de question que je prononce, même en mon for intérieur, le nom de ce gros méchant loup des mers dont on m'avait rebattu les oreilles avant de partir. Légèrement superstitieux, j'avais même refusé de manger une tranche de requin grillé dans un restaurant antillais avant le départ. Et j'étais bien décidé à ne pas me laisser impressionner à l'avance par les pronostics pessimistes de certains copains sadiques, grands amateurs des *Dents de la mer.*

Si je devais faire un diagnostic psychologique du requin, je pencherais plutôt pour l'indifférence. Je ne voyais vraiment pas pourquoi la vue de ma minuscule nacelle blanche, autour de laquelle ne vivait aucun poisson, où aucun boucher ne faisait ruisseler la moindre goutte de sang, aurait pu rendre agressif le moindre requin! Donc, ce n'était sûrement pas un requin. Mais qu'est-ce qui pouvait donc provoquer ce bruit?

Ballotté par les vagues, inquiet tout de même de ces chocs réguliers au milieu du vacarme assourdissant, mais normal, de la mer, j'avais fini par me lever. Relié à mon bout de sécurité, j'avais inspecté mon tout petit univers, scrutant aussi la mer, les ténèbres bruissantes autour de moi.

Ce n'était rien. Uniquement les skis de rechange mal fixés qui brinquebalaient contre la coque.

Avant de me rendormir, j'en profite pour remonter le nouveau filet à plancton que j'ai fabriqué avec la manche à vent. Au point où j'en suis, je me contenterais d'une simple cuillerée à café, d'une miette, juste de quoi faire rouler sur la langue autre chose que de l'eau. J'ai la bouche sèche, mais je salive presque en tirant sur la corde de mon garde-manger. J'aurais mieux fait de ne rien toucher.

Décidément, tout craque, tout me lâche aujourd'hui : le filet de la manche à vent s'est volatilisé, complètement déchiqueté par la traction. J'ai bien envie de remonter l'une de mes lignes à la traîne, mais j'ai eu mon content d'émotions fortes et de déceptions pour la nuit. Je regagne mon caveau flottant. Je repars pour un sommeil impossible, hâché, ponctué de cauchemars et de regrets.

Cette nuit du 11 au 12 avril, j'ai encore été réveillé par une étrange lumière. C'était un cargo, tous feux allumés, qui s'approchait de plus en plus près de moi. Ses projecteurs braqués sur ma bulle de Plexiglas m'ont fait bondir. Comment pouvait-il m'éviter? Il y avait une chance sur cent qu'il m'aperçoive, minuscule virgule blanche entre deux vagues...

J'ai vérifié que mon feu-flash placé en haut du portique fonctionnait bien. Et puis j'ai sauté sur ma VHF. J'essaie tous les canaux, mais comme chaque fois que je tenterai d'établir le contact avec un bateau de rencontre, rien ne se passe.

Il ne reste plus qu'à attendre.

Tremblant, je vois le cargo se rapprocher encore... Ouf! Il m'a aperçu, c'est sûr! Un phare puissant est dirigé sur moi, et je crois qu'on me fait des signaux, car plusieurs fois, je vois ce phare s'allumer et s'éteindre dans ma direction. Je réponds de même avec ma lampe néon, et le mastodonte s'éloigne tranquillement.

Le ventre plus creux que jamais, face à ce représentant de la civilisation qui doit charrier des tonnes de conserves et d'aliments frais, je regagne à nouveau mon antre. Rétrospectivement, je me suis félicité de n'avoir jamais pu entamer le dialogue avec un seul navire. Il y aurait peut-être eu des offres de monter à bord, des offres de nourriture, de boisson. Je connaissais ma détermination et je m'étais préparé psychologiquement avant ma traversée pour résister à ces propositions. J'étais bien décidé à ne jamais rien accepter d'un bateau de passage. Pendant les semaines où je me suis traîné à demi-mourant, je pense que j'aurais aussi refusé. Malgré ma détresse, j'étais bien trop conscient de l'enjeu de mon expérience qui ne souffrait aucune concession.

Mais personne ne peut jamais jurer. Finalement, j'étais terriblement content de n'avoir pas eu à souffrir ce supplice de Tantale...

Je m'inquiétais de mon affaiblissement progressif qu'aucune nourriture ne venait compenser mais, en même temps, j'étais satisfait de voir que je réagissais positivement. Malgré mes découragements, mes souffrances, mes doutes parfois, jamais je n'ai imaginé une seconde abandonner la traversée, déclencher la balise Argos ou faire appel à un bateau de passage, jamais. Plutôt mourir! Je crois que je n'aurais plus osé me regarder en face après.

Ce n'était pas la première fois dans ma vie que je me lançais dans une entreprise condamnée au départ, pas la première fois qu'on se riait de mes idées, qu'on me traitait de suicidaire. Il y avait eu, bien sûr, ces premières marches sur l'eau, où on m'appelait Jésus et où certains se moquaient en me demandant de faire aussi des miracles.

Mais aussi loin que je remonte dans mon enfance, je me vois déjà en train de marcher, en train d'inventer, de créer, mais aussi en train de me battre contre l'incrédulité, les railleries.

A dix-sept ans, je suis parti de la maison de mes parents, à Reichshoffen, et je me suis lancé sur les routes. J'avais trouvé du travail dans une entreprise allemande, après avoir obtenu mon C.A.P. d'ajusteur. J'étais plein de bonne volonté, mais je ne pouvais pas concevoir que le but de toute mon existence, alors que le monde s'ouvrait merveilleux devant moi, ne se résume qu'à usiner des pièces de métal en série. Je voulais découvrir autre chose, me découvrir aussi moi-même.

Alors, après un mois de travail interminable à l'usine, à créer des pièces anonymes pour des machines fantômes que je ne verrais jamais, je suis parti, seul. J'emportais ma guitare en bandoulière, un magnétophone et un bloc-notes pour travailler mes chansons, et j'ai arpenté ainsi, en musique, l'Allemagne, l'Autriche, la Suisse, avant de revenir en France, à Paris.

Retour houleux chez mes parents, escorté par les gendarmes car j'étais encore mineur. On me renvoie travailler à Francfort, sans guitare, mais j'ai dissimulé dans mes poches une flûte et un harmonica. On veut faire de moi un ouvrier à la chaîne, car « la musique ce n'est pas un métier », mais moi je suis fermement décidé à vivre de mes chansons : j'écris, je compose, je m'exerce, et pour compléter mes exercices, après ma journée de travail, je prends des cours de chant.

J'aurais pu aussi dessiner. J'avais hérité de mon père, un maître maçon aux dons d'artiste, des talents certains pour le dessin. Je me souviens, entre autres, qu'un jour ma maîtresse d'école (je devais avoir sept ou huit ans) avait refusé d'admettre que le dessin que je lui remettais était bien de ma main. J'adorais aussi le travail manuel (et mon métier d'ajusteur m'a effectivement beaucoup servi plus tard pour la mise au point de mes prototypes de skieur aquatique).

Mais c'était la musique qui satisfaisait le plus mon besoin d'expression. Je ne pouvais pas me contenter d'une vie comme une horloge, avec pour tout horizon les toits de l'usine, la télé ou le ciné le soir, et les vacances tous les ans à la même date. J'avais besoin de prouver quelque chose, d'apporter quelque chose aux autres. J'étais différent, mais pas dans l'indifférence. La musique, pour moi, c'était le moyen de faire réagir les autres, de les faire rire, de leur ouvrir les portes d'un autre monde.

C'est ainsi que je me suis retrouvé un beau jour sur les routes, marchant de village en village, comme un troubadour. J'étais le joueur de flûte de Hamelin, j'étais heureux. J'étais le marchand de rêves et je réalisais mes rêves.

A la guitare et à la flûte, j'avais bientôt ajouté l'harmonica, les grelots, le tambourin, les castagnettes et quantité d'autres instruments. Pour pouvoir jouer de tous à la fois, il m'avait fallu beaucoup de bricolage et d'astuce. Par exemple, j'avais réussi à coupler ma flûte et ma guitare en les reliant grâce à un tambourin accroché sous le bras gauche.

Il ne me restait plus qu'à installer une grosse caisse sur mon dos : j'étais devenu l'homme-orchestre, capable de dissocier les mouvements de tous mes membres, de démultiplier mes gestes à l'infini. Cela demande beaucoup d'entraînement, mais j'ai commencé tout petit! Je suis certainement ambidextre : à l'école, on m'avait obligé à écrire de la main droite alors que je suis gaucher. Si on admet que la gaucherie contrariée est à l'origine de troubles divers, peut-être peut-on lui attribuer mes fantaisies de faiseur de songes : jouer de 27 instruments de musique tout en chantant, le lapin et la colombe perchés sur mes épaules, tourbillonnant au milieu des bulles de savon, faisant éclater mille étoiles et fusées de toutes les couleurs sous les soleils qui sifflent dans la fumée, confettis et pétales de fleurs explosant hors de la grosse caisse qui clignote. En marchant, je fais pétiller tous ces rêves d'enfants prisonniers des cahiers d'écoliers, renouvellant sans cesse sous les feux d'artifice mes pas étincelants d'automate de chair et de sang.

Je marchais, été comme hiver, en semaine ou le dimanche, sur les routes ou dans les bois, portant ma maison sur mon dos comme un escargot, comme ce bernard-l'ermite que je suis devenu, traînant sur l'océan sa coquille...

Je marche, je marche depuis mon adolescence...

Et maintenant, je marche à nouveau, sur l'eau.

Pourquoi?

Parce que la terre, c'est aussi et surtout de l'eau. Vue du ciel, la terre est bleue, couverte d'eau sur les sept dixièmes de sa surface. L'homme a escaladé les montagnes de la mer, il vole au-dessus de la mer, il vogue sur la mer, il glisse sur la mer, mais il n'a jamais réussi à marcher sur la mer.

Marcher sur l'eau, c'est l'un des plus vieux désirs des êtres humains, un rêve qui se confond avec l'histoire de l'humanité. Ce n'est d'ailleurs pas très étonnant que l'un des personnages qui a le plus marqué la civilisation actuelle, Jésus de Nazareth, ait été immortalisé dans la mémoire des hommes comme celui qui marchait sur les eaux. A-t-il réellement marché sans skis-flotteurs ni patins d'aucune sorte? Je le crois, mais la polémique reste ouverte. D'après les dernières recherches sur sa vie cachée avant trente ans, il aurait reçu, comme Simon, un enseignement très poussé au Krmel (sorte de séminaire de l'élite religieuse de l'époque en Israël) et se serait perfectionné dans la discipline des yogis et des sages orientaux, parmi lesquels on a déjà observé des phénomènes de lévitation. Peut-être faut-il chercher là l'explication de ce miracle...

Je repense souvent à l'histoire de Christophe Colomb. Colomb a lutté toute sa vie pour convaincre les autres qu'on pouvait aller aux « Indes » par l'ouest. Personne n'avait jamais osé franchir cette mer aux limites incertaines qui devint plus tard l'océan Atlantique et on l'a pris pour un dément. Ses grandes batailles, il les a d'abord livrées à terre, pendant une dizaine d'années, essayant de convaincre le Portugal, puis l'Espagne, de financer ses projets que beaucoup considéraient comme pure utopie. Avant de fournir, en 1492, au monde entier la preuve éclatante de ses intuitions en traversant en trente-six jours cette mer des ténèbres où on lui prédisait mille morts.

Quand Lindbergh, près de cinq siècles plus tard, en 1927, s'est élancé des États-Unis en solitaire sur un monomoteur, le célèbre *Spirit of Saint Louis,* tout le monde a crié au fou jusqu'à ce qu'il parvienne intact au Bourget, en trente-trois heures trente seulement.

De toutes ces expériences, de toutes ces folies menées à leur terme malgré les cris des autres hommes, de toutes ces aventures que je dévore en autodidacte, comme tout ce que j'ai emmagasiné depuis mon enfance, je retiens une chose essentielle, une leçon que j'essaierai de mettre en application durant toute ma vie. J'ai compris qu'il fallait parfois être acharné jusqu'à la déraison pour qu'une grande idée se réalise.

J'avais aussi appris à mes dépens, depuis mes premières fugues, que le succès d'une entreprise, le triomphe d'un homme, se bâtissent à partir d'une multitude de petits détails, de petites guerres. Pour devenir musicien, j'étais parti de rien. J'avais été obligé de me battre pour m'en sortir, pour percer. Troubadour des campagnes, émigré ensuite à Paris, je jouais sur les Grands Boulevards, aux terrasses des cafés, devant les cinémas. Non sans problèmes : je devais sans arrêt me défendre contre les agressions de certains passants, le mécontentement de commerçants mal lunés, les razzias de la police qui est chargée d'empêcher tout attroupement, donc tout spectacle de rue. Sans le bac, j'avais tout de même pu m'inscrire à la faculté de Paris-VIII (Vincennes), où j'avais obtenu une licence d'enseignement de musique, et je continuais à étudier les dictionnaires afin de parler cinq langues.

Le public commençait à m'aimer, à me connaître mieux depuis que j'avais obtenu un contrat avec la télévision. J'avais enregistré ma première chanson en 1973 : « Pour un dollar, un penny, c'est en chantant sur les trottoirs que je gagne ma vie. » Puis en 1977, mon disque, *La Vie en couleurs,* me vaut le

Disque d'Or (plus de 500 000 exemplaires) et le suivant, *Elle dit bleu, elle dit rose,* se vend à 250 000 exemplaires! D'un coup, la célébrité : je roule en Rolls, je pars en tournée en Europe, au Canada, en Amérique du Sud et au Japon où la vidéo d'une de mes chansons sert d'indicatif à une des grandes émissions enfantines. Et puis je figure au *Livre des records*, non seulement à la rubrique « Marche sur l'eau », mais aussi à celle des concerts : douze instruments à la seconde, vingt-sept instruments à la fois!

Moi, ce qui m'intéressait, c'était surtout de prouver que rien n'est impossible. J'étais musicien, bricoleur, casse-cou, globe-trotter. J'avais commencé dans la rue, je faisais maintenant partie du showbiz, mon histoire s'inscrivait dans les journaux. J'aurais pu rouler une vie tranquille et médiatique. Mais je n'étais pas satisfait.

J'étais « arrivé », comme on dit.

Mais être arrivé, pour moi, cela signifiait... redescendre, mourir un peu. On n'est jamais « arrivé » dans la vie, il faut toujours essayer de se dépasser, de se surpasser. C'est ainsi que j'aime la vie, que je trouve qu'elle vaut la peine d'être vécue. En même temps, j'ai une confiance illimitée en l'homme, en ses capacités. Il n'y a rien que nous ne puissions faire, il y a seulement des choses que nous n'avons pas encore apprises à faire. Sur cet Atlantique à la fois fascinant et terrifiant où ma quête est si dure, je me répète souvent la phrase de Sénèque : « Ce n'est pas parce que les choses sont difficiles que nous n'osons pas, c'est parce que nous n'osons pas qu'elles sont difficiles. »

J'oserai.

C'est parce que j'aime la vie que j'ai choisi de défier la mer et la mort, en solitaire, avec mes faibles moyens d'homme, mû par ma seule force musculaire. Une folie que j'ai préparée pendant près de dix ans, essayant de ne rien laisser au hasard et de mettre tous les atouts de mon côté. C'est ça aussi la victoire : une folie programmée!

J'ai toujours eu deux personnages en moi : un enfant rêveur, le magicien qui veut réaliser sur terre le monde enchanté de nos rêves. Et puis, un homme terriblement résistant aux critiques des autres, terriblement sûr de lui, un homme qui s'est forgé sur les routes en s'habituant à créer lui-même ce qu'on lui refusait. C'est cette part de moi qui oblige l'autre à accomplir des actes insensés et héroïques, c'est elle qui a plongé le petit joueur de flûte insouciant au cœur de l'enfer.

J'ai emporté ma flûte sur l'océan

Je n'ai pas eu encore le temps d'en jouer. Pas même le courage. La mer ne se laisse pas charmer aussi facilement que les hommes.

Je continue à battre des records... d'endurance. Debout sur mes skis, chevauchant cet océan sans fin, je me demande parfois si je suis encore vivant. Quand je marche depuis longtemps, mes pas deviennent presque mécaniques. J'ai l'impression étrange d'appartenir aux skis, mes jambes ne sont plus miennes, ces jambes qui vont et viennent comme celles d'un automate, puissantes et légères à la fois, accompagnées des balancements alternatifs des bras.

J'effleure l'eau, je glisse dans ses sillons, et je continue à avancer toujours, éternellement, comme si je n'avais jamais arrêté de marcher sur l'eau. Moi le troubadour, j'ai lancé un fil invisible entre la terre et la mer, et c'est sur ce fil que je me balance en équilibre, aérien, homme de la terre et de la mer, funambule de l'océan...

8

L'Amérique, si loin encore...

Voilà presque deux semaines que je suis parti.

En deux semaines, à terre, j'aurais donné quatre spectacles, fait près d'un millier de kilomètres dans ma CX six roues en brûlant cent quatre-vingts litres d'essence, mangé quarante-deux fois, englouti au moins quatre kilos de poisson ou d'œufs (je ne suis pas carnivore) et une bonne quinzaine de kilos de féculents, fruits et légumes. J'aurais jeté quatorze sacs poubelle, dix kilos de détritus divers. J'aurais évacué moi-même plusieurs kilos de déchets. J'aurais bu à satiété une trentaine de litres d'eau (depuis que je prépare cette traversée de l'Atlantique, j'ai abandonné le vin). J'aurais aimé, j'aurais parlé pendant des heures.

Ici, au milieu de l'océan, je marche plus de huit heures par jour, avec pour seul carburant mes muscles et... de l'eau.

Je me contente d'une infime ration calorique, puisant dans les graisses de réserve de mon corps ce dont j'ai besoin. Avec l'eau de mer que j'avale par rasades quand je suis dehors et l'eau que me dispensent mes distillateurs, je bois environ un litre à un litre et demi par jour. Moins, bien moins que les quelque deux litres (plus l'eau des aliments) qu'un adulte doit absorber normalement. En fait, je n'ai guère de toxines autres que musculaires à éliminer, puisque je ne mange pratiquement rien. Cela peut tout de même paraître beaucoup d'eau pour quelqu'un qui fait une expérience de survie, mais il ne faut pas oublier que je fais des efforts continuels importants pour marcher sur l'eau.

Mon corps, même amaigri, a besoin de sa ration d'eau. On

peut survivre plus d'un mois sans nourriture, les grévistes de la faim l'ont prouvé. En revanche, sans eau, on meurt très vite, le plus souvent en moins d'une semaine. C'est pourquoi j'ai emporté trois distillateurs. Ce sont eux, les véritables garants de ma survie. L'eau qu'ils me donnent constituera aussi pendant de longs jours ma seule nourriture... J'essaie d'emmagasiner des réserves d'eau distillée que je répartis dans deux bidons, au cas où...

Contrairement à Steven Callahan pendant sa longue dérive océanique, je n'ai que peu de problèmes d'eau. Mais j'ai faim, atrocement faim et je ne vois toujours aucun poisson, alors que Bombard et Callahan pêchaient de quoi se nourrir assez régulièrement, sans compter les bestioles volantes. Et le plancton est toujours aussi rare...

Je suis mouillé presque en permanence dans la journée et je baigne le plus souvent dans une humidité moite quand je rentre dans la nacelle. Le matin, à midi, le soir, au moment où ma gorge se dessèche et où mon estomac se contracte, une délicieuse odeur de bouchée à la reine me chatouille le nez et je vois Marie-Rose faire griller un steak gargantuesque dans une poêle géante où elle verse des fines herbes par poignées.

Parfois ce sont des spaghettis au beurre, des montagnes de nouilles où roulent des déferlantes de sauce tomate ou des beignets de toutes formes, croustillants et chauds à point.

Parfois, elle se tient là, devant moi, avec un grand sourire, habillée pour sortir, et je lui demande si elle a bien commandé un couscous chez Bébert. Et comme son sourire s'accentue et qu'elle enlève sa veste, je sais que nous serons en retard...

Je rêve sans arrêt de nourriture. Je me vois commandant des menus entiers au restaurant, je m'imagine mangeant des tonnes de cassoulet, de chipolatas, de taboulé ou de soupe aux pois. J'arrose le tout de café au lait très sucré, de jus de fruits divers, de crème de marron ou de mousse au chocolat.

Avant de commencer cette orgie, je sable le champagne. Quand je suis dans la nacelle, c'est simple : tout est à portée de main. Je me penche vers le tuyau, j'ouvre le petit robinet (genre robinet de vinaigrier) et j'aspire l'eau légèrement saumâtre du bidon principal de réserve auquel il est relié (encore une des nombreuses astuces de mon antre flottante où on a bricolé des semaines pour caser le maximum de choses dans le minimum d'espace et économiser mes gestes et mes dépenses énergétiques). En général, ce breuvage, qui sent terriblement le tuyau d'arrosage, suffit à me faire reprendre contact avec la réalité.

Si j'ai de la chance, j'aurai droit au plat du jour, unique et invariable, qui ne tenterait même pas une tortue, celui que je nomme la soupe de poissons, mon brouet à l'eau de mer et aux miettes de plancton! Les sacs poubelle, ils arrivent vides au bout de mon hameçon et j'aurais bien du mal à les remplir. Si! Je pourrais, pour m'alléger, vider la nacelle de toutes les choses inutiles qui l'encombrent : j'ai sûrement pris beaucoup trop de chaussettes, de crèmes, de pommades, de cassettes et de livres. Depuis le départ, je n'ai pas eu le temps d'ouvrir un seul des récits de survie que j'avais emportés.

Et si je rêve parfois des bras de Marie-Rose, mes fantasmes sexuels, à part une fois, au début de la traversée, ne dépasseront jamais ce stade. Je demandais trop à mon corps sur l'Atlantique, j'exigeais trop de mon esprit, tout entier tourné vers ma survie, vers cette sauvegarde où chaque minute pouvait décider de mon destin, pour avoir le temps ou l'idée de rêver d'amour.

L'amour, pour moi, sur l'océan, ne pouvait être que platonique, qu'universel. Quand on meurt de faim, le corps très vite est livré à des besoins oraux essentiels : manger, boire. Les besoins du début de la vie. Mais en même temps, l'esprit réussit à planer bien au-delà de ces instincts primaires, comme s'il se détachait petit à petit du corps, qu'il retrouvait un peu de cette essence divine, de ce sens du sacré, de la solidarité, de l'amour des autres, qu'on noie à terre sous des milliers de contraintes et d'obligations à cent à l'heure.

Quand j'évoque ma traversée maintenant, quand je relis mon journal de bord, je suis effaré de voir qu'à peine quinze jours après être parti, je me croyais déjà épuisé. Je ne savais pas ce qui m'attendait encore, vers l'ouest où j'allais plonger bientôt, vers le grand large où je souffrirais comme on ne peut pas l'imaginer, où je me sentirais souvent complètement impuissant, un peu comme si j'assistais à l'agonie d'une personne aimée, sans pouvoir l'aider.

Ces premières semaines me parurent peut-être aussi dures à cause de la tempête, du froid de ces régions de l'Atlantique encore éloignées de l'équateur, des difficultés d'acclimatation à ce monde mouvant et hostile, du brusque passage d'une suralimentation, d'un état d'abondance à ce vide total où j'étais plongé. Mais il y avait peut-être aussi, enfouie dans mon subconscient, cette idée que la côte n'était pas si lointaine, que les îles du Cap-Vert, au large desquelles je devais rencontrer un bateau ami, pouvaient constituer une escale possible, voire la fin du voyage si je me sentais trop mal.

Jamais, je n'avais envisagé d'arrêter, ni avant le départ ni maintenant, alors que j'avais déjà souffert deux semaines sur l'océan. Mais ces futurs possibles devaient surnager quelque part dans mon esprit, distillant incertitude et déprime. J'avais l'impression d'être seul, mais je ne connaissais pas encore la vraie solitude, celle où on se retrouve face à soi-même, ayant définitivement largué ces amarres psychiques, ces liens immatériels qui créaient l'angoisse et l'indécision.

Et puis, je doutais parfois de mes performances, de ma position exacte. Par exemple en ce 15 avril. Sur cette mer où mes pas semblaient si dérisoires, avais-je vraiment parcouru mes premiers 1 000 kilomètres? N'avais-je pas été abusé par ma dérive lors de la tempête?

C'est vrai, il y a des moments où je doutais de moi, de ma réussite. Où je devenais l'avocat du diable. Le diable, c'était la mer. Et moi, le fou, je marchais sur la peau du diable!

Alors, je me voyais tel que la mer, cette entité sacrée pour moi, pouvait me percevoir : une créature infinitésimale, un moucheron égaré sur une immensité que j'imaginais au diamètre de la terre...

Enfin, le soleil se montre! Je m'accoude au portique et j'essaie de calculer encore une fois ma position. Je me sens déjà si petit et si faible face à la démesure de l'océan que j'ai besoin de me rassurer sans cesse. Je n'ai pas de navigateur par satellite (Sat-Nav), cet instrument magique qui donne en quelques secondes sa position au marin sans avoir besoin de la calculer. Comment pourrais-je lui fournir l'électricité nécessaire à son fonctionnement? Je n'ai qu'un mince panneau solaire, fixé sur la nacelle et qui alimente tout juste la lampe néon, la VHF et le fer à souder qui me permettra plus tard de faire des trous dans mon matelas pneumatique pour y accrocher des bouts de ficelle et le transformer en voile.

Et puis, l'histoire des naufragés de la *Goulette*, survenue peu avant mon départ, m'a beaucoup fait réfléchir. Partis des Canarics à deux sur un voilier de 12 mètres pour atteindre les îles du Cap-Vert, à une semaine de voile de là, les malheureux ont dérivé cinquante-huit jours sans mât et sans électricité après avoir été littéralement broyés par la tempête. Seul le plus jeune des deux, Pierre Barberoux, réussit à survivre à ce cauchemar où la défaillance du matériel et des instruments, jointe à l'inexpérience des hommes, transforma en drame ce qui aurait pu n'être qu'un accident.

Tout le circuit électronique du bateau était en panne depuis la chute du mât et le fameux Sat-Nav hors d'usage. Faute de sextant, les deux naufragés ont été incapable de se diriger. Ils naviguaient à l'estime, se fiant à leur intuition ou aux « signaux » qu'ils croyaient recevoir des dauphins.

Après cinquante-cinq jours de dérive, alors que le voilier arrivait dans la mer des Antilles, le skipper est mort de déshydratation et son compagnon, qui avait maigri de 35 kilos, s'en est sorti par miracle, recueilli par un voilier allemand après avoir pris place dans son canot de survie. Le plus terrible est que, dans ce canot, il y avait, comme l'impose la réglementation, vingt litres d'eau. Cette ration (que moi-même j'ai refusé d'emporter sur l'océan pour ne pas être tenté, de même que les rations alimentaires contenues habituellement dans les canots de survie) aurait probablement sauvé le skipper décédé... à quelques mètres du radeau!

Cette histoire terrible m'a beaucoup frappé. Je voulais que

mon expérience serve aussi à de futurs naufragés, pas forcément marins, pas forcément doués pour les maths. Mon cas en somme. A part mon stage d'une semaine aux Glénans sur un voilier, je n'avais jamais navigué. Mes premières estimations, j'allais les faire sur le terrain, sur l'Atlantique. Il fallait que je parte avec tous les atouts dans mon jeu, mais avec le minimum de moyens, le minimum de livres.

Je me suis donc procuré le fascicule de Raymond Faigniez, marin et professeur, dont toute la vie est consacrée à enseigner à des néophytes le B.A.-Ba de la navigation, par les moyens les plus simples et les plus rapides. J'avais juste pu m'y atteler quelques soirées, et j'avais emporté son *Manuel d'initiation à la navigation du naufragé*. Une méthode originale, facile à comprendre et à appliquer. J'avais aussi acheté un sextant. Un simple sextant plastique Ebco spécial.

Le sextant, c'est la version moderne de l'astrolabe des marins grecs aux XIIe et XIIIe siècles, du quadrant, de l'arbalète qui permirent aux grands découvreurs et explorateurs, jusqu'au XVIIIe siècle, de définir leur position sur la mer grâce au soleil. C'est le sextant qui a guidé les premiers navigateurs solitaires à travers l'Atlantique, le sextant qui a longtemps constitué, pour des hommes comme Tabarly, le seul appareil valable de navigation.

Je n'avais pas le choix et en même temps, pour moi, cet instrument était chargé de symboles : il m'apportait la science de tous les grands marins du monde, ceux dont j'essayais, avec mes dérisoires moyens de terrien et de marcheur, de suivre les traces, franchissant impunément la frontière, dressant un pont fragile entre les continents par le seul miracle de mes pieds flottant sur les eaux.

J'attrape le sextant, toujours attaché par un bout et un mousqueton au harnais ou à la capsule (comme tous les objets indispensables à bord). Je relève l'immense visière de la casquette qui me protège en permanence du soleil, je me mets debout bien d'aplomb, le dos au portique. Je vais maintenant essayer de déterminer ma latitude, c'est-à-dire la distance en degrés à laquelle je me situe par rapport à l'équateur, en espérant que les vagues ne feront pas trop bouger la nacelle pour ne pas fausser ma mesure.

Parfois, je suis obligé de recommencer quelques fois : ce sont mes débuts de navigateur et je tâtonne un peu. Puis, je calcule la longitude, c'est-à-dire ma position par rapport au méridien de Greenwich (celui qui passe en Angleterre). Pour tout cela, je me sers d'une montre très exactement réglée sur l'heure universelle TU (j'en ai emporté trois étanches).

Au début de ma traversée, le soleil se levait à gauche et se couchait à droite, car je descendais vers le Sud, des Canaries vers les îles du Cap-Vert. Je voyais donc le soleil décrire un arc de cercle pas tout à fait au-dessus de moi (plus tard, plus au Sud, je le verrai juste au-dessus de ma tête).

Malgré mon inexpérience, je ne me suis pratiquement jamais trompé. Mais j'étais inquiet. La tempête des premiers jours m'avait fait dériver et j'avais été si malade que je ne m'étais guère préoccupé de déterminer ma position.

L'Amérique, c'était de l'autre côté, au-delà de l'horizon, si loin encore!... Les Pilot Charts de l'Atlantique (cartes météo américaines qui indiquent pour chaque mois de l'année la force et la direction des vents) m'avaient donné avant le départ des indications sur les vents et les courants dominants au printemps. Et je complétais de temps en temps avec mes observations. Je savais que je me situais à la fin de la deuxième semaine à près de 22° de longitude Ouest et de 23° de latitude Nord mais, avec le mauvais temps, je ne pouvais pas utiliser le sextant tous les jours.

Des oiseaux, et même des papillons, aussi incroyable que cela parût, volaient autour de moi ces jours-ci. D'où sort ce funambule, semblaient-ils se crier l'un à l'autre, d'où vient ce martien tombé du ciel au milieu de notre océan? Je regrette maintenant de n'avoir pas eu le temps ni les connaissances nécessaires pour les identifier vraiment. C'est seulement à mon retour, en consultant les encyclopédies, que j'ai pu essayer de mettre un nom sur mes petits visiteurs.

Ces oiseaux m'amusaient, m'intriguaient, mais en même temps, ils accentuaient par leur aisance au-dessus de l'eau l'irréalité de mon exploit. Je me sentais plus seul que jamais, petit point mouvant perdu au milieu de l'océan, petit point dérisoire qui n'arrivait même pas à imprimer dans l'Atlantique le trajet qu'il avait prévu au départ : la ligne que je traçais sur ma carte d'après mes calculs et relevés me situait au-dessus du parcours théorique que je voulais suivre des Canaries jusqu'au large des îles du Cap-Vert.

Je me rassurais en pensant que Marie-Rose pouvait chaque jour consulter sur Minitel ma position. En même temps, c'était assez risible de penser qu'elle, à terre, avait ma position exacte et scientifique, tandis que moi, qui butais tous les jours sur cette précieuse balise Argos, installée à l'avant, devant le radeau de survie, je conserverai toujours un léger doute sur ma situation exacte.

Et si je me noyais?

Si le bout qui me reliait en permanence à la nacelle pendant mes longues marches cédait? Si je dérivais seul accroché à mes skis pour me fondre dans l'immensité de l'océan tandis que la nacelle continuerait à voguer, menant tranquillement sa vie d'épave sur le courant des alizés?

A terre, ils ne sauraient rien.

Ils pourraient juste s'inquiéter, en voyant la durée journalière de navigation diminuer brutalement et se confondre avec les moyennes quotidiennes de dérive d'un radeau en situation passive, que nous avions calculées avant le départ, pour permettre justement ce genre de comparaisons.

Ils ont effectivement eu très peur, m'ont-ils raconté plus tard, à deux reprises pendant ma traversée. Car, par deux fois, en période de gros temps et en particulier durant la tempête du 20 au 24 mai, comme je ne marchais pas, le tracé de mon expédition ressembla à la dérive d'une embarcation abandonnée... La route retransmise par la balise Argos se superposait à l'orientation des courants et des vents dominants sans qu'on puisse distinguer comme habituellement mes différents cycles d'activités : marche, survie et repos.

9

Je tombe à l'eau...

Une vie de forçat!

Comment ai-je pu m'imposer cette servitude impossible?

Mais tout est impossible dans mon exploit. Impossible de dormir et de survivre sans refuge flottant, mais impossible de traîner plus longtemps cette nacelle trop lourde pour ma carcasse décharnée. Contre toute logique, je m'escrime à additionner des données déjà inscrites à mon passif...

Le fier conquistador du départ n'est plus qu'un galérien, un forçat traînant vers les Antilles ce boulet qui semble s'alourdir au fur et à mesure que mon corps s'allège.

Je ne suis pas un cheval de labour. Je veux marcher sur l'Atlantique, pas suer et m'éreinter à tirer cette charge surhumaine. Quand le vent souffle dans le bon sens, ma capsule, poussée par l'alizé, avance pratiquement seule derrière moi. Mais qu'un vent dérangeant surgisse, que les vagues la contrarient, et je me retrouve ahanant et poussif, halant une cabane en plomb...

Je dois trouver une solution. Faire appel au Rémy bricoleur, à l'ajusteur, à l'inventif. A celui qui a créé cet astucieux ponton flottant dont beaucoup riaient et qui pourtant tient sans broncher sous les brutalités de l'océan. Pour rendre ma nacelle pratiquement autonome (du moins pour progresser), il y a un moyen. Celui qu'utilisent tous les naufragés du monde. Je vais rassembler les bouts de tissu qui traînent sur la nacelle. Je les attacherai en guise de voile. Et vogue mon studio pendant que je volerai sur l'eau, marchant comme un elfe, mes chaînes devenues aussi légères qu'un fil grâce au vent qui poussera la nacelle derrière moi ou à mes côtés. C'était la solution idéale, avant que mon dos et mes os ne craquent sous le poids de ma coquille.

Mais c'eût été trop facile.

Rien n'est simple quand on traverse l'Atlantique.

Manger ou foncer, survivre ou courir? Outre mon ventre vide, atrocement vide, j'avais à nouveau des états d'âme existentiels.

Fallait-il que je continue ce rythme endiablé au risque d'échouer tout près du but, faute de « carburant »? Si je n'avais eu qu'un mois de traversée, j'aurais pu l'envisager. Mais j'avais encore cinq à six semaines de course folle à mener à travers l'océan. Il me fallait m'économiser. Mettre le gaz à tout petit feu sous ce corps qui risquait de brûler avant la fin toute son énergie dans une marche démoniaque. C'était bien beau de donner des ailes à ma nacelle, mais que deviendrais-je si elle se mettait à filer plus vite que moi? Je serais tenté aussi d'allonger mes pas, de forcer le rythme, au risque de m'effondrer rapidement.

Pour moi, en ce matin d'avril 1988, déjà très loin des Canaries, mais encore à des milliers de kilomètres de l'Amérique, le dilemme reste entier. Je veux avancer, le plus vite possible, mais il me faut trouver des forces, manger. J'ai faim aussi, de plus en plus faim. J'arrive à oublier cette sensation de vide perpétuel quand je marche, quand je m'active. Mais cela reste lancinant. Un état de souffrance latent.

Et puis, soudain, sans raison, la bête se manifeste. Elle a généré mille sangsues. Elle est devenue terrifiante. Quand mon ventre se durcit, se crispe, je sens les ventouses, leurs petites mâchoires acérées qui s'accrochent à mes muqueuses. Elles n'y trouvent rien à sucer, mais elles insistent, elles m'arrachent le peu de forces qui me restent.

Je ne suis plus que contractures et convulsions, pour chasser la chose qui me déchire l'intérieur. Je tente avec mes mains un massage. Ma peau est si tendue sur le creux de l'abdomen que je peux sentir sous mes doigts les torsions de mon estomac révolté. A défaut d'aliments à brasser, il broie du vide et les spasmes deviennent insupportables.

Pour stopper la crise, je dois m'allonger, respirer profondément, me relaxer. Alors, l'estomac s'apaise peu à peu et je me dépêche de repartir vers mes skis ou mes filets de pêche, car je sais que ce répit est bref. J'imagine toutes ces fritures qui frétillent et pullulent dans l'Atlantique, tous ces filets de daurade, de thon, de mérou, tendres et iodés, au-dessus desquels je marche, et que je n'attraperai probablement jamais. Sauf si...

Ma traversée, c'est non seulement une marche à travers l'océan, mais aussi une expérience de survie. Pour durer deux mois, je dois m'alimenter. Et pour trouver ma nourriture... je vais ralentir, dussé-je ainsi augmenter le temps de mon calvaire. Mieux vaut périr à petit feu, avec un espoir de s'en sortir à temps, plutôt que de se volatiliser dans un brasier triomphal à mi-chemin. J'allais en profiter pour respirer un peu, profiter du beau temps qui semblait s'installer, faire des réserves d'eau.

Et quelles pêches miraculeuses j'allais engranger! J'essayais de me persuader qu'en marchant moins vite, ma nacelle, ralentie par une ancre flottante, allait enfin devenir ce garde-manger itinérant dont je rêvais depuis deux semaines. C'est sûr, dans quelques jours, le sillage et le dessous de ma nacelle ressembleraient à ces sentiers sous-marins bondés de poissons multicolores où palment les touristes à Port-Cros, dans les îles d'Hyères, ou dans les réserves naturelles des mers chaudes. Je n'aurais plus qu'à prendre mon masque et mon fusil pour traquer le gibier...

Trois jours se sont encore écoulés.

Aujourd'hui 18 avril, je me force enfin à écrire.

Il faut que j'oublie ce monde chaotique et infernal d'où je ne peux même pas tirer ma nourriture. Depuis trois jours, alors que je me suis beaucoup dépensé, je n'ai toujours rien mangé, à part un poisson de 10 centimètres échoué sur le filet. Celui-là, il devait être aveugle, ou complètement handicapé! Peu importe, je n'ai même pas cherché à savoir quelle pouvait être sa race, ni s'il était vénéneux. J'avais trop faim. De toute façon, je savais qu'au large où je marchais, aucun poisson toxique ne croisait. Ni aucun poisson mangeable apparemment.

J'ai aussi essayé d'avaler des anatifes, crustacés à coquille ovale dont les longs pieds noirs commençaient à pousser le long des coques et sous les filets. Mais ces apéritifs coriaces, caoutchouteux et élastiques n'ont fait qu'augmenter ma soif. C'était dur, indigeste, et mon estomac se soulevait rien qu'à la vue de ces bestioles noirâtres.

Pendant ces jours maudits, tous les poissons de l'océan ont dû se donner rendez-vous à des milliers de milles de là. Aucun n'a même daigné venir jeter un œil sur mon ancre flottante, dont le parachute s'étale derrière le caisson comme une énorme méduse. En revanche, avec mon engin ralentisseur, j'ai établi le 16 avril mon plus beau record de lenteur : 35 kilomètres dans la journée!

Tout à l'heure pourtant, espoir fou. Pour la première fois depuis le départ, j'ai plongé. Pour laver la couche de crasse que mes gants mouillés d'eau de mer et de savon ont du mal à arracher et puis, pour me délasser. Il faisait si beau, la mer attirait irrésistiblement ma peau desséchée, mes os endoloris.

A peine dans l'eau, je les vois.

A travers mon masque, non, ce n'est pas une hallucination, ils sont là : trois ou quatre poissons zébrés comme ceux qu'on admire dans les aquariums, mais un peu moins brillants, plutôt ivoire et marron. Et derrière, je ne rêve pas, c'est bien un baliste. Il a un corps sombre et des épines sur le dos, mais une grosse tête ovale sympathique, avec un museau presque humain et un œil bleu intelligent. De toute façon, même s'il avait la gueule effrayante de la baudroie, ou les canines d'un requin, je crois que je le trouverais appétissant. Avant Bombard, on ne connaissait guère que les balistes côtiers, vénéneux et souvent mortels à cause du poison violent que leur chair renferme. Mais depuis trente ans, de nombreux naufragés ont réussi à survivre grâce au baliste du grand large, tout à fait consommable, et en particulier les Bailey pendant leurs cent dix-sept jours à travers le Pacifique.

Mon baliste joue tranquillement avec les petits zèbres. Il ouvre la bouche, comme pour happer l'un d'entre eux, puis à toute vitesse, il monte, descend et passe d'un côté à l'autre des flotteurs, se dissimulant parfois derrière le safran pendant de longues secondes. Ce gros père obèse doit pourtant être facile à attraper. D'ailleurs, s'il n'était pas un peu débile, que ferait-il sous mon refuge superbement ignoré du monde des profondeurs? Je lance doucement mon épuisette. Mais je ne suis pas sur la plage. Le baliste joue maintenant à cache-cache avec moi. Les zèbres effrayés se sont enfuis, mais le baliste continue ses évolutions sereines, incroyablement rapide. Il disparaît, revient, passe à côté de mon épuisette, mais l'évite et file le long du flotteur. Il se moque ou quoi?

Je m'énerve. Je prends mon fusil sous-marin et je pars à l'attaque. Je ne peux pas le rater, j'ai là une demi-douzaine de petits repas en perspective. Il me le faut absolument. Si j'avais encore de la salive en réserve, j'en baverais comme un bébé affamé. Mais, je suis aussi sec qu'un jonc battu par le vent. Même plus de larmes de peine ou de joie ces derniers jours. Une momie. Mon pouvoir émotif est à sec. Je ne suis plus qu'un animal qui a faim, qui meurt de faim. Une machine à tuer.

J'arme, je vise. Touché!

La flèche a atteint la cible, mais vers la queue. Le poisson blessé fuit loin de la nacelle. Il s'échappe, gagne du terrain. J'essaie de le prendre de vitesse. Mes gestes s'enchaînent comme l'éclair: l'ancre flottante pour ralentir la nacelle, l'épuisette pour récupérer le baliste. Mais le courant est trop fort. Le baliste disparaît, accompagné des petits zèbres qui lui font une escorte d'honneur.

Un hourvari de cris et de huées jaillit des abysses vers moi. La mer entière se moque de moi, et je m'écroule. Je me revois à seize ans, sur une scène de collège. Je chante devant mes camarades en m'accompagnant de ma guitare des poèmes que j'ai composés. J'en suis terriblement fier, ce sont mes premières chansons et malgré mon trac et mes tremblements, je plane dans un ciel étoilé où se dessine en lettres d'or mon brillant avenir de star. Quelques minutes plus tard, le rideau se referme sur les quolibets, les rires, les sifflets de mes copains...

Le lendemain, je suis sur les routes, guitare en bandoulière, bien décidé à gagner mon pain avec mes chansons, à faire apprécier mon talent à ceux qui en sont dignes. Jamais je ne suis resté sur un échec dans ma vie. A chaque fois, ce fut l'occasion d'un nouveau départ, d'une nouvelle orientation.

Rideau. Je me revois des années plus tard, devenu une vedette du spectacle. Pourtant cela ne me suffit toujours pas. On est en 1987. Quatre heures du matin. Comme chaque jour à l'aube, quel que soit le temps ou la saison, je cours dans les rues de Paris, solitaire, acharné. J'ai décidé de traverser l'océan et l'entraînement doit être rude, à la hauteur du projet : un raid d'endurance jamais réalisé par aucun homme au monde.

Rideau. Le héros est sur l'Atlantique. Il pleure des larmes de sel. Il est un nain sur cette immensité où chaque mille parcouru l'éloigne de toute terre, le plonge sans rémission possible dans un univers inhospitalier, impitoyable. Il est un nain salé. Toute chair semble avoir fui sous sa peau qui ressemble à cette pellicule sombre et tannée des poissons fumés.

Il n'est qu'au quart à peine de son périple pourtant. Il ne peut pas échouer. Il va réagir. Il ne peut pas tarder à réagir. Et cependant, il lui semble que des heures se passent avant que les ordres qu'il intime à son corps soient exécutés. Il est affalé sur la nacelle et gît n'importe comment sur une coque.

Dans sa détresse, il a failli oublier les règles élémentaires de sécurité auxquelles il s'astreint. Il a voulu ôter son cordon ombilical, le jeter dans la bulle ouverte. Sa ceinture de sécurité de trois mètres qui le relie en permanence à son refuge, lui scie le dos, ce dos où affleurent maintenant les vertèbres, comme sur ces squelettes en plastique qu'on fait étudier aux enfants.

Il n'arrive pas à s'arracher de ce flotteur où il repose en équilibre instable. Son corps se relâche sous le soleil, revit sous ces milliers d'étincelles qui le picotent délicieusement. Il est sur une plage des tropiques, à mille lieues de cet enfer liquide. Il est une bulle de soleil, une bulle d'écume lumineuse échappée des abysses...

Soudain, la bulle éclate.

Il coule. Des milliards de mètres cubes d'eau l'entraînent sous la nacelle. Il a basculé, ou bien une vague est venue cueillir ce corps qui s'offrait. Il ne sait plus. Il se souvient seulement qu'il est encore attaché et qu'il faut stopper immédiatement cette chute avant que le cordon ne lâche.

Il ne voit plus rien, mais il veut vivre, il n'est plus qu'instinct de survie. Une éternité, il patauge dans l'eau, luttant furieusement dans les vagues qui le malmènent et risquent de l'écraser en le projetant contre la nacelle.

Soudain, la pression augmente. Sans faire attention, dans la bataille, il s'est retrouvé sous la nacelle. Il étouffe. Il se sent mal, il a l'impression d'avoir avalé des litres d'eau, il suffoque, il enrage. C'est trop bête. Il ne peut pas finir comme ça, alors que son refuge est là, au-dessus de sa tête.

Je ne sais pas comment j'ai fait. Je me retrouve quelques instants plus tard cramponné au tuyau de protection installé de chaque côté des flotteurs, je m'y accroche comme une ventouse.

Même la plus monstrueuse des déferlantes ne pourrait pas m'en détacher maintenant. Je réalise soudain que j'aurais pu être gravement coupé par le safran saillant à l'arrière, aiguisé comme un couteau. C'était un des dangers permanents que présentait l'abord de la nacelle.

J'ai retrouvé des forces que je croyais disparues. Me hisser sur le flotteur ne me demande aucun effort. J'ai l'impression que tout ce que je peux subir désormais ne sera rien à côté de cette lutte forcenée.

C'était la première fois que je tombais de la nacelle, avec cette ceinture de sécurité amarrée, qui ne me quitte jamais, même quand je dors. Ce sera la dernière. J'ai frôlé la catastrophe plus tard en me décrochant d'un hauban à l'avant pour me raccrocher à l'arrière. Pendant cette manœuvre, la nacelle a oscillé sur une vague, et j'ai failli être projeté à l'eau. Cette fois-là, sans cordon, c'eût été la mort certaine...

Même avec trois semaines de jeûne derrière moi, j'ai encore trouvé la force d'échapper à la noyade. Mais je sais que je n'aurai pas une seconde chance. Me maintenir en vie dans ces conditions tient déjà du miracle. La prochaine étourderie signerait la fin de mon histoire...

10

Funambule solitaire sur l'océan vide

Ce matin, la mer est blanche quand je m'éveille. De l'écume et des crêtes qui bouillonnent à perte de vue. Ma bulle ruisselle et gémit sous les cataractes.

Mais j'étouffe dans mon caisson étanche. J'ai chaud et ça sent le fauve. Ce n'est d'ailleurs pas seulement une sensation d'asphyxie. La mer était si mauvaise cette nuit, qu'après avoir refixé sous un déluge d'embruns les skis de rechange qui menaçaient à nouveau de défoncer la coque, j'ai tout fermé, y compris les manches à air qui me permettent de respirer correctement dans mon sarcophage. Je suffoque maintenant.

J'ai l'oreille droite et le haut de la mâchoire enflés, peut-être à force d'amortir les énormes coups de butoir des vagues, qui toute la nuit ont bousculé la nacelle, tandis que j'essayais de refouler de mon esprit les pensées noires qui surgissaient à chaque déferlante : explosion de la nacelle, fissures et inondation, retournement, noyade, etc. J'ai combattu des heures mes fantômes tandis que ma chambre à coucher flottante m'emportait dans le grand huit, me cognant les côtes, m'arrachant la peau du dos, mais tenant bon la mer malgré les chocs, et se redressant à chaque fois.

J'ouvre la bulle... et, dans un grondement formidable, je reçois la moitié de la mer sur la tête! La vague a arrosé tout l'intérieur et je n'ai pas besoin de douche ce matin : l'eau me dégouline dans le dos et le long des cuisses. Tout est trempé et baigne dans l'eau de mer : matelas pneumatique, sac de couchage, livres, pulls et chemisettes.

Je me hisse sur la nacelle. Ce que j'aperçois est ahurissant : la mer, qui a rejoint le ciel, dresse des vagues hautes comme des maisons tout autour de moi. Ces milliers de vagues, crachant leurs flammes blanches comme des dragons furieux, chargent en se recoupant et s'entremêlant de telle sorte que, quand elles arrivent au-dessus de moi, j'ai l'impression horrible de n'être plus qu'une de ces crevettes microscopiques qui jonchent les filets.

Des crevettes! C'était inespéré! Il faut que je les mange avant qu'une vague ne les emporte! J'attrape la grosse cuiller en bois que j'ai attachée à l'un des montants du portique et je racle ce petit déjeuner inattendu en surveillant les déferlantes du coin de l'œil. Les répits que la mer m'accorde sont parfois trompeurs. J'ai beau essayer de faire des statistiques sur les séries de vagues, il y en a toujours une sournoise qui sort du rang pour m'assommer sans prévenir.

Décidément, la mer est généreuse ce matin : un bébé poisson de six à sept centimètres a atterri au beau milieu du filet.

Un bébé! C'est sûrement plein d'arêtes et à peine mangeable, mais je ne vais pas faire la fine bouche! Je n'ai rien mangé de frais depuis ce premier poisson, le *gemphylus* ou maquereau-serpent, pêché le cinquième jour, et dont j'ai mâchonné les restes, racornis, blanchâtres et un peu moisis (du lard fumé, mais en beaucoup moins bon), pendant cinq ou six trop minces repas. Depuis, j'étais au régime. Eau de mer - eau douce - eau de mer - eau douce et ainsi de suite au fil des heures avec pour seule variante mes essais de chewing-gum d'anatifes. J'ai abandonné rapidement l'ancre flottante, qui ne m'apportait rien de plus à manger et ralentissait désespérément mes pas.

Je gobe la tête, queue et arêtes comprises. Je sais qu'il faut que je me force à mâcher lentement, mais j'ai si faim que je croque le tout en quelques secondes.

Ce n'est pas terrible, ça a le goût de la mer, le goût du sel qui est partout sur moi, même dans ma bouche où j'ai l'impression que ma langue marine dans la saumure. Mais magré ma répugnance croissante, j'avale tout, et je crois que si un autre surgissait, je le dévorerais à l'instant, de la même façon.

Pour clore ce festin, j'aspire l'eau du distillateur directement de la poche de récupération. Rien à voir avec de l'eau de source, l'odeur et le goût sont ceux du plastique, mais au moins ce n'est pas salé!

Le vent s'est apparemment calmé, mais la houle résiduelle est effrayante à voir. Elle me soulève par l'arrière, mais j'aime à imaginer qu'elle vient de l'autre côté de l'Atlantique, qu'elle a parcouru les quelque 4 500 kilomètres qu'il me reste encore à couvrir avant de voir l'Amérique. J'essaie de deviner, à travers ce paysage de fin du monde, blanc et bouillonnant jusqu'à l'horizon, les effluves des îles du soleil où je me reposerai bientôt de mon odyssée. Bientôt... dans tant et tant de semaines encore. Bientôt... Si j'arrive à augmenter la cadence, si je me force à marcher sur ces milliers de volcans en ébullition, si j'ose affronter ces avalanches.

Je suis devenu un montagnard de l'océan.

Je me suis levé juste après l'aube ce matin, comme chaque matin. Quel matin au juste, je ne sais plus. Je compte les heures, les vagues, les nuages, mes pas, mais en ce moment les jours s'étirent et se dissolvent dans un brouillard de fatigue et de faim. J'ai l'impression d'avoir marché ainsi depuis tant de semaines déjà, que je n'ose même plus évaluer celles qui me restent à endurer...

Mon corps vit docilement à son rythme atlantique. Je n'ai même pas besoin de me servir de réveil. Mon horloge océane est interne. Quand je me couche, je me programme en fonction de ma fatigue jusqu'à telle ou telle heure, et je me réveille toujours pile à l'heure dite.

Malgré l'état de la mer, j'ai fait quelques exercices, détendu mes bras et mes jambes, rangé l'intérieur de ma capsule, mis à sécher toutes les affaires trempées sur le portique. J'attache chaque vêtement à l'aide d'un bout de fil de fer inox (j'en ai emporté des provisions pour mes bricolages éventuels) afin qu'il ne s'envole pas.

Grâce à mon poisson miniature, j'ai le ventre un peu plus lourd que d'habitude et l'impression d'avoir retrouvé des forces.

Je suis prêt pour mon corps à corps quotidien avec l'océan. Mes skis aux pieds, je m'apprête à attaquer. La mer et moi on se regarde fixement, les yeux dans les yeux. C'est le moment de concentration indispensable qui prélude à toute marche difficile. C'est la minute d'observation, de relâchement dans la dynamique, que je m'octroie avant la bataille.

La mer s'est un peu calmée, mais les creux sont encore dantesques. Sur cette mer d'écume où des dômes surgissent, où des vallées se creusent perpétuellement, ma marche ne supportera pas la moindre défaillance.

Je pars doucement, à petits pas, testant la fluidité de la houle et ma propre résistance à ce sport qui n'est jamais le même chaque matin. J'avance lentement au début, puis progressivement, au fur et à mesure que les articulations se désengourdissent, j'allonge la foulée.

Depuis le début de la traversée, j'ai un peu modifié ma façon de pagayer pour m'équilibrer sur mes skis flotteurs. J'essaie de pagayer en dynamique plutôt qu'en force, d'amener les pieds et les skis vers la pagaie, et non l'inverse. Quand je serai de retour en France, il faudra que je pense à me procurer des pagaies encore plus fines pour réduire la prise au vent, et ne pas s'épuiser trop vite. Mais là, il faut que j'assume.

Ne pas se déconcentrer surtout. De nombreuses réflexions pratiques ou philosophiques se bousculent dans ma tête pendant que je marche, mais il ne faut pas qu'elles prennent trop de place. Je les classe, en ordre ou dans le désordre, dans des recoins d'où je les ressortirai pour les noter sur mon journal de bord.

Une déferlante en surplomb!

Elle a surgi soudain derrière une série de vaguelettes de cinq à six mètres qui étalaient leurs crêtes plutôt gentiment jusque-là. J'attaque la face Nord en déséquilibre, le ski droit déporté. Je redresse à toute vitesse avec la pagaie, en me gardant sur ma gauche où le monstre défile avec un bruit de succion dans un jaillissement d'écume. Mes lunettes de glacier sont pleines d'eau, je fonce dans un geyser, presque joyeux de m'en sortir sans encombres.

Mais je n'ai guère le temps de triompher. Je suis sur un fil instable, je n'en finis pas de glisser entre deux abîmes. Je me suis fourré dans la gueule du loup : quelques centaines de mètres plus loin, les vagues éclatent sur mes skis. Il faut que je me garde devant, derrière, sur le côté, en essayant d'évaluer combien de secondes, après avoir passé une vague, il faudra à la suivante pour être de nouveau à ma hauteur.

J'ai l'esprit coupé en deux, alternant effort et détente, la moitié de mon cerveau toujours en alerte, en course, tandis que l'autre peut vagabonder, écouter de la musique grâce au walkman étanche fixé sur mes oreilles, divaguer. J'ai fini par prendre l'habitude de cette dichotomie. Je l'alimente, j'en profite, je nourris cette part de moi qui, en s'échappant, permet à l'autre de maintenir l'effort au maximum.

Avant de partir, j'ai enregistré sur cassettes mes disques et chansons préférés, entrecoupés sur certaines cassettes de phrases de stimulation que je savais devoir m'encourager.

Sur cet océan vide et nu, il n'y a personne pour me tenir la main, pour effacer mes pleurs ou sourire devant mes succès. Alors, peut-être un peu puérilement, mais cela me réconforte, j'écoute après *Les Chariots de feu* ou *Top Gun* les applaudissements frénétiques du public. Pour peu que cela coïncide avec un passage un peu délicat où j'ai flirté dangereusement avec l'écume et réussi une chevauchée fantastique sur un mascaret sournois, je jubile et je continue ma marche triomphale comme porté par des milliers de gens.

« Bravo, Rémy! Tu as gagné! On savait que tu gagnerais, que tu vaincrais l'Atlantique! Enfin, un homme a marché sur les eaux! Il a traversé l'Atlantique à pied, c'est l'exploit le plus fabuleux depuis celui de Christophe Colomb! Bravo, bravo! »

Quand je désespère de jamais finir cette traversée, quand mes pas deviennent pessimistes, lilliputiens, quand je rentre la tête dans les épaules et que ma marche me paraît suicidaire, je visualise mon arrivée aux Antilles, le plus intensément possible. Je l'ai fait tant de fois, même avant de partir, que les images arrivent à la demande, en se bousculant. Bizarrement, peut-être à cause de mon passé de musicien, d'homme de spectacle, habitué aux encouragements de la foule, ce ne sont pas seulement des images de cocotier ou de mer chaude.

Des centaines de gens massés sur la plage viennent à ma rencontre. Certains ont plongé à l'eau pour attraper mes skis, pour m'aider à franchir les derniers mètres. Ils me tendent des boissons rafraîchissantes, des glaces, des ananas. Ils m'embrassent, me félicitent. Ils sont noirs, blancs, il y a beaucoup d'enfants parmi eux et tous rient et pleurent de joie. A moins que ce ne soit moi qui pleure et ris...

Le film de cette arrivée, je me le suis repassé au moins cent fois sur l'Atlantique, avec presque autant de succès à chaque fois, et sans jamais me lasser. C'était comme une oasis de détente dans la tension permanente où je vivais. Même sous un ciel bleu et une mer calme, le danger était constant. Je sentais, j'étais à l'écoute de toutes les manifestations, de tous les pièges que me tendaient la mer et le vent. Parmi eux, il y avait le risque de se laisser emporter dans l'euphorie, l'état second que créait la marche au bout d'un certain temps. Un effet dopant, trompeur, que connaissent bien les coureurs à pied, et qui peut conduire à négliger sa fatigue, et à dépasser ses limites.

J'ai marché presque quatre heures d'affilée. J'avance dans un drôle de nuage, fait d'épuisement et d'enchantement. C'est trop.

Retour à la nacelle. Immédiat. Je dois me ménager pour la suite. Débarquement du marathonien sur sa plate-forme.

Sans ôter les skis des pieds, je les pose l'un après l'autre dans l'emplacement prévu sur le flotteur gauche de ma nacelle, après les avoir attaché à un bout monté sur palan, pour leur éviter de s'éloigner du flotteur pendant cette manœuvre parfois délicate, surtout si la mer est forte. J'extirpe mes pieds bottés de leur prison de mousse, et je sangle les skis en y coinçant la pagaie, à l'avant et à l'arrière. Enfin seulement, j'enlève mon harnais de sauvetage tout en accrochant à un pontet le cordon de la ceinture de sécurité, que j'ai toujours sur moi... C'est ainsi que, d'une laisse à l'autre, je ferai toute la traversée, attaché en permanence par ce fameux cordon ombilical. C'est cette amarre obligatoire qui, paradoxalement, me permet de déployer mes ailes en étant sûr à tout moment de retrouver le refuge protecteur de ma plate-forme.

Repos du guerrier. Je desserre enfin les manchons en latex qui, serrés sur chaque botte, empêchent les paquets de mer de noyer l'intérieur. Après de nombreuses inondations, pieds trempés, abîmés, pleins d'engelures et d'ampoules, j'ai mis deux ans pour affiner ce système, et même dans les vagues de l'Atlantique, il semble parfaitement au point. Il n'évite pas l'humidité due à la transpiration, ni les infiltrations quand je tombe à l'eau. C'est pourquoi, à chaque pause, je fais sécher mes bottes, je les asperge de talc et autres produits absorbants. Ce matin, j'ai changé les semelles habituelles pour des semelles censées combattre le mal de mer à l'aide d'aimants polarisés.

Et pour déjeuner, monsieur? Ce sera comme d'habitude : la cuvée spéciale « Atlantique printanier » : moitié eau de mer et moitié eau distillée. La digestion n'est pas longue au moins.

A nouveau les skis. Le soleil apparaît par moments entre les nuages, moins compacts, plus volatiles. La mer est plus douce, la houle est en train de retrouver son rythme atlantique habituel, avec ses longues coulées qui s'enchaînent, avec des dénivellations qui, malgré leur hauteur parfois impressionnante, vous laissent le temps de grimper presque en douceur, avant de surfer sur un champ étincelant de lumière. L'atmosphère sombre et angoissante des ciels d'orage est en train de virer au bleu. Bientôt, je volerai à nouveau dans des rêves bleus, j'en suis sûr!

Ma casquette en visière, le visage et les bras tartinés de crème solaire, je glisse sur l'océan. J'ai branché la musique du film *Over the top*, avec Sylvester Stallone, et malgré mon ventre creux, je suis heureux à nouveau. Je fais des projets. Pour manger bien sûr. Il faut que je me confectionne un autre filet à plancton. Après l'arrachement de mon filet improvisé avec la manche à vent, j'ai essayé à nouveau l'extracteur de parachute, mais ses mailles sont vraiment trop fines; en outre, il fait office d'ancre flottante, freinant la nacelle, que je voudrais au contraire voir filer plus vite sur l'eau, pour m'épargner une traction trop pénible.

C'est ça aussi, la traversée de l'Atlantique : le système D en permanence. Rien ne se passe comme prévu. Tout craque, disparaît, se détraque. Sauf l'essentiel heureusement : skis et nacelle subiront jusqu'au bout les incroyables pressions et raclées de l'océan. Mais pour le reste, je n'ai guère le temps de m'ennuyer.

Comme si ces objets, auxquels je finis par prêter vie, avec lesquels je dialogue silencieusement, voulaient sans arrêt éveiller mon attention, me maintenir en alerte, et puis tester ma résistance morale en m'abandonnant :

– « Rémy! Une photo! »

J'ai un peu négligé l'appareil photo ces derniers temps, je dois dire. A part le maquereau-serpent que j'ai immortalisé et le distillateur monté en pyramide, je n'ai pas dû prendre cinq photos en tout. C'est vrai qu'à l'aube, ce matin, la mer était belle sous sa fureur. Je me suis emparé de l'appareil et j'ai fixé une vague grande comme mon immeuble parisien qui me narguait.

J'avais envie tout à coup de lui faire des grimaces, de lui dessiner deux yeux fardés avec des reflets jaunes comme ceux qui font rire les enfants sur ma grosse caisse, de lui coller des lèvres rouges et appétissantes. De faire le clown trois minutes. Un entracte s'il vous plaît madame! Votre grandeur m'écrase. J'ai besoin d'un petit pied de nez au moral!

La vague a hésité, a dardé une rangée de cornes d'ivoire pointues vers moi, a craché des milliers de bulles, et puis, soudain, s'en est allée, indifférente, hautaine. On ne joue pas avec la mer, même en pensée. Comme pour me punir de ce crime de lèse-majesté, l'appareil photo s'est bloqué instantanément. Ce fut ma dernière photo. Il n'a jamais remarché.

« Rémy! Un poisson! »

Ensuite, ce fut au tour des lignes de pêche de rendre l'âme. Mirage, illusion? Sur la ligne accrochée à la canne à pêche, j'ai vraiment cru qu'il y avait un poisson. Ça se tortillait, ça bougeait comme l'autre jour, ce fameux jour noir où j'ai laissé filer le mérou. Cette fois-ci, tu ne m'échapperas pas! Je remonte le fil prudemment, après avoir mis le gaffeau et le couteau à portée de main.

Catastrophe! Mon casse-croûte, c'est un poisson d'avril! Les trois lignes de pêche se sont emmêlées, probablement sous l'effet du chahutage de la nuit dernière, dans un invraisemblable sac de nœuds. Il me faudra des heures pour finir de démêler tout ça, parfois aux ciseaux, car certains nœuds sont trop serrés.

Et pour compléter la série, une des deux lignes que j'avais remises à la traîne a définitivement pris le large, entraînée par un gros poisson avec une de mes trouvailles, un montage de leurre que je pensais le plus efficace. Il y a en ce moment un baliste qui se pavane au fond de l'océan, avec mes trois hameçons en collier. A moins que madame Daurade, avec ses puissantes molaires, capables de broyer une moule en quelques secondes, ne soit en train de se prendre pour l'homme-qui-mangeait-du-métal, tordant entre ses dents comme un vulgaire crabe les hameçons auxquels je tenais tant!

Finalement, cette journée si mal commencée se termine comme dans un rêve : j'ai abattu mes dix heures de marche. Je suis heureux. Abominablement fatigué, mais heureux. Une seule chose me chiffonne : cette capsule que je traîne, indispensable à ma survie, mais qui semble de plus en plus lourde au fil des heures. J'ai peur que cette charge inévitable ne compromette mon exploit. Aurai-je vraiment la force, avec presque uniquement de l'eau dans le ventre, de tirer ces centaines de kilos de l'autre côté de l'Atlantique?

Je décompresse sur la nacelle, en relâchant pour quelques

minutes mon attention. Mais le risque est partout, même au repos, sur cette mer où je croyais déambuler seul.

Un cargo! Juste devant moi!

En réalité, je jubile. Enfin! Je vais pouvoir inscrire dans mon journal de bord l'un de ces dialogues historiques avec un bateau de passage. A défaut de trinquer avec le commandant, je pourrai plaisanter, demander quelques nouvelles du pays, et prier l'opérateur radio de signaler ma rencontre à Marie-Rose.

Mais encore une fois, j'ai beau harceler ma VHF, interpeller le bateau inconnu en plusieurs langues, il reste sourd et muet.

Il se rapproche. Je trépigne d'excitation, de peur aussi. Il est énorme, titanesque. J'essaie d'établir le contact sur le canal 16, le canal de détresse, celui sur lequel tous les bateaux doivent rester branchés afin de capter d'éventuels appels au secours. Je me contente de quelques appels discrets. Mais j'aurais crié *may day, may day* (le SOS international), c'était pareil. Le cargo s'éloigne majestueusement, sans un signe, sans un mot, comme si je n'existais pas.

Avec ma radio ondes courtes, qui fonctionne sur piles, je capte sans problèmes *Radio France International*. Je sais tout sur les matchs de foot, les prochaines élections présidentielles. Mais ma VHF est incapable de me brancher sur les usagers de l'Atlantique. Mon chemin de randonneur des mers croise le sillage des routiers de l'océan sans que ceux-ci dévient d'un iota leur cap. J'admire leur masse et leur aisance de mastodontes habitués à défier n'importe quelle mer, n'importe quel temps. Mais je tremble devant leur inattention, leur indifférence, leur mépris. A quoi leur servent leurs radars, leurs veilleurs? Je ne veux pas m'imaginer la nuit devant leur étrave. Combien de navigateurs solitaires ont péri ainsi, comme peut-être Alain Colas, coupés en deux par une étrave aveugle, sans plus de bruit qu'un poisson volant s'écrasant sur une coque...

Je me sens plus transparent encore quand j'appelle Marie-Rose sur ma VHF, et que seuls des grésillements me répondent. Au moment du départ, nous avions décidé avec elle et mes plus fidèles amis, de nous donner rendez-vous au large des îles du

Cap-Vert, pour qu'ils puissent me filmer, m'aider à réparer s'il y avait lieu, et me passer le matériel que je n'avais pas pu amener de France, faute de temps, comme des clés à molette et autres filets à plancton. Ils devaient louer un bateau à Dakar, et essayer de me rejoindre d'après les relevés Argos de ma position.

Étaient-ils partis à temps?

Arriveraient-ils à me situer exactement?

Maintenant que je me sens plus proche de ce rendez-vous sur l'Atlantique, tous les soirs, entre 18 heures et 18 heures 30, je branche ma VHF. Je les interpelle, je les appelle, au début gentiment, puis un peu moins poliment. Mais jamais personne ne répond. J'ai rendez-vous avec des fantômes, moi qui ai déjà tant de mal à exorciser mes spectres! Pour tromper mon angoisse, je lance des appels bêtes et méchants, des messages de récré : « Tas de nouilles, vous allez répondre! Vous m'entendez! Alors, on traîne, mais moi je suis à l'heure. Je ne manque jamais un rendez-vous! Mais enfin, les pelés, qu'est-ce que vous fabriquez!... » Quand je commence à trembler dans le lamento, j'arrête tout. Je ne parle plus. Je reste seulement à l'écoute en travaillant sur autre chose.

Finalement, ces histoires de rendez-vous, en mer ou sur les ondes, me gâchent la vie. Rien de pire que d'attendre en vain un ami, un coup de téléphone. On se sent floué, déçu, même si on sait que seul le matériel est en cause.

Je voulais affronter l'océan dans les mêmes conditions que mes grands prédécesseurs, les Vikings, ou les pionniers de l'Atlantique, qui traversaient sans aucun moyen de communication. Mais j'avais tout de même emporté cette radio. Qui non seulement semblait ne pas fonctionner, mais me retardait, m'inquiétait, me créait des soucis sans arrêt. En réalité, je n'avais pas besoin de ce lien éphémère avec la terre. Ma solitude était bien à moi, je n'avais pas besoin de la partager. Je n'ai d'ailleurs jamais souffert de la solitude proprement dite, de cet isolement extrême que j'avais voulu. Je m'y étais préparé mentalement depuis plusieurs années.

Et puis, je suis un solitaire par nature. Tout petit déjà, je m'échappais seul en forêt. Je chantais les arbres et les prés. Dans la nature, moi le timide, le renfermé, celui dont les autres se moquaient facilement car il ne partageait pas leurs enfantillages, je devenais expansif et je m'épanouissais. J'aimais les sports solitaires, ceux qui exigeaient un effort de concentration, une tension de tout l'être vers la victoire. Ainsi à quatorze ans, j'étais devenu champion d'Alsace en course de vitesse sur 150 mètres.

La solitude, c'était mon atout. Je m'en étais persuadé. J'en étais toujours aussi sûr. Pour me concentrer sur mon seul but, cette traversée impossible de l'Atlantique, il fallait que je fasse abstraction de tout, y compris des autres hommes. Tout le reste était perturbateur.

La solitude, si dure fût-elle, c'était ma sauvegarde. Je m'étais forgé un moral de gagnant solitaire. C'est en solitaire que je vaincrais l'Atlantique...

Pendant les jours qui ont suivi, l'un succédant à l'autre, monotones, interminables, indéfinissables, j'ai marché et vécu à l'économie, attendant je ne sais quel événement. Peut-être ce petit baliste qui a jailli des flots à l'aube, s'échouant à côté du filet où je guettais l'apparition du soleil, ce soleil qui me voit chaque jour plus fatigué.

Peut-être ce rendez-vous fantôme auquel je m'oblige tous les soirs sur ces ondes où aucune voix ne répond à la mienne? Ce rendez-vous de jour en jour reculé avec le bateau de Marie-Rose? Un fil invisible me relie encore à la terre qu'il va bien falloir que je me décide à rompre définitivement. Je retarde délibérément le moment du choix.

Première décision ce matin. Écrire. L'exorcisme à mes angoisses. Je me suis assis dans ma position favorite, celle qui lèse le moins mes fesses où les os forment deux angles vifs. Sous la bulle à demi ouverte, une bande me retient les reins, formant un siège presque confortable. J'ai attrapé un crayon de papier dans la gouttière où je range ma trousse transparente d'écolier. J'écris toujours avec ces crayons qui m'intimident moins que les bics. Au moins, je peux gommer. Le large bloc à petits carreaux où je raconte mes misères est enfermé dans le seul endroit sûr et non humide de la capsule : un étui à cartes en plastique à fermeture Éclair étanche.

J'écris et, magiquement, mon esprit s'éclaircit. J'oublie le moment présent, je me dédouble. L'autre Rémy est toujours plus intelligent. J'ai l'impression qu'il domine la situation.

En moins de cinq minutes, il a tout résolu. Prenant de la hauteur, raisonnant comme un homme lucide et non comme un squelette émacié, il s'est souvenu que le Rémy bricoleur avait prévu tous ces problèmes avant le départ. Enfin une partie. Il avait pressenti que le poids de ce caisson à traîner sur quelque 6 000 kilomètres pourrait devenir harassant. C'était une des raisons du portique haubanné qui donnait une allure d'engin futuriste à mon studio océanique. Pendant les trois ans de conception et de construction de la nacelle, il avait pu imaginer tous les cas de figure.

Un prototype, ça se construit comme un puzzle. On invente, on expérimente, on revient en arrière, on modifie et on améliore. Sur la planche à dessin, dans l'atelier. Jusqu'au moment où il faut bien se lancer à l'eau. En espérant que le tout tiendra deux mois et demi au moins.

Mes premiers skis étaient en polyester. Mais beaucoup trop petits, ils étaient instables et incapables d'une longue traversée. J'avais failli me noyer trois fois avec. Ceux de l'Atlantique, avec leurs 4,20 mètres de long sur 32 centimètres de large, se sont révélés parfaits. J'avais envisagé un moment de les faire plus larges, afin de pouvoir y dormir, et y loger le matériel. Mais je me voyais mal glissant avec ma carapace au bout des pieds. Trop lourd, trop risqué.

Je ne pouvais pas non plus porter tout mon matériel sur mon dos. Je marche facilement avec 35 kilos d'instruments sur les épaules, voire avec un sac à dos de 50 kilos, mais pas la centaine que pèse tout le matériel!

C'est ainsi qu'est née l'idée de ce chariot flottant, qui me suivrait à travers l'océan, me permettant de me reposer correctement, et d'accomplir les mille et une tâches indispensables à ma survie sans eau ni vivres.

Impossible de faire des essais en bassin pour tester l'endurance de mes inventions. Deux cents kilomètres en Méditerranée sur les skis m'avaient permis, avec l'aide de Roberto Larrieu, champion de France de canoë-kayak, d'améliorer la portance et la flottabilité. Quelques nuits passées au large des côtes sur l'Atlantique m'avaient fait modifier de nombreux détails sur la nacelle. Comme l'orientation des deux plus gros volumes gonflables que le vent transformait en girouettes, ce qui faisait avancer la nacelle en crabe...

Pour dormir, j'avais fabriqué au départ une sorte de capsule spatiale, en m'inspirant effectivement du minimum vital créé pour les astronautes. Puis j'avais bardé l'intérieur d'équipets, de glissières, de dizaines de petits trous astucieux pour loger mon matériel. Pour les nombreuses semaines que je prévoyais sur l'océan, il me fallait plus de deux cents objets divers, des bouts et appâts de rechange jusqu'aux tee-shirts et serviettes, sans compter la centaine de piles indispensables pour mon transistor, mon magnéto, mon walkman, et le feu-flash qui me signalait aux cargos la nuit, plus les cartes marines que j'avais réduites au minimum (une carte générale de la Route du Rhum et trois cartes détaillées pour l'arrivée aux Antilles).

Ainsi lesté, mon caisson aurait roulé comme un tonneau dans les vagues, et je me voyais mal chevauchant cette espèce de bouchon géant pendant les longues heures de repos et de sommeil. Pour stabiliser ce qui n'était alors qu'un cercueil flottant, fabriqué à partir de deux mini-barques de pêcheurs, j'ai fait couper quatre petites coques en polyester, qui furent assemblées et installées de chaque côté de ma « chambre », la transformant ainsi en un minuscule trimaran, un peu plus grand qu'un pédalo. J'aurais bien voulu ajouter un hublot dans le fond, ce qui aurait immédiatement donné une note plus gaie à mon sarcophage, mais je craignais les infiltrations. Avec le portique et ses volumes gonflables, l'ensemble était insubmersible.

Le portique, c'était ma bouée de secours. Il empêchait la nacelle de chavirer (enfin, en principe, comme on le verra plus tard). C'est seulement une fois sur l'Atlantique, que j'ai pensé à y attacher aussi une voile de fortune, à l'aide de bouts de ficelle et de mousquetons qui devaient servir à mes multiples bricolages ou réparations.

Lève-toi! Rémy! Il faut agir maintenant. Tu sais au fond de toi que ce rendez-vous du Cap-Vert est raté. Tes amis ne te rejoindront jamais. Tant mieux d'ailleurs : ton exploit en sera encore magnifié.

Tu es seul, irrémédiablement seul désormais. C'est ce que tu voulais, n'est-ce pas? Imagine-toi que tu es un explorateur parti pour le Nouveau Monde : tu ne peux plus te permettre aucun retour en arrière. On te mettrait à mort! Et puis tu ne te le pardonnerais pas!

Alors, lève-toi, Rémy!

Accroche ce taud à la nacelle. Cours chercher ce tissu en aluminium qui ne sert à rien, ce matelas pneumatique que tu as dégonflé pour avoir plus de place. Arrime-les au portique, débrouille-toi. L'un fera le foc, l'autre la grand-voile.

Voilà! La nacelle va enfin pouvoir avancer seule, toi filant à côté ou devant. C'est la vitesse qui va te sauver. Ce qui compte, c'est de parvenir le plus vite possible de l'autre côté de l'océan, avant que le sel ait rongé tes os et amoindri ton cerveau. Les poissons arriveront bien un jour. De toute façon, même au ralenti, tu n'en as pas pêché un de plus.

Eh Rémy! Il y a encore quelque chose que tu as oublié. Ce cerf-volant qui devait corriger ta dérive. Sors le cerf-volant, Rémy. Et réveille-toi de ta torpeur!

Fonce sur tes skis, Rémy. Marche, marche, marche encore. Plus vite. L'Amérique se rapproche : seulement 4 000 kilomètres encore à arpenter...

11

Condamné à survivre

Il y eut encore des jours horribles. Je ne les comptais plus. Des kilomètres qui défilaient sous mes skis. Je ne les additionnais plus. Des vagues monstrueuses et des plaines d'écume sans limites. Je ne voulais plus y arrêter mon regard, de peur d'y trouver à nouveau le reflet de mon impuissance.

Je suis tombé de mes skis, plusieurs fois encore. Mais toujours attaché. A chaque fois pourtant, c'était un peu plus dur de remonter. L'un de mes skis prenait l'eau, chaque jour un peu plus. Avoir de l'eau sous mes skis, c'était mon objectif. Mais en avoir dedans, cela m'horripilait. J'embarquais parfois en fin de parcours près d'un demi-litre d'eau, et je me posais des questions.

Au cours d'une de ces chutes où j'essayais de garder mon calme, de me rapprocher sans hâte de la nacelle en me halant le long du bout vert de traction, sans trop chahuter les skis, j'ai perdu la pagaie, qui s'est détachée du sandow des skis où elle était crochetée en permanence.

J'ai cinq pagaies. Il m'en restait quatre. A raison d'une perdue tous les 1 000 kilomètres, je pourrais encore finir avec le gaffeau, ou l'épuisette, ou bien mes bras en dernier recours... Mon imagination est inépuisable. N'ai-je pas déjà réussi à transformer mon tapis flottant en tapis volant, ne vais-je pas bientôt me changer moi-même en goéland, quand j'aurai enfin réussi à démêler les fils de mon cerf-volant!

J'ai toujours pensé que le rire, que le sens de l'absurde étaient indispensables à la vie. Et je m'angoisse, car je ne suis plus guère capable que d'humour noir, et encore, quand je souris, les poils de ma barbe de patriarche gigotent bêtement au coin de mes lèvres, transformant ce sourire déjà forcé en rictus. De temps en temps, j'ose un coup d'œil vers la glace. Cette glace, c'est un peu mon juge, le surveillant de ce qui me reste de dignité humaine. Quand je la regarde, je me compose une tête de citadin poli, je traque cette fixité montante dans mes yeux, je les force à pétiller, à vivre comme avant.

Mais je sais que je baisse un peu chaque jour.

Mon corps perd son eau, sa consistance, et j'ai l'étrange impression qu'à la place de ce liquide précieux, essentiel à la vie, j'engrange du sel. Je sue le sel et la mer par tous les pores de ma peau. Je me nourris de la mer, et je deviens la mer. Bientôt je ne serai plus qu'une particule salée de plus dans cet océan qui m'aspire lentement. Alors, ce sera fini, j'aurai rejoint le monde originel.

Je ne pense plus qu'à la nourriture.

Je dors, je marche, je bricole sur des tonnes de nourriture. J'escalade des dunes de yaourts, d'immenses gâteaux Forêt-Noire, couverts de crème chantilly écumeuse, je descends des vallées de fromage blanc aux herbes, je tourne avec ma pagaie des milliers de litres de crème anglaise et de flans à la vanille. J'ai confectionné sur place un nouveau filet à plancton : un collant, grande taille, acheté spécialement par Marie-Rose avant le départ, et que j'ai coupé au niveau des cuisses après avoir fait deux nœuds, et cerclé le haut avec du fil de fer. Pourtant, alors que je racle les quelques grammes de bouillie verdâtre qui gisent dans ce filet, aucune jambe de femme ne vient troubler ma solitude. Mes fantasmes sont ceux d'un tube digestif, ils remontent de plus en plus loin dans mon enfance. Dans les collants de Marie-Rose, c'est une purée de pois brûlante que j'imagine, une purée liquide et savoureuse comme la faisait ma mère.

Le 21 avril, j'ai trouvé au bout de ma ligne un demi-poisson-serpent mort, déjà entamé par ses congénères. Après avoir fait griller une partie de la bestiole vidée (sans matière grasse bien sûr, griller pour moi sur l'Atlantique, c'est faire dessécher lentement le poisson dans mon unique gamelle), j'ai enveloppé les trois morceaux restants dans un polo que je mouillais de temps en temps d'eau de mer, en le laissant à l'abri du soleil.

J'aurais mieux fait de les manger tout de suite, malgré l'impression de satiété que je ressens très vite, du fait du rétrécissement de mon estomac, qui a perdu l'habitude de travailler et d'emmagasiner de la nourriture. Ou alors, j'aurais dû les enfermer dans un sac en plastique, et mettre le polo mouillé autour, le tout fixé sur la nacelle, même au soleil. En effet, je l'ai appris plus tard, l'évaporation ainsi créée (à condition de mouiller le polo régulièrement), permet au poisson de se garder au frais.

Le lendemain déjà, les morceaux de maquereau-serpent ont moisi, comme tout ce qui vit sur la nacelle d'ailleurs. Sauf moi, qui me dessèche toujours. Ce serait peut-être plus agréable de moisir? Je fleurirais doucement, je me couvrirais de pétales multicolores, ça ferait un peu d'animation dans tout ce bleu.

J'ai découvert avec effroi que l'humidité avait envahi toute ma capsule. Mes vêtements pourrissent, mon sac de couchage est trempé, tout comme les livres. Je dors à même le plancher de la nacelle, le temps que mon linge s'essore un peu et je me réveille avec les fesses endolories, terriblement douloureuses. Je ne savais pas que les os pouvaient souffrir ainsi...

Dans mon dos, je sens le long serpent de ma colonne vertébrale vibrer à chaque vague et je tressaute. C'est comme si Saint-Saëns jouait sa *Danse macabre* sur le xylophone de mes vertèbres, maniant les baguettes sans aucun ménagement. La mer pianote avec moi, me racle, me souffle, me pince, me bat et me fait vibrer comme un instrument, m'arrachant parfois des gémissements discordants. Et moi, je n'arrive même plus à chanter. La flûte que j'ai emportée pour attirer les dauphins reste dans l'équipet. L'homme-orchestre, le charmeur d'enfants, n'a pas sa place sur l'Atlantique. C'est une contrebasse qu'il me faudrait pour être à l'unisson de cette symphonie furieuse sur laquelle nous dansons, la mer et moi!

Et pourtant comme j'aimerais siffler mes mélodies, rire et

faire rire, retrouver l'insouciance et la joie du spectacle! Parfois je gribouille quelques notes de musique, quelques paroles de chansons sur des coins de mon journal. Mais la mer me pompe toute mon énergie. Toute mon intelligence, toutes mes facultés créatrices sont concentrées sur mon seul but : marcher et survivre. Je dois constamment trouver de nouvelles solutions pour garder l'homme et la nacelle en état de marche.

Le filet à plancton se tord : je le renforce.

Je rapièce dans la foulée mes bottes trouées. C'est ma paire de rechange. Je l'avais prise immense au cas où mes pieds gonfleraient. Mais je les dorlote si bien qu'ils sont lisses et presque exempts d'ampoules. En revanche, comme tout mon corps ils maigrissent, se ratatinent, et nagent dans les bottes. Je coupe, je colle, je rafistole.

Je confectionne une voile de fortune pour la nacelle avec l'écran solaire. Quand les bords se déchirent, je répare. On peut se demander pourquoi diable ne pas avoir prévu l'équipement d'une vraie voile de fortune? Eh bien, j'y avais pensé, mais pour que l'expérience de survie soit plus authentique, j'ai préféré abandonner cette idée, pour me débrouiller au besoin avec les moyens du bord : sac de couchage, matelas pneumatique, taud de récupération pour l'eau de pluie, etc. C'est ce que j'ai fait, à partir de la fin de mon premier mois sur l'océan, mais tous les soirs (sauf dans les derniers jours de la traversée où je laissais le taud), je baissais mes « voiles ». C'est-à-dire que je les repliais sur la nacelle. Par purisme, et puis aussi pour dormir plus calmement, et avec moins de risques.

Je sors l'épuisette pour attraper un poisson qui a enfin mordu l'hameçon. Elle se casse carrément en deux dans une fausse manœuvre tandis que je tente rageusement de coincer mon déjeuner qui fuit une fois de plus. Je bricole à nouveau. Il me faut aussi démêler constamment les sacs de nœuds des lignes de pêche, débloquer le moulinet, remettre des hameçons, installer des appâts. Ah, ces appâts! J'en ai emporté des tonnes qui ne plaisent pas à mes victimes potentielles (comme les couennes), et ceux qu'elles préfèrent, comme les poulpes en plastique, elles les lacèrent, elles les arrachent, ou même elles

les gobent, avec l'hameçon! Les hameçons rouillaient et commençaient à manquer : « La prochaine fois que je repars sur l'océan, me disais-je mi-figue mi-raisin, j'emporte des centaines d'hameçons à trois crochets, les plus efficaces, que je cacherai dans ces pieuvres en plastique que les poissons adorent. »

Je passe mon temps à réparer ces objets qui ne résistent pas à la dure vie que je leur fais mener. Ce n'est pas faute pourtant de les ménager, de les cajoler même. Je leur parle, je leur prête une existence personnelle. Ce sont mes seuls interlocuteurs pendant ces interminables semaines. Je leur dois des égards. Mais je trouve qu'ils ne me rendent guère la pareille.

Je m'active sur les distillateurs : je réussis à faire marcher les trois solaires à la fois. Le dernier, grand comme un matelas pneumatique pour enfant une fois gonflé, me donne un peu plus d'eau.

Rétrospectivement, je me demande encore comment nous arrivions tous à tenir sur cette plate-forme à peine plus grande qu'un pédalo : moi, le distillateur-matelas solaire, les deux pyramides des autres distillateurs, le canot de survie, la balise, mes deux paires de skis et mes cinq puis quatre pagaies, l'épuisette, la gaffe, le bidon souple pour remplir d'eau de mer les distillateurs, sans compter tout ce qui s'entassait dans le sarcophage placard, où je devais soigneusement ranger chaque chose sous peine de ne plus pouvoir ni m'allonger ni m'asseoir.

Cela paraît hallucinant.

Ce n'était pas une vie. De la survie simplement.

C'est pourquoi, dès que mes innombrables occupations me laissaient libre, dès que la mer et le vent le permettaient, je me réinstallais sur mes skis, et je continuais ma marche sans fin. Inlassablement, j'avançais mètre par mètre, heure par heure, me guidant au compas, rectifiant continuellement le cap dès que j'étais déporté. Inlassablement, je balançais mon corps de droite à gauche, je poussais mes skis, je me frayais mon chemin de marathonien des mers à travers ces étendues désertes, à travers ce bleu magnifique et étincelant, où j'étais toujours aussi seul. Automate humain, conquérant de l'inutile.

Chaque pas que je faisais sur ces montagnes océanes, dont le paysage se modifiait sans cesse, me rapprochait de l'Amérique, et pourtant j'avais l'impression de ne faire aucun progrès, de piétiner, de m'engluer. Espaces bleus qui m'aspiraient, mouvance infinie où je me perdais. Si je n'avais pas observé une stricte discipline personnelle, je me serais égaré dans cet espace-temps sans repères, où certains jours très sombres de tempête, le ciel ressemblait à ces abysses au-dessus desquels je me hasardais...

Dans ces labyrinthes aqueux où le bleu, le blanc et le vert se mêlaient en infimes hachures, en éclaboussures miroitantes, j'errais comme un esprit torturé en longs lacets éternellement recommencés, ne sachant plus si j'arriverais jamais quelque part, ni même si j'étais encore fait de chair et de sang.

C'était une sensation inconnue, étrange, souveraine.

Était-ce enfin cette osmose dont j'avais rêvé, souhaitant me fondre dans les éléments? Je me demandais si cet étrange état de mal-être narcotique, ou de non-être (j'avais l'impression parfois de flotter au-dessus de mon corps), comparable à celui qu'on éprouve lors d'une longue exploration sous-marine, ou lors d'une expédition dans l'air raréfié et les paysages lunaires des plus hauts sommets du globe, était un signe de cette liberté essentielle que j'étais parti chercher sur les océans, ou le début d'une fusion sans retour.

Mais je savais que je ne devais pas me poser trop de questions. Dans cette incroyable aventure, j'avais d'abord rendez-vous avec moi-même. Et petit à petit, malgré la souffrance et la tension perpétuelle qui déformait mon visage pendant la marche, malgré l'amaigrissement spectaculaire de mon corps, je sentais que j'avais atteint au moins une partie de mon but, la plus importante peut-être.

Le jeûne, j'en avais déjà fait l'expérience plusieurs fois avant de m'élancer sur l'Atlantique. Au bout de trois jours sans manger, quand l'organisme a rejeté ses toxines, quand le corps s'est déchargé de tout ce qui l'encombrait, on se sent incroyablement léger de corps et d'esprit. Sans atteindre la béatitude des ascètes indiens, on devient plus philosophe, plus lucide. On va à l'essentiel, et la privation de nourriture engendre un état second, légèrement hallucinogène, mais où l'esprit reste très clair, décantant et résolvant facilement les pires problèmes. Certains artistes et écrivains créent sous l'effet de l'alcool ou de la drogue. Moi, mon tonique, ça pouvait être la faim!... Une fois de temps en temps, car je ne suis pas si masochiste!

Maintenant, sur l'Atlantique, je ressentais ces mêmes effets du jeûne, mais prolongés, amplifiés mille fois par la démesure de l'expérience. Je me sentais libéré. Enfin! Délivré soudain des angoisses, des doutes qui me torturaient depuis mon départ.

En réalité, j'avais atteint le point de non-retour. J'avais alors pratiquement un mois de traversée derrière moi! Je trouvais cela fabuleux! Cela me redonnait tout ce tonus et cet espoir que critiques incessantes et incrédulité avaient dû entamer, sans que je m'en rende compte, laissant leurs traces douloureuses et incertaines dans un recoin quelconque de mon cerveau.

On était le 30 avril. J'avais parcouru près de 2 300 kilomètres. Chaque kilomètre ajouté appesantissait mes pas, les racourcissait, mais affermissait en revanche ma détermination. J'étais condamné à survivre, condamné à avancer, mais bizarrement, de savoir que je ne pouvais plus revenir en arrière me stimulait, levait en moi une force singulière, magique. J'étais condamné à réussir!

Si j'avais rencontré alors le bateau parti de Dakar (mais très en retard, je l'apprendrai ensuite) pour m'encourager, je ne lui aurais pas tourné le dos, bien sûr, mais cela m'aurait probablement perturbé. Cela aurait embrouillé, compliqué, cassé peut-être les liens fragiles qui se nouaient entre la mer et moi. Nous avions établi un *modus vivendi*. Non sans mal. Je me rappelais encore les nausées abominables, les terrifiantes protestations de mon corps qui refusait l'adaptation indispensable du début.

Maintenant le rythme était pris. C'était dur, inhumain,

mais je tenais le coup. Je ne suis ni fakir, ni yogi, mais un homme ordinaire, peut-être seulement un peu plus résistant qu'un autre, plus volontaire, plus exigeant avec lui-même. En fait, si je tenais le choc face à cette épreuve surhumaine, moi, petit terrien d'une taille moyenne, doté d'une musculature et d'une résistance tout à fait normales et habituelles, c'était pour une raison que je venais enfin de découvrir là, au milieu de l'Atlantique.

Une raison aussi simple que le mécanisme qui faisait fonctionner mon distillateur solaire.

Je le contemplais ce distillateur. J'imaginais l'eau de mer que j'avais versée dans le réservoir du bas monter péniblement et lentement à travers le filtre noir et, après s'être évaporée sous l'effet de la chaleur du soleil, se déposer en centaines de gouttes brillantes le long de la pyramide. Ces particules d'eau douce coulaient dans le collecteur gouttière avant de s'accumuler dans le réservoir. C'était l'essence de la mer que je récoltais, la source de vie.

Pour moi c'était un peu pareil. Mon corps perdait sa chair et nombre de ses substances au fil des jours. Mais de cette évaporation difficile et douloureuse, naissait une énergie sans faille, montait la force d'un homme nouveau. A travers ma solitude et mes épreuves, j'apprenais à ne compter que sur moi. Moi seul sauverais ma peau, il n'y aurait personne d'autre pour me défendre! C'était une jubilation douce et sereine, la certitude que j'allais gagner, que je m'en donnerais les moyens, que je pourrais ainsi tirer de mon corps des forces inépuisables tant que je serais persuadé de ma victoire.

Comme s'ils sentaient cette harmonie, les poissons arrivaient enfin. Après un baliste j'avais fêté ma première daurade le 25 avril (sans parler de la minuscule du 20).

Un superbe plat de 80 centimètres de long. Je l'avais découpé minutieusement, en suivant les instructions des naufragés qui m'avaient précédé (et que je connaissais par cœur à force de les avoir répétées à terre) : d'abord vider les entrailles, immédiatement car le soleil peut gâter la plus belle prise en quelques heures. Puis détacher des filets assez fins. On peut manger la daurade crue (c'est un des rares poissons qui soit supportable ainsi, surtout pour un estomac de survivant à la dérive), ou sèche (en faisant « fumer » les filets au soleil), ou fraîche le lendemain, conservée dans un emballage spécial-polo.

Les derniers jours d'avril, comme pour saluer ma performance (presque la moitié de l'Atlantique dans mes jambes), les premiers poissons volants ont fait leur apparition. De gigantesques libellules transparentes qui rasaient les vagues, frôlant les crêtes de leurs ailes diaphanes. Je ne les voyais pas arriver à la surface.

Ils émergeaient brusquement, déployant soudain leurs ailes comme des dizaines de planeurs miniatures et s'aidant de leur queue pour décoller. Puis ces drôles de harengs volants, qu'on nomme aussi exocets, fonçaient à toute vitesse au-dessus de la houle, jouant avec l'écume, effleurant parfois la mer, avant de redécoller d'un coup de queue. C'était un spectacle merveilleux et irréel. J'admirais, mais je n'étais pas aussi désintéressé que j'essaie de vous le faire croire.

C'était mon repas qui volait ainsi. Qui volait et s'échappait. En quatre jours, alors que je gaspillais en regardant ces poissons magiques aux yeux d'azur les quelques malheureuses gouttes de salive qui me restaient, un seul d'entre eux est tombé sur le pont. Il était si petit qu'on lui voyait presque les arêtes. Je n'ai pas eu le cœur de le dévorer. (Il faut dire que je venais de pêcher la daurade), et je l'ai rejeté à l'eau en lui laissant la vie.

Mais, les jours suivants, je suis devenu moins généreux. Pendant tout le mois de mai, presque tous les matins, j'ai trouvé ainsi un ou deux minuscules bébés volants, venus s'échouer sous le matelas du distillateur solaire, plus rarement dans le hamac que je tendais la nuit en guise de piège à exocets. Et encore moins dans les filets qui reliaient mes flotteurs à la nacelle, car ils baignaient tout le temps dans l'eau.

Cette grillade de poupée était mon seul petit déjeuner, parfois mon seul repas de la journée. Et bien qu'elle fût souvent insipide, pleine d'arêtes sous une peau salée et immangeable, je me forçais à l'avaler, en la cuisant quelques secondes, quand la mer me le permettait, pour mieux la digérer.

Mon petit réchaud de camping à cardan n'était pas meilleur cuisinier que moi, mais il marchait formidablement. Je l'allumais avec l'un de mes briquets coupe-vent. Ces briquets à capuchon protecteur sont prévus pour fonctionner même en cas de forte brise, mais il ne fallait pas abuser. Pendant les tempêtes, je ne me mettais pas aux fourneaux, non seulement faute de bifteck, mais parce que les vents (qui sont montés quelquefois jusqu'à force 8 ou 9) m'auraient presque arraché le briquet des mains. La nacelle, dans ces moments cataclysmiques, bouchonnait si fort dans les vagues que j'aurais tout reçu sur la tête!

C'était curieux.

Je mourais de faim. Et pourtant, il fallait encore que je me fasse violence pour manger. J'avais un mal fou à digérer. A chaque morceau de poisson que j'ingurgitais, je devais m'allonger, essayant de me détendre pour atténuer les maux de ventre qui me secouaient.

Mais, je n'allais pas refuser cette manne que me distribuait si chichement la mer. Je mâchais doucement cette chair épineuse où restaient souvent des arêtes.

Puis j'allais stoïquement me pencher le long de la nacelle pour décrocher quelques anatifes ou pousse-pied. Je tirais ces caricatures de pieds de mammouth hors de leur coquille. Un petit coup sur la bête pour essayer de l'attendrir à l'aide de la cuiller en bois. Puis je tentais de maquiller l'infâme chose en déjeuner attirant. Mais cuit ou cru, c'était toujours aussi infect!

Je coupais, je triturais la bête dans tous les sens. Mais elle restait vraiment dure et peu appétissante, avec ses filaments noirs et la peau d'éléphant ridé qui la recouvrait. Mastication, trituration : mes dents travaillaient, tandis que mon estomac manifestait par tous les signes à sa disposition qu'il n'aimait vraiment pas. Ça devenait souvent du potage pour les poissons!...

A mon retour, en interrogeant un vieux pêcheur breton,

j'ai découvert que je n'aurais jamais dû manger le dessus caoutchouteux du pédoncule, mais en extraire uniquement la chair qui, rare et fine, se vend très chère dans certains pays comme le Japon et l'Espagne. Mais je ne savais pas, et j'avais si faim que je ne m'attardais pas à de subtiles distinctions culinaires. On m'expliquera aussi qu'il fallait faire cuire les pousse-pied dans de l'eau quelques minutes, et les déguster ensuite. Exactement le contraire de la façon dont je les apprêtais : « grillés » dans ma gamelle comme les poissons, ou crus entiers comme des bâtonnets apéritifs!

Finalement, mes anatifes retournaient souvent à la mer, et ça servait d'appât! Je ne me forçais pas trop encore, comme je serais obligé de le faire plus tard. Les restes de la daurade séchaient au soleil. J'avais percé les filets avec ma dague, puis je les avais accrochés à l'aide du fil du cerf-volant sur les haubans du portique. De temps en temps, je les décrochais pour les plonger dans la mer, en espérant ainsi favoriser leur conservation. Mais hélas, ils ressortaient à chaque fois plus salés encore. Enfin, c'était mieux que rien, et la vision de ces lanières déchiquetées et boucanées se balançant sur mon refuge suffisait à me rendre presque euphorique. Cela durerait bien quelques jours encore. Et puis, n'étais-je pas adopté désormais? La mer était inépuisable, on ne pouvait pas mourir de faim sur cet océan de lumière...

Avec le soleil et les poissons volants, mon optimisme revenait. Je pouvais mieux surveiller les abords de la nacelle quand la mer s'étalait ainsi, presque calme. Grâce aux colonies d'anatifes qui proliféraient en grappes sous mon refuge, les poissons commençaient à s'intéresser à mon expédition. Les petits zèbres du début, ou leurs parents, semblaient beaucoup tenir à moi. J'admirais leur aisance, leurs approches ou leurs fuites, toujours en groupe de trois ou quatre. J'avais l'impression qu'ils me servaient de porte-bonheur. Si les vagues m'empêchaient de les apercevoir, si ils disparaissaient, je me sentais soudain plus seul, plus inquiet.

Quand la houle s'aplatissait ainsi sous le ciel bleu, je retrouvais les plaisirs de la marche sur l'eau. Je chaussais mes bottes de sept lieues et je m'envolais pour l'Amérique au rythme endiablé de la musique de Rocky.

J'avais réussi à mettre K.-O. ces monstres d'écume qui m'encerclaient le mois précédent. J'avais hypnotisé le dragon, et je marchais sur son écorce grumeleuse, je marchais sur la « croûte » de la mer.

Moi, le petit gondolier des eaux intérieures, fasciné sans le connaître par cet empire des ondes, je croyais avoir apprivoisé la mer. Mais je la respectais, je m'en méfiais. Moyennant quoi, je pouvais mieux apprécier toute sa beauté. Ce mouvement perpétuel de bleus se mêlant jusqu'à l'horizon, ce bruit continuel et assourdissant de milliards de vagues me donnait la dimension de l'infini.

Cet équilibre, que je décris avec des mots éblouis que je jetais rapidement sur mon journal de bord, il venait du ciel et de la mer, enfin sereins, mais aussi de moi-même.

Mais si je relâchais mon attention, si je négligeais un moment l'extrême concentration indispensable à ma survie, tout pouvait basculer soudain dans l'horreur. Mon passage sur l'écume était un subtil mélange de glissades soyeuses et d'électrochocs. A moi de trouver le balancement harmonieux entre les deux, de passer en force tout en décontractant mes muscles pour durer plus longtemps, pour mieux résister nerveusement. En ces moments de paix merveilleux, la mer n'était plus une adversaire, mais une partenaire que je défiais joyeusement, sûr de ma force mentale malgré ma faiblesse croissante.

12

La moitié de l'Atlantique dans mes jambes

Aujourd'hui 1er mai, j'entame mon deuxième mois sur l'océan.

L'homme aux yeux de poisson, le squelette tanné, émacié, l'homme qui marche sur l'eau est toujours debout. Un mois de périple derrière lui! Il a déjà damé le pion à tous les méchants parieurs du départ, qui ne lui donnaient pas huit jours pour rendre son tablier d'*homo aquaticus.*

Je lève mon verre et trinque avec les vagues, fêtant l'événement en l'arrosant de mon éternelle cuvée spéciale eau-de-mer. A terre, c'est la fête du travail. Peut-être sont-ils en train de rire là-bas, en buvant un bon petit vin, devant un rôti frites ou un gigot cassoulet, à l'évocation de mes « grandes vacances océanes ». Peut-être les mauvaises langues me croient-elles en train de me dorer sur un paquebot croisé en plein océan (s'ils savaient!). Ou d'autres se moquent-ils gentiment de moi, m'imaginant devant mes filets de poisson cru : « Une bonne leçon pour le Rémy! Plusieurs semaines de ce régime, ça lui passera l'envie de repartir! »

Le vacancier squelettique se cramponne pour rendre son « champagne » à l'océan. Débarbouillage à l'eau de mer. La douche n'a pas été prévue par les « gentils organisateurs ». Un peu de savon parfois et le reste du temps, un simple décrassage en se frottant rapidement sous les embruns.

Je renifle sur moi des odeurs d'iode et de plancton, des effluves de daurade et d'anatifes. Je sens la mer. « Mademoiselle, aimez-vous le parfum de ce curieux bipède aquatique? » Je pense très très fort à Marie-Rose. Peut-être captera-t-elle mieux mes songes que mes signaux radio?

Mais, au fait, la lettre de Marie-Rose! Je l'avais « oubliée » depuis le départ dans un de mes recoins. J'avais en réalité reculé le moment de la décacheter. Parce que ma survie, mes souffrances, ne me laissaient pas une minute, parce que je voulais retarder le plaisir de ce « tête-à-tête océanique », mais aussi parce que j'étais un peu inquiet. Certes, je ne m'attendais pas à une lettre d'injures, mais à une bonne admonestation, du genre :

– « Tu as intérêt à t'en sortir, et rapidement! Et ne recommence pas tes bêtises, sinon je m'en vais! »

J'ai retrouvé la lettre dans le plastique étanche où je rangeais ma carte d'identité et quelques dollars. J'ai ouvert héroïquement. Et je suis tombé des nues. Entre autres mots gentils, elle me disait : « Tu me donnes également cette rage de vaincre que tu possèdes... Ton courage fera, j'en suis sûre, bouger une génération. C'est la plus belle chose qu'un être humain puisse faire! Même si ton retour semble très long aujourd'hui, cela sera merveilleux de se retrouver! » Marie-Rose qui était si dure avec moi depuis quelques mois! Marie-Rose qui me maudissait de risquer ainsi ma vie gratuitement alors que des milliers d'enfants attendaient mon retour pour m'applaudir et rire avec moi, alors que la vie était si belle à terre...

Il faut avouer que je lui avais imposé d'innombrables tâches pour m'aider à partir le jour prévu. Je ne l'avais pas ménagée. Quand je me réveillais la nuit à trois ou quatre heures du matin, quand j'apprenais à me relaxer au moment où on devait partir dîner chez des amis, quand je l'obligeais à passer des nuits sur les routes pour rejoindre les mers où je m'entraînais.

Eh bien, j'avais même réussi à convaincre Marie-Rose! Je ne pense pas qu'elle m'aurait suivi sur l'Atlantique, mais de savoir qu'elle m'admirait, c'était comme si on avait fait couler dans mon gosier un litre de boisson sucrée. Un vrai reconstituant! Marie-Rose n'a pas le pied marin, et pourtant, plus tard, j'apprendrai à mon arrivée à Trinidad, qu'elle m'avait cherché longtemps sur l'océan, zigzaguant en fonction des relevés Argos entre les Antilles françaises et néerlandaises.

Elle s'était débrouillée pour trouver un voilier, et quand nous nous sommes enfin retrouvés, les gens qui ne nous connaissaient pas nous demandaient parfois en riant lequel de nous deux avait traversé l'Atlantique. Elle était presque aussi maigre que moi (ça, c'est sa nature!), et de plus, elle avait le visage complètement brûlé par le soleil.

« Ce n'est pas vous qui étiez perdu, ce sont ceux qui vous cherchaient! » me dit à Trinidad le médecin qui contrôlait mon état de santé à l'arrivée. C'est sûr que l'attente n'a pas dû être facile tous les jours, avec ces relevés quotidiens dont aucune radio ne pouvait compléter les informations et cette angoisse de voir évoluer sur les cartes une nacelle fantôme, sans jamais pouvoir vérifier si le skieur qui l'entraînait était toujours devant.

Marie-Rose...

Mais voilà qu'à nouveau mon estomac me joue des tours, camouflant mes émotions amoureuses en effluves gastronomiques.

La faim bien sûr. Impossible de l'oublier, ne serait-ce qu'une minute. Pourtant, la bête qui m'a torturé si longtemps semble changer de tactique. Pendant les jeûnes maintenant, elle s'assoupit. Et c'est au moment de mes maigres collations qu'elle se manifeste. Elle attend, tapie, que j'ai fini de mastiquer mes lanières de poisson sec. Je fais durer le repas, pas vraiment pour la saveur rance de ce plat unique, toujours le même, mais parce que j'espère ainsi retarder le moment de la digestion, de plus en plus pénible.

Car alors, mon estomac devient enragé.

La bête se jette sur les misérables filaments de nourriture trop salée, trop sèche. Et la danse endiablée commence. Crampes, spasmes, coups de poignard. Je désespère de jamais calmer ce déchaînement dans mon ventre. Au point que malgré ma faim, je dois me forcer à manger, tant la perspective de ces tourments me donne la nausée.

Mais quand le jeûne se prolonge trop, l'homme aux yeux de poisson devient tube digestif. Un long tube vide qui se balance sur les vagues comme ces holoturies primitives, ou concombres de mer, sur les récifs. L'homme-concombre n'est plus qu'un rêve de ripaille, des pieds à la tête...

J'essaie de visualiser les traits de Marie-Rose, mais à la place de ses boucles auburn, ce sont des enseignes de restaurant qui surgissent. Nous sommes en train de faire le tour des bonnes tables de Paris et, malgré mon impatience, toutes les portes se referment devant nous. Il est trop tard, ou trop tôt, ou c'est jour férié.

C'est d'autant plus atroce qu'à chaque porte de restaurant qui s'entrouvre, je sens d'insupportables fumets de mes plats préférés : ici, ce sont des merlans en papillote et des colins beurre blanc, là une paëlla safranée couverte de chorizo. Enfin, dans un arrondissement reculé de la capitale, un tout petit bistrot nous a accueilli. Je me précipite vers la cuisine, il me faut tout de suite quelque chose à dévorer, sinon je vais me sentir mal. J'aperçois soudain, comme dans le palais de Dame Tartine, des douzaines de chipolatas qui pendent des plafonds, en grappes collantes et odorantes, à côté de saucissons secs, de salamis, de centaines de saucisses aux noix, aux raisins, aux pistaches.

Je tends la main, les deux mains. Mais au moment où je vais saisir ces délices, ils rapetissent brusquement, noircissent, se ratatinent, s'entourent de coquilles blanchâtres et d'algues vertes. Une abominable odeur de saumure envahit la pièce. Et je me retrouve sur ma plate-forme flottante, où m'attendent à nouveau les prolifiques et détestables anatifes.

Quand je rentrerai dans mon appartement un mois et demi plus tard, je m'apercevrai en lisant un reportage de *Thalassa* que ces anatifes ou pousse-pied, élastiques et trop salés, que je dédaignais malgré mon ventre vide, les Espagnols se damneraient pour en manger un plat ! Ils achètent même à prix d'or les pousse-pied que des pêcheurs de Belle-Ile, acrobates en cirés, vont leur décrocher en hiver (la pêche de ces crustacés très rares sur les côtes est limitée à trois mois de l'année), dans les creux les plus inaccessibles des falaises. Si j'avais su, je leur en aurais empaqueté des tonnes !

Je n'en peux plus. J'attrape un anatife, en raclant une des coques avec ma botte. Il m'en vient trois d'un coup. Je coupe l'animal élastique avec mes dents, j'aspire cette espèce de gélatine grisée qui suinte du pédoncule, je mâchouille la peau, et puis j'ai trop faim, je gobe pratiquement le tout, presque sans mâcher. J'essaie d'imaginer qu'il s'agit d'un marschmallow, une de ces guimauves moelleuses et fondantes dont raffolent les enfants, mais je ne sens qu'une chose rêche et salée qui a un mal fou à passer, qui ne passera pas.

Rémy, force-toi! C'est ça la survie! Ce n'est pas d'essayer de faire cuire des poissons (quand il y en a) sur un réchaud qui ne te sert d'ailleurs pas à grand-chose. Le poisson frais est aussi bon (ou mauvais) cru que cuit. Profite de ce que la mer t'offre, à chaque minute de ta traversée. Force-toi, Rémy, cramponne-toi!

C'est le moment que choisit la bête pour resurgir.

Elle a frappé si brutalement cette fois-ci que je m'effondre. Le spasme est si long, si puissant, que je n'arrive pas à avoir le moindre effet sur lui. Respiration profonde, relaxation. Relaxe-toi, Rémy, détends-toi. Calme, calme, essaie de sentir tes organes, de les palper, de les masser mentalement pour mieux les contrôler. Essaie de « voir » le trajet de ces lambeaux de daurade et de crustacés qui te brûlent l'intérieur, fais-les descendre en douceur dans l'œsophage, accompagne-les dans l'estomac. Sois persuasif, apporte onctuosité et sérénité dans ce volcan. Imagine les sucs gastriques décomposant lentement ces bribes de poisson, les fibres musculaires qui les brassent tranquillement.

Tout cela paraissait si simple à terre. Mais en pleine crise, sur cette nacelle qui n'arrête jamais de bouger, dans ces conditions de survie au degré extrême, je demande trop à mon corps. Sécrète-t-il encore, dans ce système digestif affaibli et paresseux à force de ne pas travailler, les sucs et enzymes indispensables? Que se passe-t-il ensuite dans ces intestins, ce colon où s'accumulent depuis plus de trente jours les multiples débris de mes « festins » sur l'océan? Ces abominables contractions qui irradient partout dans mon ventre naissent peut-être là... Je ne sais plus quoi faire. Ce corps qui s'en va lui aussi à la dérive m'échappe, me trahit, m'abandonne.

La bête me laisse enfin respirer normalement. La douleur s'atténue. J'ai gagné.

Mais le répit est bref. Maintenant, c'est dans les reins. La bête s'enroule en bandeau autour de mes hanches osseuses, et serre, serre à m'étouffer. Elle me lance au passage des pointes venimeuses, elle devient poulpe, me broie dans ses tentacules puissants. Je ne sais plus d'où viennent ces élancements et ces déchirements, des os, des muscles ou de la peau endolorie. C'est un arc de douleur insupportable, qui s'étend sur tout le bassin, descend vers les cuisses.

J'essaie lamentablement de faire appel à l'autre Rémy, le Rémy puissance dix, le Rémy de fer, le bloc inébranlable de volonté et de conviction. Mais il a du mal à se faire entendre. Il n'a même pas le courage de brancher une cassette de relaxation préenregistrée. Pourtant, il agit tout de même. Ce n'est pas qu'il diminue vraiment la douleur. Mais il la contre. Il s'insurge en douceur. Il stimule l'autre, le misérable squelette aux yeux de poisson, par petits coups légers. Il lui répète que le meilleur moyen de mourir, c'est justement de se laisser aller. Il le pousse à se lever doucement, à réfléchir au moyen de marcher quand même, malgré ces reins de plus en plus sensibles depuis quelques jours.

Maintenant, la nacelle avance toute seule grâce aux volumes gonflables, au taud destiné à capter l'eau de pluie ou au matelas pneumatique tendu devant le portique pendant que je marche. Ce que je dois trouver, c'est le moyen de m'économiser moi. Honnêtement, je ne crois pas que j'irai jusqu'au bout ainsi. Je ne peux pas marcher sur l'eau et fournir quotidiennement cet effort continu et forcené avec uniquement de l'eau dans le ventre, un peu, si peu de plancton, un bâtonnet de daurade par jour et quelques anatifes que je rejette une fois sur deux. Si je continue ainsi, je cours à la catastrophe : on me retrouvera bientôt gisant à bout de forces sur ma nacelle, ce que je veux éviter à tout prix.

Aucun doute : je dois absolument réessayer de faire

marcher ce satané cerf-volant. Il va me tirer, et rendre mes pas plus légers, rendre aérien ce marathonien de l'Atlantique qui se tord de faim et voit ses muscles fondre à vue d'œil. Je me lève, au ralenti toujours, comme si je décomposais mes mouvements un par un. Je fouille dans la nacelle, dans ce capharnaüm humide que je n'ai pas eu le courage de ranger depuis deux jours. Des fils en désordre sortent au milieu de quelques hameçons, à demi entortillés sur le fusil sous-marin toujours inutile, entraînant avec eux ma flûte, et plusieurs objets en vrac. Je dégage le cerf-volant, mais quel sac de nœuds!

De gros grains bizarres à moitié moisis roulent sous ma main. Le collier sacré de ma sœur Christa! Je l'avais oublié! Il est pourtant chargé de symbole ce collier, lourd de tout l'amour de ma famille, de tant de souvenirs terribles et émouvants! Ma sœur le portait lorsque, selon la volonté de mon frère disparu il y a cinq ans, elle a dispersé ses cendres dans le Gange. Elle me l'a donné en souvenir de lui, comme une sorte de sauvegarde, comme un talisman.

Je me souviens d'avoir entendu plusieurs fois des marins parler de leurs porte-bonheur, de leurs gris-gris. Des peluches, des poupées, des objets familiers auxquels étaient liés des souvenirs sentimentaux ou familiaux. Ils semblaient attacher une importance démesurée à ces petits bibelots censés les protéger du mauvais sort en mer, du naufrage, des tempêtes.

La mer est si sauvage, si imprévisible, elle concentre en elle toutes les forces indomptées du monde. Elle est l'inconnu. Face à ses déferlements, à ses fureurs incontrôlables, certains, et pas forcément les moins forts, éprouvent le besoin de se raccrocher à ces gris-gris que je trouvais un peu puérils, à ces bouées symboliques. Je ne saisissais pas bien non plus à terre pourquoi les marins étaient si superstitieux, ne voulaient pas entendre parler de lapin à bord par exemple, ni de larguer les amarres un vendredi pour une longue sortie.

Maintenant, je comprenais. Moi aussi, j'avais besoin de bouées. Ce collier, c'était un signe. Il était d'ailleurs étrange que je le retrouve ainsi, juste après le rêve que j'avais fait la nuit précédente.

J'avais rêvé de mon frère Freddy, mort à trente ans après une longue bataille contre la drogue dure. Je le voyais déguisé en chien, l'animal en peluche que j'utilise dans mes spectacles pour enfants. Il se bagarrait avec un adversaire impalpable, qui l'a projeté à l'eau. Il s'est relevé, l'a combattu violemment, l'acculant dans un coin, le réduisant à néant. Mais soudain, dans un dernier sursaut, l'ennemi invisible s'est relevé et lui a donné un coup fatal.

Pendant plus de dix ans, mon frère avait essayé de s'en sortir, passant du bateau *Bel Espoir* du père Jaouen aux cures de désintoxication, en alternance avec des stages de soudure et d'électronique, pour essayer de reprendre une vie normale. En vain.

Je me voyais accroupi sur son corps, je lui parlais et je lui disais que je l'aimais. Il s'est alors relevé, a tendu les bras vers moi...

Freddy a disparu, je sais que je ne le reverrai jamais, mais en même temps, à travers cette vision, j'avais l'impression qu'il vivait aussi mon exploit avec moi. Ce rêve, c'était comme un signe que mon calvaire n'était pas inutile, que mes souffrances pouvaient montrer le chemin à d'autres.

C'est curieux. Il y a eu plusieurs morts autour de moi ces dernières années, mon père, mon frère ensuite. Je les ai pleurés, beaucoup, puis je me suis cuirassé, affermi. J'ai oublié mon chagrin au fil des mois. Mais quelque part dans mon inconscient, il y a sûrement un fils, un frère, qui part pour payer lui aussi son tribut à la souffrance.

Aux autres, à ceux qui restent sur la terre, qui ont peur parfois de quitter leur cocon, leurs habitudes, je veux montrer qu'on peut résister à tout, même à une anémie prolongée, à un épuisement mortel. Si l'esprit ne veut pas couler, le corps tiendra, beaucoup plus longtemps qu'on ne le croit capable. Oui, décidément, ce rêve, ce collier venaient à point pour me stimuler, me rappeler que cet enfer, c'est moi-même qui me l'étais imposé. J'avais voulu montrer qu'en partant sans eau ni vivres, on pouvait tirer de l'océan, mais aussi de son propre corps, de ses réserves physiques et mentales, une capacité de résistance insoupçonnée. Il fallait que je tienne bon, que je survive à tout prix.

Je sors du sarcophage, laissant tout en vrac. Je vais laver ce collier moisi à l'eau de mer et essayer de démêler cet écheveau infernal pour rendre opérationnel mon cerf-volant.

Un coup d'œil rapide sur mon univers flottant. C'est devenu instinctif. A tout moment, j'inspecte la couleur du ciel et de l'horizon, la forme des vagues, l'état de mon matériel. Le moindre relâchement peut être fatal.

Mais cette forme derrière la nacelle. Je tressaille.

Un poisson! Je saute. Oui, cette fois-ci, sans ménagements, je saute sur mes pieds, je bondis, je vole vers la ligne, oubliant mes doulcurs, mes incertitudes. J'ai vu un poisson au bout. Enfin! Une daurade sûrement, elle paraît tellement plus grosse que ces poissons miniatures qui entourent la nacelle, les seuls qui consentent à me suivre, sans jamais mordre à l'hameçon. Je remonte fébrilement la ligne.

Mais il n'y a rien. Mirage? J'ai des mirages maintenant. Bizarre. Dans le désert, quand on meurt de soif, on voit des lacs. Sous cette mer inhospitalière où je meurs de faim, je devrais voir des veaux, des cochons. Eh bien non, je ne vois que des poissons. Vrais ou faux, peu importe d'ailleurs, puisque aucun ne se laisse prendre à mes leurres.

Rêves.

Douleurs.

Mirages.

La mer partout.

La faim toujours...

J'attrape mon sextant. Il est temps de faire le point, avant d'essayer de m'élancer sous les ailes de mon sauveur. L'effort n'est pas considérable. Et pourtant je vacille, je tombe. Évanouissement. Non, vertige seulement.

Je ne perds pas connaissance. Je reste agrippé au portique pendant plusieurs minutes sans lâcher le précieux instrument, je souffle lentement, fermant les yeux, essayant à nouveau de détendre mon corps pour effacer cette nouvelle défaillance, faire taire les frayeurs que suscite ce nouvel avertissement.

Une image surgit devant moi : celle d'Alain Colas. Je le revois bouillant, héroïque, inconscient peut-être, mais grand sûrement. Je l'imagine sur son impossible voilier géant, s'accrochant malgré son pied infirme dans la tempête de la Transat en solitaire de 1976. Il vacille lui aussi, il a mal, il a peur que ce pied sectionné qu'il maintient dans une botte spéciale se dérobe, le lâche. Mais il tient bon, progresse pas à pas, devient géant lui-même, réalisant cette époustouflante performance envers et contre tout : terminer deuxième de la Transat sur son titan des mers, avec un seul pied valide.

Mon défi n'est pas plus fou. J'ai testé et je connais moi aussi mes limites. Ce que je vis dépasse tout ce que j'ai pu endurer ou imaginer durant ma vie, mais je sais que je peux trouver en moi la force de résister, de continuer.

Il ne faut pas que je me laisse impressionner par l'apparence pitoyable de ce gueux, de ce pauvre hère de marcheur de l'océan. Il m'est de plus en plus étranger, cet homme vieilli et souffreteux, avec ses cheveux qui grisonnent et qui tombent, sa barbe qui le gratte partout quand il oublie de se laver, ses organes qui ne fonctionnent plus (constipation tenace depuis plus d'un mois), sa peau qui tombe en lambeaux. Il se meut de plus en plus lentement. Il mue. C'est un personnage de survie. Ses réflexes se sont assagis en même temps. Il se déplace avec une pesanteur étudiée, qui paraîtrait somnolente, languissante à un observateur, mais c'est sa sauvegarde.

Cet homme dont le regard se fige, dont la silhouette se bloque, est en train d'adopter un rythme nouveau, de trouver une harmonie indispensable. Je le contemple du haut de l'autre Rémy, Rémy le philosophe, avec un détachement intéressé et horrifié à la fois. Cet homme-poisson, il faut que je trouve le moyen de le sauver, peut-être malgré lui, de l'obliger à épargner ses forces, à inventer sa survie, à retrouver confiance en lui.

Je ne veux plus souffrir comme cela.

Agir. Buter la souffrance, l'oublier.

Mâcher un bout de cuir de daurade en conjurant les nausées. Remettre à flot le filet-collant à plancton. Installer encore une fois, sans me décourager, les appâts et les hameçons au bout des lignes. Donner à boire à mes distillateurs pour qu'ils me fournissent de l'eau fraîche.

Masser mes pieds et mes bras pour chasser les crampes. Retrouver les protège-talons que j'ai emportés pour éviter justement ces douleurs persistantes sous les pieds. Enduire mes ampoules de cette deuxième peau protectrice qui leur évitera le frottement contre la botte, leur permettra de se résorber doucement.

Nettoyer, réparer, bricoler. Sans cesse. Chaque détail peut me coûter la vie. Et marcher à nouveau, toujours, pour me prouver que j'existe encore.

Au milieu de ces mille et une tâches, des visages me hantent.

Refouler les visions de ces aventuriers fous de l'océan, qui se sont perdus dans son immensité, dans la démesure de leur tentative. Ils se bousculent pourtant dans ma tête en ce moment comme s'ils voulaient me prémunir contre les dangers de la mer. Alain Colas, avec son regard de l'au-delà au moment où il s'embarquait pour sa dernière transat, la Route du Rhum 1978 où il a disparu, laissant la courageuse Teura seule avec trois enfants. Romer, un autre récidiviste de l'Atlantique qui m'avait beaucoup marqué, l'un des hommes qui a probablement le plus souffert sur l'océan. Je le revoyais, homme-tronc marinant dans l'étuve de son canoë-kayak, ses jambes à demi mortes, ses muscles atrophiés à l'arrivée, puis sa détermination suicidaire : ne pas se contenter de sa traversée de Lisbonne aux Antilles. Continuer à tout prix vers New York. Il n'est jamais arrivé. Il y avait aussi Loïc Caradec, Daniel Gilard, Arnaud de Rosnay, Patrick Van God, Mike Mac Mullen...

Les fantômes de ces disparus défilaient, le soir surtout. Je les avais admirés, enviés. Puis ils avaient rejoint la mer pour toujours et je les voyais réapparaître. Ils m'entouraient, mais ils ne disaient rien. Leur regard avait la même fixité que le mien, et leurs corps de lumière diaphanes n'étaient que le reflet de ce que devenait progressivement mon propre corps. Je n'arrivais plus à les évoquer avec leur masque de gloire, mais ils n'avaient rien d'effrayant non plus. Ils étaient comme la mer. Grandioses. Indifférents. Souverains dans leur éternité.

Penser aux vainqueurs qui m'ont précédé sur l'océan. Ils ont parfois vécu pire. Ils ont survécu. Ils ont réussi.

Le courage extrême sur l'Atlantique, pour moi, c'est Howard Blackburn. Mes souffrances me semblent tellement dérisoires à côté de l'héroïsme de cet homme exceptionnel. Perdu dans le brouillard glacé d'une tempête de Terre-Neuve, ce pêcheur de flétans avait tenu cinq jours et cinq nuits dans son doris gelé, face au cadavre de son compagnon d'infortune. Sur ses avirons transformés en blocs de glace, il avait moulé dans la position de la nage ses mains pétrifiées. Quand il toucha enfin terre, il avait perdu presque tous ses doigts, de même qu'une partie de ses orteils et son talon droit. Cela se passait en 1883. Six ans plus tard, cet incroyable marin traversait l'Atlantique en solitaire... avec ses moignons!

Parmi la cohorte glorieuse de ceux qui me stimulaient, il y avait toujours Bombard bien sûr. J'évoquais aussi Gérard d'Aboville, le forçat de l'aviron, et un autre fou du canoë-kayak, l'Allemand Hannes Lindemann. Ce professeur de l'université de Bonn avait traversé il y a plus de trente ans l'Atlantique en soixante et onze jours, et avait réussi sa performance grâce à une méthode originale d'autocontrôle, de concentration et de relaxation. Son expérience me réconfortait. Je savais qu'il était passé par là, lui aussi, même si l'exploit sportif n'était pas le même. Christian Marty, Stéphane Peyron et les autres planchistes de l'océan m'encourageaient eux aussi. Je repensais à leurs longues stations debout, bras tendus, hommes-voiles rivés à leurs ailes pendant d'interminables semaines.

A côté de ces triomphateurs de l'océan, dont personne n'aurait vendu la peau avant leur départ, se glissait un terrien, Alsacien et musicien comme moi, aventurier à sa manière : l'incomparable Albert Schweitzer, l'inoubliable médecin de l'hôpital de Lambaréné au Gabon. J'espérais toujours faire partie de ces pionniers, de ces héros, ambassadeurs de nos rêves les plus inouïs, dont chaque projet, chaque nouvelle entreprise généra un progrès pour l'humanité.

Je m'étais lancé un défi impossible, phénoménal.

Il fallait me montrer à la hauteur de mon rêve, à la hauteur des autres pionniers de l'océan.

Durer.

Marcher plus vite.

J'ai démêlé cent fois les fils inextricables du cerf-volant qui s'entouraient autour des haubans du portique, se mêlaient entre eux, faisaient des nœuds, se tortillaient autour des distillateurs. Je me suis cogné cent fois la tête sur les montants du portique en tentant de maîtriser l'engin qui partait dans tous les sens. J'ai failli plonger sous la nacelle pour ressortir de dessous les coques la queue stabilisatrice qui se glissait dans l'eau, formant une ancre flottante (l'inverse de l'effet désiré!). J'ai inventé, bricolé, accroché élastiques et mousquetons. Enfin, le cerf-volant a paru m'obéir.

Alors je me suis élancé sur l'eau, skis aux pieds, l'aile magique au-dessus de la tête retenue à mon harnais de sécurité par un long fil d'une centaine de mètres.

Je marchais. Vite. Très vite. Avec une légèreté stupéfiante. C'était le paradis. Je me sentais suspendu entre ciel et terre. Les pieds sur la mer, la tête dans l'azur, flottant loin, très loin de ce corps pitoyable dont je commençais à me sentir prisonnier, ce nouveau corps de survie que j'allais devoir apprivoiser, mater lui aussi.

Car mon épopée était loin d'être terminée.

Quatre à cinq semaines encore à tenir. Et je savais que les derniers jours compteraient double. Si je pouvais encore les compter. C'est à partir de maintenant qu'il fallait gagner ces minutes précieuses qui me sauveraient peut-être la vie à la fin.

13

Course folle entre ciel et mer

J'ai bien dû marcher douze heures aujourd'hui, tiré par mon cerf-volant, délesté du poids de la nacelle qui file toujours sous sa voilure de fortune, presque déchargé de mon propre poids par ce minuscule parachute qui vole loin par devant moi.

Un petit oiseau noir et blanc est venu me rendre visite. Puis il a longuement joué avec les curieuses ailes rouges du cerf-volant, planant autour de cet engin étrange, le bousculant, décrivant des cercles de plus en plus petits autour de nous. Puis brusquement, sans crier gare, il a disparu. Venait-il de cette terre promise vers laquelle je peine, à maintenant moins de 3 000 kilomètres de là? Ou migrait-il, oisillon né sur une lointaine île du Sud, essayant de retrouver le chemin de ses ancêtres pour ses vacances d'été dans l'hémisphère Nord?

Je n'ai même pas vu la direction dans laquelle il partait. Soudain, il a pris de l'altitude et puis s'est fondu dans cette curieuse lumière blanchâtre qui recouvre le ciel ces jours-ci, contribuant à rendre plus étranges encore mes sensations.

Sous ce ciel bas et voilé, je marche dans une atmosphère magique. Emporté par le cerf-volant et par les alizés vers les Antilles, j'ai l'impression extraordinaire de voler et je rêve tout haut que j'ai des ailes. Je deviens homme-oiseau. J'escalade les vagues presque sans efforts et quand j'atteins le sommet d'une crête, l'instant d'une seconde, je plane entre ciel et mer, suspendu au-dessus de cent vallées bleues étincelantes, tapissées de reflets lumineux et changeants. C'est comme si j'avais gravi une échelle de nuages et que j'abordais enfin la contrée enchantée où règne le magicien d'Oz.

Puis, je redeviens le galérien, avançant sur ces plaines océanes qui semblent ne jamais finir, dans de longues enjambées optimistes, sereines. Quand je vois cet horizon circulaire, qui s'arrondit aux dimensions de la terre semble-t-il, je me sens planétaire moi aussi. Voilà trente-deux jours que je chemine ainsi à la surface de la mer, tournant autour de la terre, avalant les méridiens l'un après l'autre. J'ai déjà gagné deux fuseaux horaires, plus de deux heures par rapport à la ronde solaire apparente autour de la terre. Le matin, j'ai l'impression que le soleil me pousse. Je file sur du vermeil, plongeant dans des cratères d'or pur. A la méridienne, toujours très haut et plus près du zénith, son globe semble me soutenir, me porter dans la chaleur de ses rayons, m'aspirer dans sa fournaise. L'après-midi, le soleil est passé par devant moi, il se couche vers l'Amérique et j'ai l'impression qu'il me tire. Je marche dans la pourpre et glisse comme un roi sur les tapis fauves de ses derniers éclats.

Moi, le skieur de fond de l'océan, vu d'avion, je ne suis sûrement qu'une tête d'épingle accrochée aux replis des vagues. Petit homme ballotté dans le tourbillon des vents et des lames, survivras-tu? Tu marches depuis des jours et des semaines, et devant, et derrière, c'est toujours le même spectacle. La mer tourne autour de toi, comme tourne la lune, comme vire le soleil. Aussi loin que tes yeux portent, ce n'est que ruissellement liquide. Comment te diriger, comment ne pas t'égarer, ne pas perdre le contact avec la réalité, quand tu es immergé jour et nuit dans ce maëlstrom? Petit homme où marches-tu ainsi?

Je suis au centre d'une gigantesque toupie, et ce n'est pas moi qui la fais tourner. Je ne peux que la faire dévier parfois, et si je me penche un peu trop par-dessus ce manège des dieux, si par maladresse j'enraye le mécanisme, je n'ai plus qu'à m'accrocher : le ciel bascule et je deviens vague moi-même.

Mon rêve merveilleux prend fin sous l'eau.

Des milliards de mètres cubes d'eau passent sur ma tête. J'étais au ciel, je suis maintenant sous la mer. C'est la fin du monde. Je me noie.

Une éternité, j'essaie de reprendre mon souffle, d'agripper le bout de sécurité comme d'habitude quand je tombe. Mais je ne sais pas ce qui se passe.

Tout était si lumineux, si tranquille.

Et puis ces tourbillons d'eau où je perds pied. Je ne vois plus rien, mais je me débats, je veux vivre. Je finis par retrouver mon cordon ombilical, en dégageant l'un de mes skis. Je tire, je me hale. Le cerf-volant a disparu. Mais il n'est pas perdu, je le vois émerger derrière une crête.

En moins de deux minutes, la nacelle et moi passons à sa hauteur, puis il se retrouve derrière nous. Mes skis heureusement retenus par le cordon vert, je n'ai que le temps de rejoindre la nacelle, de me hisser sur le flotteur, et à toute vitesse, de décrocher l'enrouleur du cerf-volant pour l'amarrer au portique. Opération terminée de justesse : le fil se tend brutalement. La nacelle vire sur elle-même, et moi, je me retiens comme je peux. J'ai failli tomber à nouveau! Le cerf-volant s'est transformé en énorme ancre flottante et je ne suis pas vraiment à même d'apprécier la plaisanterie.

Je remonte mes skis. Maintenant, à nous deux, le cerf-volant! Je tente de hisser à bord l'aéronef récalcitrant, mais rien à faire! Mon précieux parachute, gonflé d'eau, pèse des tonnes. Impossible de le tirer sur la nacelle. Je suis obligé de faire demi-tour et de ramener péniblement la nacelle vers lui, en sens inverse de ma route. Bien sûr, je n'ai pas pensé à rentrer mes lignes de pêche à la traîne et l'incident déjà pénible se mue en galère : quand je réussis enfin à ramener le cerf-volant naufragé, ce n'est plus qu'un petit tas de tissu mouillé ficelé d'un inextricable réseau de nœuds!

C'est ma dixième ou ma douxième chute depuis le départ. Presque de la routine, mais l'effroi est toujours au rendez-vous, parce que moi je suis un homme de surface, l'homme qui marche sur l'eau. Les profondeurs des abysses, les milliers de mètres sur lesquels j'évolue ne m'impressionnent pas trop quand je suis sur les skis ou sur la nacelle. La première fois où je suis tombé, je n'ai pas eu le temps de m'angoisser. C'est après seulement, que ces images que je refoule, sont revenues, insistantes. L'eau éternellement bleue en surface, vert sombre quand on descend. Un corps qui tourbillonne, polo et short blancs flottant au vent des profondeurs obscures. Des formes sombres et effilées le croisent. Des poissons viennent titiller ces tissus gonflés d'eau, cette chair pâle... La suite du film, je n'ai jamais voulu me la passer. Mais elle restait en suspens et, à chaque fois que je tombais, à chaque fois que je descendais sur l'eau, raclant et cognant les coques de ma nacelle, je ne pouvais m'empêcher de frissonner.

L'eau était attirante, pourtant. Quand le soleil brillait, quand je me sentais sale, il aurait été si facile de plonger, de me délasser et de me réhydrater en nageant. Je ne l'ai fait qu'un minimum de fois (trois pour le nettoyage indispensable, quand les anatifes devenaient trop nombreux). Je ne voulais pas ajouter aux risques de la marche ceux de la plongée, dans cette mer qui restait toujours aussi mystérieuse, insondable, dangereuse.

Les chutes sont au hit-parade de mes tourments de marcheur océanique. Elles me laissent vidé, moulu. Aujourd'hui encore, après cette longue bataille, je m'écroule, je déprime.

Les nerfs, la fatigue, mais aussi la faim.

Toujours aucun poisson au bout de mes trois lignes de pêche. Pourtant, je les avais plombées afin de tenter mes proies à différentes profondeurs. Mais j'ai très vite épuisé mon faible stock de plomb et de bouts de ligne arrachés par de trop gros poissons que jamais je ne voyais bien sûr!

Quelle aberration d'avoir voulu allier deux exploits aussi fous l'un que l'autre : un effort physique colossal et un jeûne qui semble ne jamais devoir finir. Dire qu'on bourre les sportifs de fortifiants! Dans ma trousse médicale, pour ne pas être tenté, je n'ai voulu emporter aucun médicament qui aurait pu comporter des composants énergétiques, ne serait-ce que du glucose. J'ai même refusé des pilules homéopathiques, à cause du sucre qu'elles contiennent. Mais Dieu que c'est dur! Presque chaque mouvement que je fais, je dois me l'arracher du corps, à l'aide d'arguments, d'encouragements, de coups de bâton au moral.

Heureusement, il y a ce cerf-volant bienfaisant qui transforme ma longue marche de bagnard en glissade triomphale. Depuis trois jours que nous progressons ensemble, c'est l'euphorie. Quand j'avance ainsi sur la houle, je me sens léger comme un de ces flocons d'écume qui joue au ras des vagues, mais moi je m'élève, mon esprit monte, s'apaise, grandit et prend des forces nouvelles. Parfois, je lâche encore un peu de fil pour augmenter la puissance de cet aigle qui me tire vers mon but. Là-haut, mon oiseau de feu décrit des zigzags à la recherche d'un vent apparent toujours plus fort. Et moi, j'accélère de plus en plus, en équilibre comme un vrai funambule, choisissant d'un clin d'œil au compas et aux vagues le chemin idéal vers les Antilles.

J'avance très vite, plus vite que la nacelle. Le cerf-volant soulève ma silhouette si peu lestée. Pour ne pas être enlevé dans les airs, et pour me stabiliser davantage, je suis obligé d'alourdir mes skis en les chargeant d'eau. J'apprécie alors encore plus le sandow que j'ai installé à l'extrémité du bout de traction près de la nacelle pour amortir les à-coups. Bien sûr, j'aurais pu amarrer le cerf-volant directement à la nacelle et me faire enfin tirer par mon chariot flottant, mais ce n'était pas le but recherché : je voulais bien être aidé dans ma marche sur l'eau, mais il n'était pas question de faire du ski-nautique, même à l'aide du vent! J'étais le marcheur de l'Atlantique, celui qui allait devant et, jusqu'au bout, j'assumerai ce symbole de mon aventure.

Cet après-midi, en rangeant le fourbi de ma nacelle, j'ai retrouvé le sifflet à ultrasons que j'avais emporté pour attirer les dauphins. J'y croyais plus ou moins, parce que j'avais déjà essayé deux ou trois fois sans succès, mais peut-être aurais-je dû insister? Peut-être n'étais-je pas dans la zone qu'ils fréquentent? J'étais soudain plus optimiste, et j'ai sorti aussi ma flûte, pour égrener vers cet océan magnifique les notes que je voulais lui dédier au départ, et que je n'avais encore jamais eu le cœur d'attaquer. Flûte ou sifflet? Soudain, non loin de ma plateforme de survie, j'ai aperçu des silhouettes grises et agiles. C'étaient eux!

Une vingtaine de dauphins au moins. Ils bondissaient lentement, sautant hors de l'eau avec grâce. Rien à voir avec les clowneries que l'on extorque des dauphins prisonniers dans les aquariums. Ceux-là n'étaient ni rieurs ni acrobates : leur course, leurs jeux se confondaient avec les vagues. Ils avaient la gravité, la majesté d'animaux libres. Ils ne se sont pas rapprochés beaucoup. Je ne crois pas que je les intéressais vraiment. Mais ils m'ont suivi un moment, et de voir ces corps incroyablement souples et puissants fendre l'océan, d'assister sans les perturber, aux ébats de ces princes de la mer, c'était comme si j'étais enfin accepté, adopté.

Je suis remonté sur mes skis et les dauphins m'ont suivi un moment, gardant leurs distances, ni méfiants ni trop familiers. Je faisais apparemment partie de leur univers.

Depuis plusieurs nuits déjà, la lune est pleine et ce soir, malgré mes douze heures de ski dans les mollets, je n'ai pas pu résister. J'ai rechaussé mes bottes, et je suis reparti avec le cerf-volant sur la chaussée lumineuse que traçait mon amie dans la nuit.

Il fait encore lourd. Il n'y a pas un nuage et j'avance dans un curieux crépuscule, fait de clarté neigeuse, de vagues incandescentes et lactées, de brume chaude et irréelle. Quelques présences de plancton fluorescent ponctuent cette harmonie blanche. C'est féerique.

Dans ce monde différent, sur cette mer aussi sereine que le ciel, je marche sur du sublime. C'est la récompense du bagnard, ces minutes merveilleuses où j'ai l'impression d'évoluer sur une autre planète, dans des sphères supérieures inaccessibles aux autres hommes.

En même temps, c'est un des moments les plus dangereux de mon odyssée. La mer, la nuit, c'est le monde grouillant des grands prédateurs. Comment distinguer un aileron d'une vague dans ce clair-obscur où tout n'est qu'ombre ou fantôme? Le danger plane autour de moi, sous moi, c'est à la fois effrayant et fascinant. Mais dans mon exaltation, je continue sans frémir, glissant à la rencontre de l'inattendu.

Soudain, je sursaute. Une demi-sphère grise et sombre me barre la route à quelques mètres. Elle est si proche que j'aurai pu lui marcher dessus sans prendre garde.

Prudemment, j'incurve ma marche. Je pagaie en direction de la nacelle, doucement, en essayant de ne pas perdre mon calme, en ne quittant pas des yeux cet îlot sur les vagues qui ne peut être qu'une baleine.

Un grand souffle balaie la mer, incroyablement près de moi. Mon cœur bat à cent à l'heure. Une tête gigantesque a jailli en surface avant de disparaître dans l'eau trouble. J'aperçois sa queue luisante qui s'élève tel un voile dans la nuit. Et dans un nuage de bulles, elle a déjà disparu.

Quelle aisance magistrale!

Je n'oublierai jamais cette rencontre avec ce mastodonte qui aurait pu d'une poussée m'écraser sous sa masse. C'est le plus grand mammifère de cette mer, mais elle n'a pas voulu m'effrayer. J'ai l'impression que cet animal gigantesque est juste venu me saluer de sa grandeur bienveillante. A nouveau, comme cet après-midi avec les dauphins, je me sens heureux, convié à partager les glissades silencieuses des habitants de la mer.

Je remonte sur ma minuscule capsule. Comme elle me paraît fragile, instable et dérisoire, en comparaison avec les dizaines de tonnes de la baleine! Je m'allonge sur le dôme. J'ai la tête dans les étoiles, ces étoiles si nombreuses, si variées, que malgré les notices de navigation que j'ai emportées, je pense que je n'arriverai jamais à les identifier. En fait, je n'ai guère le temps, ni la volonté de m'y attarder. Leur beauté me suffit. Durant ces deux mois sur l'Atlantique, chaque minute de loisir que je grappillais à mes corvées quotidiennes était déjà de trop, prise sur mes nuits trop courtes, sur mes marches trop brèves, sur mes pêches et récoltes insuffisantes, sur mes bricolages incessants.

Mais il fallait aussi que je recharge mes batteries, que je dorme suffisamment, pour essayer de compenser un peu la fatigue et l'inanition.

Avant de me coucher, j'hésite sur mon menu du soir : dans

mon garde-manger, un unique bâtonnet de daurade. Le dernier. Elle m'aura duré dix jours! Je décide de le garder pour le lendemain. Il me reste le choix entre l'innommable chose qui pousse sous ma coque et le potage marin. Je me contente de racler un peu de plancton, et d'avaler quelques gorgées d'eau douce pour laver ma bouche de l'éternel goût salé qui s'y incruste. C'est le seul luxe auquel je ne céderai pas un seul jour durant cette traversée : impossible de m'endormir avec la langue dans la saumure!

Subitement, c'est pire que le sel : ma langue s'enflamme! Des dizaines d'échardes brûlantes ont envahi ma bouche, comme si j'abritais un oursin. Ça démange, ça picote, ça chauffe. Pris d'un doute affreux, je feuillette les pages collées et humides du fascicule sur le plancton. C'est bien ça! J'ai dû avaler de microscopiques méduses urticantes, mélangées à cette masse gélatineuse piquetée de noir et de brun où on distingue à peine les larves des mollusques, des crustacés, des œufs de poisson.

Le plancton, c'est le meilleur de la mer. Mais il faut parfois faire attention. Il contient protides et lipides, est très riche en vitamines, en potassium et en magnésium et a même des propriétés antibiotiques. Mais à forte dose, il est aussi toxique. Et puis, qui sait quelles particules bizarres peuvent venir se mélanger à ce cocktail miraculeux? Quand je le regarde de près, je devine des milliers de petites bêtes de toutes formes, des choses rosâtres comme des crevettes, des sphères flasques et transparentes surmontées d'une petite boule noire, des vers longs et phosphorescents, des petites herbes. La nuit, elles luisent comme des lucioles, plaquées sur les filets noirs du trampoline.

J'aspire le tout sans trop regarder, à demi dégoûté, mais trop affamé pour faire le difficile. Parfois, ça prend le goût d'une crème de crevette, parfois d'une pâte d'anchois trop salée. Et maintenant, voilà que ma pâtée se transformait en harissa épineuse...

14

Je perds mes ailes

Mes glissades prodigieuses sur l'océan n'auront même pas duré une semaine. Au bout de six jours, le cerf-volant m'a quitté définitivement.

Je suis tombé alors d'autant plus bas que ces journées de marche rapide avaient été entourées d'une suite d'événements providentiels. Des miettes de bonheur qui à terre seraient passées inaperçues dans les tourbillons quotidiens, mais qui, sur l'Atlantique, étaient à chaque fois un miracle.

J'avais enfin trouvé sur la nacelle, le 4 mai, mon premier vrai poisson volant. Pas un de ces maigres papillons qui jonchaient parfois les filets, mais une grosse hirondelle de mer, bien dodue, bleuâtre, terriblement appétissante. Enfin! Il m'avait fallu attendre trente-trois jours avant qu'il ne tombe du ciel! Ce repas, le premier poisson frais depuis le 25 avril, arrivait à point pour compenser les misères de ma pêche : un leurre avait à nouveau disparu (le poulpe à triple hameçon, gobé par quelle énorme bestiole?), tandis que le superbe poisson volant miniature en caoutchouc venait de perdre sa queue.

Mais le soleil brillait, la mer était tranquille. Je partais chaque jour pour des chevauchées fantastiques sous mon cerf-volant. Je me sentais moins solitaire, avec cet ami fidèle virevoltant au-dessus des vagues. Les journées étaient trop courtes. Pour m'économiser, pour éviter de me déshydrater, je faisais régulièrement des siestes l'après-midi, quand le soleil culminait et devenait trop brûlant.

Après, je marchais à nouveau et, souvent, la nuit me

prenait de court. Le soleil tombait brutalement, éclaboussant l'horizon de grandes taches pastel ou s'étalant tranquillement sur la mer en longues franges d'or. Et je devais me dépêcher de terminer mes multipes tâches avant d'être plongé dans l'obscurité.

Mais j'étais bien. Enfin, aussi bien qu'on peut l'être quand on se meurt d'inanition, quand on se sent devenir fragile et poreux. Sous les veines incroyablement proéminentes, mes membres amaigris et desséchés me faisaient penser à ces morceaux de bois secs et cassants, ces bouts de branches mortes que ma mère nous envoyait ramasser, mes frères et moi, quand nous étions petits, dans les forêts d'Alsace.

A l'époque, je la trouvais bien sévère, ma mère. Nous étions huit enfants et elle estimait, comme beaucoup d'Alsaciens, qu'une discipline inflexible était indispensable à notre éducation. Pas question de passer notre temps libre à jouer ou vagabonder. Toute occupation devait être utile. Quand nous allions à la campagne, c'était pour faire les foins chez ma grand-mère. Quand nous partions dans les bois, nous devions rapporter, remplis de mûres ou de baies, les bols qu'elle nous confiait. Une fessée attendait ceux qui s'étaient attardés en chemin, et on se faisait gronder si on n'avait pas trouvé assez de fruits. Régulièrement, mes parents nous envoyaient avec la carriole, moi l'aîné suivi de mes frères et sœurs, pour ramasser le petit bois du feu.

Maintenant, peinant sur l'océan, je me dis que cette éducation à la dure devait avoir du bon. Je lui dois sûrement mon obstination à la tâche, mon endurance, mon souci du détail pour chacun de mes projets. Je lui dois peut-être la vie.

Mon cerf-volant m'a quitté le 7 mai. Épreuve terrible.

Ça s'est passé très vite, bêtement, irrémédiablement.

J'avais diminué le fil qui le retenait à mon harnais de sécurité. Je n'en pouvais plus de tirer à chaque arrêt les quelque cent mètres qui lui donnaient autonomie et puissance. Cela m'épuisait trop.

Mais, raccourci de moitié et amoindri par des nœuds, le fil

n'a pas supporté la tension que je lui imposais. Il a craqué et le cerf-volant, qui m'avait tiré si joyeusement vers l'Amérique, s'est envolé définitivement. Il ne s'est pas perdu tout de suite. L'une des deux lignes à la traîne l'a accroché et il a résisté, déployant ses ailes dans l'eau comme une ancre flottante.

J'étais peu manœuvrant, bloqué loin du drame sur mes skis. La mer bouillonnait, écumait. J'avais négligé les avertissements du vent forcissant, laissant le cerf-volant se faire aspirer par une brise trop violente et c'était probablement une des causes de la catastrophe. Le cœur chaviré, impuissant, je l'ai vu se déchirer ensuite, sans avoir le temps d'intervenir. Puis le vent m'a éloigné de lui tandis qu'il partait à la dérive.

Que me restait-il à faire?

Continuer bien sûr, mais sans trop réfléchir, sinon je me serais écroulé.

C'était tellement important pour moi, ces quelques dizaines de kilomètres quotidiens que m'avaient fait gagner mon engin volant. Tiré, aidé par le cerf-volant, j'avais fait des pointes jusqu'à 140 kilomètres par jour. En six jours de glissades fantastiques, j'avais ainsi gagné deux jours de marche. Deux jours en moins à en baver.

Car l'Amérique était encore à plus de 2 800 kilomètres de là. 2 800 kilomètres pendant lesquels mon corps allait encore s'affaiblir, se racornir, se consumer lentement. Jusqu'au jour, que j'essaierai de reculer indéfiniment, où il se tasserait dans un recoin de la nacelle, incapable d'aller plus loin. Je savais que je lutterais jusqu'au dernier moment, que je m'aggriperais à la vie, que je ne laisserais pas la mer m'emporter vers le néant, mais si je mangeais toujours si peu, il y aurait bien un moment où l'automate casserait. Son cerveau échapperait alors au contrôle de cette momie atrophiée et ratatinée.

J'étais bien décidé à tenir mon pari jusqu'au bout comme ce comédien du XVIIIe siècle qui affirmait : « Quelles que soient les vicissitudes, on crève, mais on finit son rôle! » Je tenais encore, mais je ressemblais de plus en plus à ces armoires anciennes, encore belles et imposantes, mais trouées de milliers de canaux par les termites et dont les jours sont comptés.

L'homme-poisson, rongé de l'intérieur par son cancer salé, s'effriterait un jour comme une pierre de sable de la forêt de Fontainebleau.

Le cerf-volant m'avait aidé à gagner du temps. Maintenant, sans lui, il fallait continuer quand même. Oter l'eau de mes skis, qui n'avaient plus besoin de lest. Retrouver ma démarche de terrien. Retrouver mon rythme habituel de randonneur de l'océan. Faire appel au Rémy tout-puissant pour qu'il cravache l'homme-poisson, pour qu'il raisonne ce pauvre diable qui chemine courbé sur l'océan, qui semble avoir perdu son élan.

Après tout, c'est à pied que tu voulais traverser. Et complètement seul. Le cerf-volant t'a tendu une main secourable. Mais il aurait pu aussi bien ne pas faire partie du programme.

Rémy, tu es capable de t'en tirer par tes propres moyens! Tu as bien marché un mois entier sans ce cerf-volant. Tu as déjà fait la moitié du voyage. Maintenant, il faut te concentrer sur l'arrivée. Tu dois terminer cette odyssée. Rémy, tu es parti à la rencontre de toi-même aussi. C'est en ce moment que se joue la scène cruciale. C'est toi que tu es venu chercher sur l'océan. Tu voulais tester tes limites. Tu as eu l'audace de te lancer un défi dont aucun homme n'avait encore eu l'idée. Tu ne peux pas abandonner alors que cela devient intéressant justement.

Tout ce que tu as vécu jusque-là, tu croyais que c'était l'enfer.

Mais c'était juste un purgatoire, Rémy.

Tu commences seulement ton vrai calvaire, Rémy.

Tu pensais pouvoir fermer les yeux, croyant avoir plus de force en te voilant la réalité. Et bien, il faut les ouvrir. Il faut savoir prononcer tout haut le mot *mourir.* Ne pas avoir peur de regarder la mort en face. La mort, tu ne voulais pas l'envisager. Maintenant qu'elle se précise, qu'elle se rapproche, mieux vaut la cerner pour mieux la défier.

Si tu continues ainsi, c'est vrai, ton corps va s'autodétruire. Déjà il ressemble à une statue de sel aggloméré. Où va l'eau qui coule si chichement dans ton gosier? Mais regarde-toi donc dans la glace. Pourquoi l'avais-tu ignorée ces derniers quinze jours? Pourquoi es-tu si timoré?

Regarde ce mutant. Il est à peine humain. Il ferait peur à n'importe quel être civilisé avec son regard abyssal, de plus en plus vide, sa barbe où s'accrochent des reliefs du plancton qu'il a lapé tout à l'heure, à genoux sur le trempoline, comme un chien, sa peau boucanée comme le cuir de poisson qui sèche sur son refuge. On se demande s'il tient encore debout, quelle curieuse danse il mène. Tout à l'heure, il avait les jambes arquées sur ses skis. Il avançait telle une marionnette, désarticulé, instable. Si la mer avait lâché ses mille vagues, il aurait valsé, il aurait plongé.

Reprends-toi, Rémy! Fais fonctionner ton cerveau. Arrête de penser à ces tonnes de taboulé, de fromage blanc, de saumon fumé, de munster et de pommes de terre que tu ne mangeras jamais plus si tu continues ainsi. Mobilise toutes tes forces, toute ton imagination pour trouver le moyen de survivre le plus longtemps possible.

L'exploit, ce n'est pas de se traîner lamentablement sur l'océan. Réagis, Rémy! Tu as encore en toi des forces qui vont t'étonner. Fais-les jaillir! Écoute tes musiques de stimulation, mobilise toute ton énergie sur ce seul but : réussir, traverser, et debout, bien droit, comme un homme!

Je n'ai pas réagi tout de suite.

Après la perte de ce cerf-volant, prostré, malade, j'ai vécu quelques heures affreuses. En France, mes compatriotes votaient pour élire un président. Ici, sur l'Atlantique, c'était à nouveau la tourmente. La mer était furieuse, les hordes s'acharnaient sur la nacelle où je gisais, incapable de sortir de mon antre, trempé, obligé de boire l'eau salée que me dispensait un distillateur détraqué, contemplant mon pouce droit blessé lors d'un énième nettoyage des anatifes.

J'ai passé une nuit abominable couché sur le dos, sans avoir eu la force de me changer, marinant dans mes affaires mouillées, pauvre épave à la dérive. La jupette qui devait empêcher les vagues de rentrer dans ma boîte flottante s'était à nouveau coincée dans la bulle et l'eau s'engouffrait dans la pliure, suintait à travers les coutures, envahissait tout.

Je n'arrivais pas à trouver le sommeil. Mon dos décharné me faisait mal partout quand la mer chargeait. Chacune des claques démentes qui secouaient la capsule, je les ressentais sur mes os douloureux. Au début, c'était mon coccyx surtout qui assumait les coups, puis les chocs se sont propagés dans tout le corps. Je n'étais plus capable que de gémir, entre deux phases de sommeil torturé.

Quand je me suis levé le lendemain, j'étais broyé, mais c'était presque un soulagement d'étirer enfin mes os moulus, ma peau irritée, bleuie.

La mer était encore agitée. A perte de vue, des montagnes d'écume, un paysage étrange, spatial, avec ces dômes moulant un horizon lunaire et cette luminosité pastel, irradiante, des lendemains de colère. Déjà le soleil montait dans le ciel. La mer et le temps changent si vite, si brutalement sur l'océan. De toute façon, impossible pour moi de songer une seconde à relâcher. Une seule idée tourne dans ma tête : « Ne pas m'arrêter, marcher, marcher, sans jamais céder. » Si l'on s'arrête trop longtemps, on ne lutte plus, on perd le rythme, la tension se relâche, le corps craque. Aujourd'hui, c'est décidé, je marcherai. C'est ma victoire que je joue maintenant, chaque mètre de cette bataille impitoyable va compter. La rage de vaincre!

Avant de m'élancer, j'ai fait le point. 40° de longitude Ouest et 14° de latitude Nord! Je me maintenais à peu près sur la route prévue, c'était l'essentiel. Et j'avançais, puisque cette estimation du 9 mai me situait à 3 400 kilomètres des Canaries, et à environ 2 300 kilomètres des Antilles.

Sous mes pas, au fil des heures, l'océan s'allonge, s'étire, je glisse sur de longues coulées d'écume qui semblent s'aplatir à mon approche. La mer s'est presque totalement calmée, le vent est doux, la paix est sur le point de régner, mais je sais par expérience que ce n'est qu'apparence. Je redoute toujours une vague violente, un brusque soulèvement de cette houle aux dénivelées tranquilles. Une lame monstrueuse, résultant de la conjugaison de houles diverses, peut surgir soudain sans un signe, me culbutant d'un coup de pied en vache.

C'est que je me sens si faible maintenant. De moins en moins capable de me battre sous l'eau, à la merci du moindre faux pas qui me jettera sous ces trombes. Plus les semaines passent, plus je sens mes muscles fondre, mes forces s'amenuiser. J'ai bien dû perdre plus de dix kilos, rendre à la mer tout ce que j'avais pris de graisse et de sucre pour mieux l'affronter et bien d'autres réserves précieuses encore, que ma fatigue et mes efforts pompent hors de moi chaque jour. Ce n'est pas dans les infimes rations caloriques que je lui offre quotidiennement que mon corps puise ses défenses. Je pressens de sournois circuits organiques, d'effrayantes succions intérieures, j'appréhende ce processus d'autodestruction qui me semble inévitable.

Un infime changement là-bas, un chatoiement de brillances et de grisés au creux des vagues.

Et soudain, je les vois à nouveau.

Les dauphins!

J'étais justement en train d'évoquer ces animaux magiques. Je me voyais dauphin fendant l'onde. Moi le piéton besogneux qui peine mètre par mètre, vague après vague sur cette mer qui ne finit jamais, j'aurais voulu m'y fondre comme les dauphins, devenir lisse et liquide et voler dans la houle sans même y imprimer le passage de mon corps devenu aussi léger, aussi aérien qu'une bulle qui flotte à la surface.

Comme s'ils avaient senti mon appel, les dauphins sont subitement sur moi. Ils ont surgi miraculeusement autour de mes skis, ils sont partout, escortent la nacelle et me suivent, devant, derrière, sur les côtés. Jaillissements harmonieux de ces dos lisses qui s'élèvent et retombent dans des éclaboussements joyeux d'écume blanche. Tourbillons des flancs gris bleutés. Saluts et invites gracieuses de ces longs rostres joyeux, qu'ils lancent vers ma silhouette, puis vers l'ouest, comme s'ils me conviaient à les suivre jusqu'en Amérique. Ils dansent pour moi gentiment, magnifiquement. J'aimerais leur passer un lasso autour du cou pour qu'ils me tirent et m'emportent sur leur flottille triomphante.

L'enchantement n'aura duré que quelques minutes. Répit chaleureux pendant lequel j'ai oublié ma condition de randonneur de l'impossible, les effroyables données de ma survie sur cet océan qui peut se révéler aussi beau, aussi divin qu'il était démoniaque et sans merci le jour précédent.

Le spectacle est terminé. Les dauphins s'éloignent d'un bloc, sans prévenir, emportant mes rêves dans leurs bonds, disparaissant dans un ballet féerique.

Je suis à nouveau seul.

Je marche. Des paysages de vallées m'environnent, et pourtant, sans prévenir, sur ces tapis rayonnant de mille bleus, des précipices s'ouvrent autour de mes skis. Au dernier moment, j'écarte mes jambes en catamaran et je les évite en jouant l'équilibriste, choisissant le chemin le plus sûr sur ces ondulations où les pièges se camouflent en reflets lumineux, en bouchons d'écume, en tourbillons tumultueux.

Je marche des minutes, des heures.

Je me suis arrêté pour une sieste rapide, puis je suis reparti vers mon destin.

Je marche depuis trop longtemps. Je vais bientôt m'arrêter. Mes jambes sont en plomb. Pourtant mon corps a si bien appris sa leçon, depuis cette quarantaine de jours, qu'il continue vaillammant, inlassablement, automate de sel et de sang.

Je dois m'arrêter.

Ces murs que je traverse dans une euphorie soudaine sont-ils réels ou imaginaires, ces murailles liquides qui me dominent sortent-elles du fond de l'horizon ou de mon esprit? Je me le demande, à voir ma silhouette filiforme les franchir si facilement. Suis-je même encore vivant?

Dans un brusque silence qui envahit la mer entière, j'entends les respirations profondes, à l'aide desquelles je me propulse, dominer le bruit des vagues. C'est le souffle de l'océan lui-même. Puis un bourdonnement puissant, des étoiles

1. Essais au large de l'île de Noirmoutier en février 88.

2 et 3. Dernier entraînement à Port-la-Vie en Vendée.

4. Départ de Los Cristianos aux îles Canaries.

5. Les gens me suivent jusqu'au bout de la digue.

6. Premières déferlantes, je m'apprête à redéployer les volumes gonflables anti-chavirement.

7. Un infime point sur l'océan.

8. Récupération par le cargo japonais *Taïsei-Maru* à une journée de marche de Port of Spain, capitale de Trinidad.

9. Dans la cabine du capitaine avec Shōichi Ishiwata qui m'a offert de nouveaux vêtements.

10. La nacelle de survie avec ses curieuses voiles de fortune, remorquée par le cargo japonais quelques instants avant qu'on ne la perde.

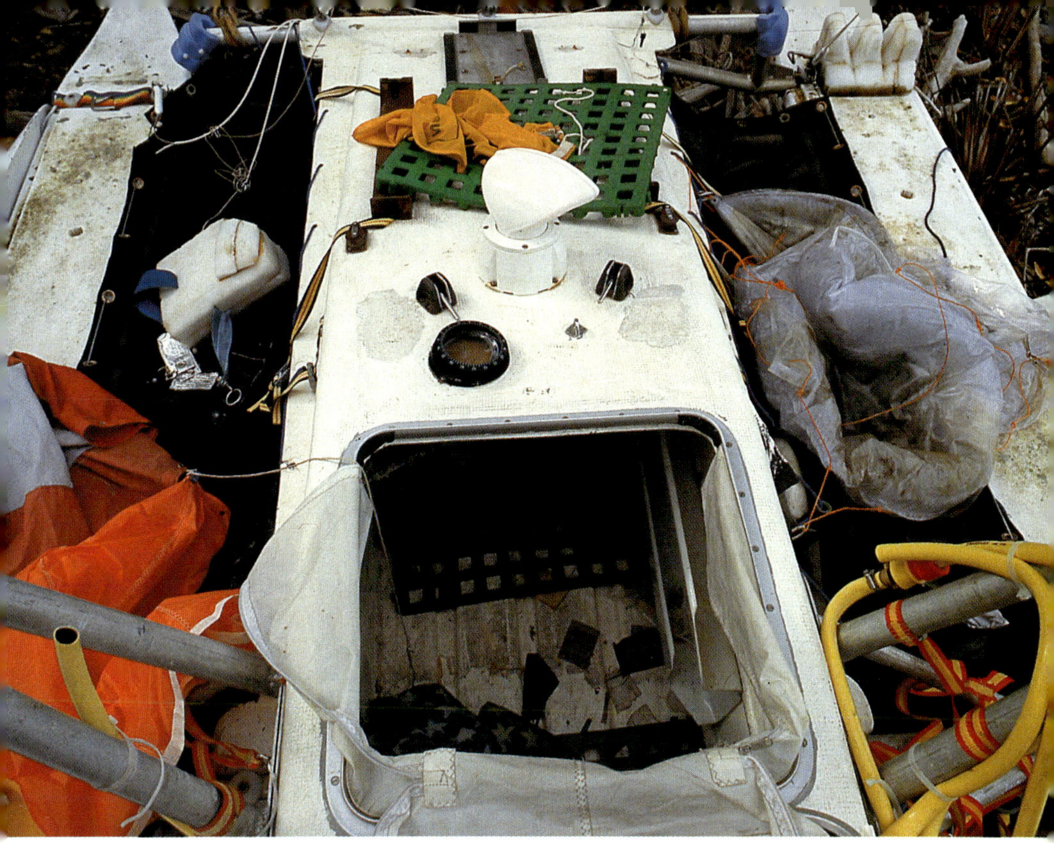

11. La nacelle et les skis échoués au nord-est de Trinidad après le pillage par des pêcheurs.

12. Nous faisons l'inventaire du reste du matériel, entourés d'autochtones.

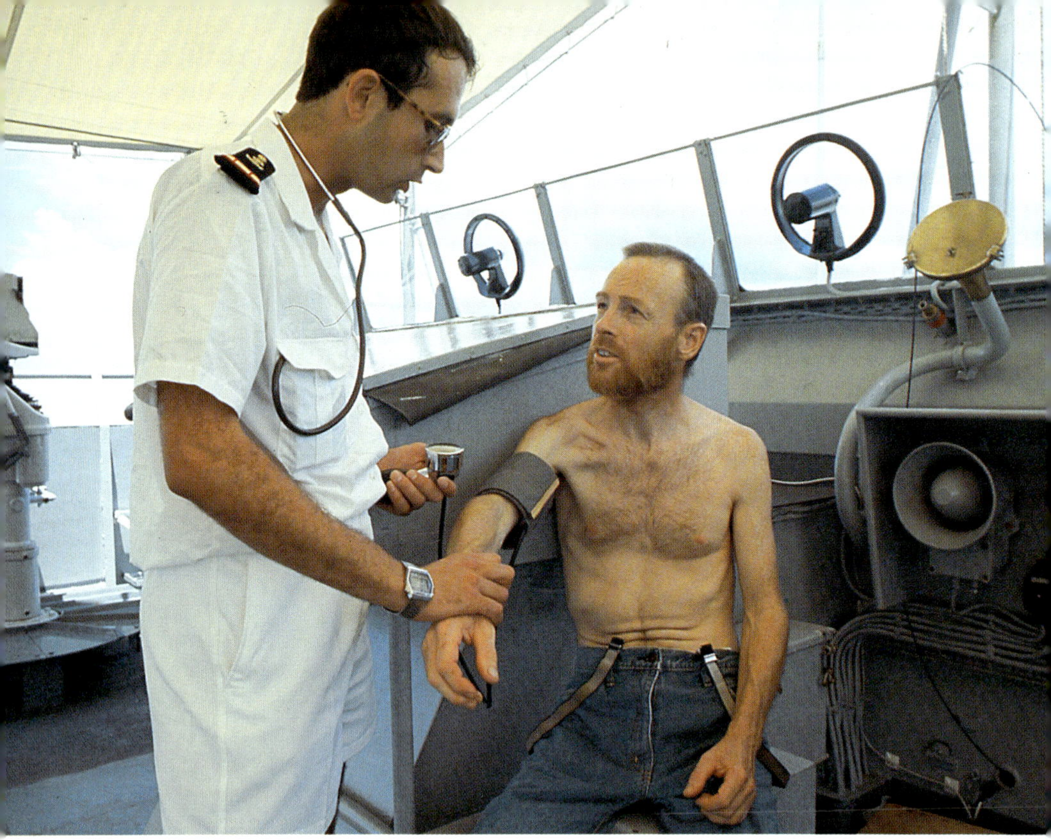

13. Le médecin major Pachoud de l'aviso *LV- Lavallée* de passage à Port of Spain, faisant les premiers examens de santé.

14. Enfin les retrouvailles, après deux mois de solitude.

qui scintillent et se bousculent dans ma tête, ma respiration qui s'étouffe. Les vagues se nébulisent dans un brouillard où je me perds. Je tombe. C'est une chute au ralenti, qui semble ne jamais finir, tandis que ma tête explose, que mon estomac se tord en boule de douleur et de nausées insupportables, que mon cœur se volatilise.

Brutal réveil entre deux eaux. Je surnage avec difficulté. Je me sens encore très mal, comme si je me réveillais d'une lourde anesthésie générale. Mais je me débats comme un fou, je lutte de toutes mes forces, je fais appel à toute mon énergie, à tout mon passé pour résister aux flots, pour agripper le bout de sécurité, pour surmonter les vertiges qui veulent à nouveau s'emparer de moi et me tirent vers les eaux noires et sans fond.

Maintenant je me repose sur mon abri, affalé sur le flotteur, amarré par le bout de mon harnais à la nacelle et toujours aux skis qui s'entrechoquent, incapable de bouger pendant des minutes sans fin.

J'ai cru que je n'allais jamais pouvoir regagner mon refuge. J'ai vraiment eu très peur. Je me suis cramponné si fort que mes muscles sont encore tétanisés, mes pieds figés comme des blocs de béton. Je ne me sens même plus la force de commander le moindre mouvement à ce corps épuisé.

On dit qu'à ces moments-là, quand on risque de se perdre pour l'éternité, la vie défile en un éclair. C'est vrai. Alors que mon corps réagissait difficilement au malaise, aux vagues qui l'aspiraient, mon esprit au contraire se démenait en une activité incroyable, comme jamais je ne l'avais vécu.

Plus tard, bien plus tard, je reprends mes esprits. Mes skis et la pagaie flottent un peu plus loin, à demi immergés derrière la nacelle. Mon malaise profond s'est effacé, mais je suis infiniment las. Je mets des heures à refixer mes skis dans leurs encoches, à me déshabiller, à récupérer quelque volonté.

Il me faut des forces, il me faut absolument du poisson, sinon, c'est l'agonie. J'ai trop donné.

15

Mirages

Pouce!

Rémy, arrête-toi! Méfie-toi! Tu es épuisé. Lourd de fatigue, assommé de soleil. Il va falloir désormais entrecouper tes marches plus souvent. Reviens à la nacelle boire, masser tes pieds, souffler enfin.

Je me retourne. Entre la nacelle et moi, le long cordon flottant tient toujours le coup. Je l'ai choisi vert et, de temps en temps, je le contemple fixement, pour me changer de l'uniformité bleue où je baigne.

Soudain, le cordon s'allonge, s'élargit. Il serpente en lacets vers une presqu'île. Une île! Des palmiers ont poussé sur mon refuge, leurs racines ont crevé les coques pour aller s'abreuver loin dessous. Je les devine qui s'accrochent à une terre invisible. De l'ombre enfin! Je n'en puis plus! Dans cette zone équatoriale où je progresse, la chaleur est mon nouveau supplice. Elle compresse mes tempes, dessèche mes membres et fait couler de mon front le peu d'eau que retient encore mon corps.

J'ai vraiment aperçu cette île accueillante, oasis de fraîcheur qui s'offrait sur cette immensité azurée. Et puis, le temps de m'y précipiter, elle avait déjà disparu.

J'avais failli y croire.

Mes rêves sont peuplés d'îles en ce moment. Je n'écoute plus beaucoup de musique enregistrée. Je me contente des émissions de radio que je commence à capter, des radios américaines, espagnoles, créoles, qui me parlent de bananiers, de cocotiers, de lait au rhum, de fruits colorés et acidulés. Parfois, devant mes skis, les vagues ondulent sur des hectares de prairie vert tendre, tandis qu'au loin se balancent doucement les plumets blancs des champs de canne. Puis l'herbe m'éclabousse, je reçois une noix de coco en plein sur la tête, et je retrouve mon univers de galérien de l'océan.

Bleu partout.

Ciel bleu, mer bleue, sillage bleu, rêves bleus.

Ouvrez-moi les veines, ouvrez-moi les entrailles : je suis l'homme bleu. Bleu sodium. Une statue de sel bleue qui ne supporte plus la transfusion.

Quel démon m'a entraîné sur cet océan où chaque pas semble être toujours le premier, où l'horizon recule sans jamais rien dévoiler que des vagues à l'infini?

Je suis si faible, si vulnérable. Une molécule abandonnée sur ces espaces illimités. Je n'en peux plus de ce bleu qui règne sur ma vie. J'ai l'impression d'avoir toujours vécu dans ce tunnel bleu marine. Bleu lin à l'aube quand je traque le poisson volant, bleu pervenche et bleu turquoise quand le soleil explose près du zénith, bleu pétrole la nuit, quand je repose sous les étoiles. Mes yeux seront-ils encore capables un jour de distinguer le vert brillant du houx, le rouge tendre des fraises des bois, les jaunes odorants des genêts et des ajoncs qui fleurissent en ce printemps dans les campagnes de France? Comment même imaginer le printemps quand on baigne depuis presque un mois et demi dans ce bleu éternel.

Bleu impitoyable, inhumain, où mon sort dépend d'un poisson, d'une vague, d'un nuage.

Le poisson, je l'ai eu justement ce matin du 10 mai, le lendemain de la syncope qui m'avait vidé de mes dernières forces. Un sursis pour repartir à nouveau, pour vivre de nouvelles tortures. C'était un beau poisson volant, à moitié caché sous le distillateur. Je l'ai mangé en une seule fois.

Puis j'ai remis mes bottes, réajusté mes skis. Et j'ai continué ma marche interrompue si brutalement la veille. Devant mes pieds, une nuée de minuscules poissons volants multicolores se sont envolés. C'était un spectacle étrange, superbe, mais comment avoir encore le cœur d'admirer de la nourriture, même angélique, quand on meurt de faim et qu'on ne peut pas courir derrière ces repas qui vous narguent et s'enfuient en battant des ailes?

Je suis vite retourné à la nacelle, dans l'espoir d'en trouver un ou deux coincés sur les filets. Mais aucun ne s'était laissé piéger. Pourtant, durant ma longue marche de la journée, régulièrement, je suis revenu à ma maison flottante, nourrissant de folles pensées de garde-manger et de festins.

La bête dans mon estomac me laissait relativement tranquille. Les atroces douleurs de la dernière semaine s'effaçaient sous un alanguissement qui m'inquiétait. Dans le fond, je préférais me tordre sous un volcan de souffrances qui prouvaient que j'étais encore bien vivant, plutôt que de dépérir sans réactions. Autant que l'angoisse du lendemain, j'avais aussi une crainte diffuse de mes propres transformations.

La veille, j'avais failli me noyer à cause de ce vertige subit qui m'avait assailli sur l'eau. Quels autres pièges imprévisibles risquait de me tendre ce corps qui se dérobait? Qui sait quelle fièvre bizarre peut s'emparer d'un homme seul en état d'hypoglycémie, dont la faiblesse s'aggrave de jour en jour? Malgré le contrôle que je m'efforçais de conserver sur moi-même, un autre homme pouvait surgir de moi à tout moment, qui sait?

Presque personne n'avait jamais réellement testé volontairement ce genre de situation extrême et, parmi ceux qui en avaient vécu de semblable, la plupart n'étaient plus là pour décrire leurs folies. Je me souvenais du récit d'Alain Bombard, racontant comment il s'était élancé à la nage au milieu de l'océan, croyant pouvoir rattraper à la seule force de ses bras son coussin parti à la dérive, ne réalisant pas une minute qu'il abandonnait en même temps son canot et risquait de se retrouver non seulement sans coussin, mais aussi sans refuge à des milliers de kilomètres de toute terre.

Une imprudence invraisemblable, seulement justifiée par l'état de fatigue extrême dans lequel il se trouvait. Malgré son entraînement (vingt et une heures d'affilée lors de sa traversée de la Manche à la nage), Bombard avait été largement distancé par son embarcation car l'ancre flottante, au lieu de freiner le canot, s'était mise en parachute et l'éloignait de lui à vive allure. Sans cordon, sans gilet de sauvetage, il ne dut son salut qu'à un miracle : les cordes de l'ancre flottante s'étant dénouées, elle freina enfin l'abri en caoutchouc et il put le rejoindre malgré son épuisement.

Je ne voulais pas qu'un Rémy somnambule ou hagard sabote en douce l'exploit que le vrai Rémy avait préparé si intensivement depuis trois ans, l'exploit que j'étais en train de mener à son terme, si pénible que fût maintenant le moindre effort. C'était d'ailleurs une des raisons pour lesquelles je m'attachais toujours, y compris quand je dormais.

Ce jour-là, j'ai bien dû faire dix pauses durant ma longue marche de l'après-midi. Le soleil tapait fort et à chaque fois j'en profitais pour m'enduire de pommade écran total et pour boire un peu d'eau douce. Ma faiblesse croissante ne me permettait pas en réalité de marcher très longtemps sans me reposer. Mais je tenais toujours debout.

Des dizaines de projets m'assaillaient tandis que je me traînais sur cet océan brûlant de lumière. Le rêveur, le penseur en moi n'avait pas encore déclaré forfait, au contraire on aurait dit qu'il devenait plus puissant, qu'il prenait la place que lui cédait mon corps amaigri. Le refrain de Bob Dylan scandait ma marche : « Hé, monsieur l'homme-orchestre, joue-moi ta chanson, dans le matin pâle tu vas me montrer l'horizon! »

Je fourmillais d'idées pour mes spectacles, de projets pour les enfants, en particulier pour les déshérités, les handicapés. Je me disais que je n'avais pas assez fait pour tous ceux qui ont mal, que j'avais vraiment trop pensé à moi. La solitude, la souffrance insupportable que j'endurais quotidiennement, au lieu de m'enfermer dans leurs griffes, semblaient au contraire décanter en moi l'essentiel, m'obligeaient à un bilan de ma vie. Ce qui émergeait finalement, c'était un message d'amour.

C'était grandiose. Je me dédoublais.

D'un côté, il y avait cet homme-poisson que je reconnaissais à peine, vacillant sur ses pauvres jambes, des jambes que j'imaginais comme des bâtons de sureau, toutes rongées de l'intérieur, poreuses, vides. Il y avait cet être malade, vieilli de vingt ans, pliant comme un roseau, mais entêté et pathétique dans son obstination à refuser l'idée de la mort et l'écroulement dans le sarcophage qu'il traînait si patiemment derrière lui depuis des semaines.

De l'autre, il y avait le Rémy cérébral, planant comme le cerf-volant, de plus en plus haut au-dessus de son double martyrisé. Il croit en la chance, ce Rémy-là. Pas la chance qu'on attend passivement, en implorant les étoiles. Mais la chance qu'on tire à soi, la sublimation de ses propres forces. Le destin? Ce n'est pas un dieu intervenant en aveugle. C'est tout simplement la puissance de notre volonté imprimée sur notre ligne de vie.

Quand j'ai relu, plus tard, mon cahier de notes océanique, où l'écriture régulière du début se dégradait petit à petit, j'ai retrouvé toutes ces pensées que je jetais en vrac, et bien d'autres encore. Il y en avait à prendre et à laisser, il y avait des encouragements et des louanges, des mots répétitifs de stimulation, des phrases très belles et d'autres un peu emphatiques, des descriptions lyriques, des envolées mystiques.

Le tout, noyé sous des tonnes de bouffe et de souffrances, avec les hurlements de douleur de l'autre Rémy, et ses rêves incessants de verdure et de restaurant. Mais tout cela sortait de moi, c'était sincère. J'avais pris rendez-vous avec moi-même sur l'océan. Ce rendez-vous, je ne l'avais pas raté. Je me sentais devenir un autre homme, plus ouvert, plus stoïque, plus lucide et réfléchi. Dans ce désert mouvant où mes pas s'égaraient, j'écoutais la voix de mes ancêtres, la voix de la liberté, de la vérité. Je retrouvais les vraies valeurs de la vie.

Mais comme ce paradis était dur à atteindre!

Je ne pouvais me permettre d'y grimper plus de quelques minutes d'affilée, sous peine de voir le philosophe rejoindre le galérien dans les poubelles de la mer et, mes rêves et mes réflexions sombrer dans une explosion d'eau salée.

Ma lente, si lente progression sur l'océan était vraiment faite de hauts et de bas, et semée de petites choses minutieuses et indispensables, de drames et de détails terriblement importants au milieu des envolées de mon imagination.

Dans l'après-midi du 10 mai, maux de ventre épouvantables. Je me roule sur la nacelle. Et puis, quelques heures plus tard, ma première selle depuis trente-neuf jours. Soulagement immédiat. Plaisir enfantin à regarder cette minuscule parcelle de moi qui tourbillonne dans les vagues avant de se mêler à la mer.

Mer déferlante le 11 mai. Paquets d'écume, lames déboulant de partout sur la nacelle où je me blottis presque toute la journée, essayant d'écrire sur mes feuilles à carreaux d'immenses listes de mes aliments préférés pour tromper la bête qui est revenue. Je décide de ne manger que ce que j'aime désormais et durant toute ma vie, dès mon retour.

Le 12 mai, dans un effort immense, je m'oblige à sortir, malgré les avalanches qui blanchissent à nouveau la mer jusqu'à l'horizon. Deux poissons volants pour mon déjeuner. Pas très gros, mais je ne suis guère difficile ces temps-ci.

Vertiges. Pas prudents, lourds, douloureux sous le soleil qui devient pesant. En guise de remontant, j'aspire l'eau à même le tuyau de sortie d'un des distillateurs. Horreur! C'est de l'eau salée. Le distillateur matelas semble complètement déréglé : je n'arrive à lui soutirer que de l'eau saumâtre. Mon estomac se rebelle. Je marche tout de même, mais je suis obligé d'entrecouper mes sorties de nombreuses pauses. Heureusement, j'ai encore des réserves d'eau et j'en profite largement. C'est mon seul luxe. J'ai même le choix du cru : goût salé persistant sur le distillateur, saveur plastique et âpreté terreuse dans le bidon.

J'écoute les informations à la radio, la suite des élections présidentielles. J'apprends que Michel Rocard a été nommé Premier ministre. J'esquisse un sourire dans ma barbe d'homme des cavernes. Me reconnaîtrait-il sous mon déguisement de conquérant? Il m'avait chaleureusement accueilli plusieurs fois à Conflans-Sainte-Honorine pour mes spectacles. Il fait partie des hommes que j'admire pour leurs qualités de constance, de rigueur et de sincérité : des vertus pour lesquelles je me suis toujours battu de mon côté. Débats, rencontres. Des hommes politiques en complet-cravate déblatèrent, recréent le monde et la France, se congratulent en se lançant des pointes ou des vacheries.

Moi, je suis nu. Affamé. Prêt à tuer. Prêt à tout pour manger. *Homo sapiens fossilis*. Le stade juste avant le nôtre. J'ai deux cent cinquante mille ans. Toute mon intelligence, toute mon énergie sont mobilisées vers un seul objectif : manger, ne pas mourir. Je me penche sur la mer. J'ai aperçu une proie juste à côté de la nacelle. C'est si rare qu'un poisson un peu imposant vienne me rendre visite. Comme les autres, il dédaigne mes hameçons. Je laisse traîner ma main, j'essaie de le coincer. Mais il se méfie et file au loin.

Homo fossilis, lui, l'aurait sûrement attrapé. Je suis encore trop civilisé. Je n'ai plus mes complexes du début de mon voyage, mes scrupules d'« ami de tous les animaux de la planète », mes maladresses de pêcheur malgré lui qui m'obligeaient à me justifier sur le papier quand j'avais attrapé mon premier poisson. Mais je ne suis pas encore rodé pour la chasse primitive. Le serai-je jamais? En réalité, je suis *homo sapiens cerebrum*. Je me nourris de ma substance grise. Je mange mes délires et je survis sur les béquilles de ma force d'âme, de ma puissance mentale. Mais combien de temps tiendrai-je encore ainsi?

Mon dernier point me situe bien trop au sud par rapport à ma trajectoire théorique. Je voulais arriver en Guadeloupe, puis j'ai visé la Martinique, un peu plus bas, mais maintenant je pense que je n'aurai jamais la force de corriger ma dérive pour remonter au nord et atterrir en terre française. Enfin l'essentiel, c'est de toucher terre. La terre, enfin!

J'essaie de dormir dans ma capsule surchauffée et humide. Impossible. Je continue la liste interminable de mes futures dégustations culinaires. De carnivore noctambule déambulant de restaurant en restaurant, je me suis transformé en bébé vagissant nourri à la cuiller : mes filets de limande au beurre, mes œufs brouillés sont accompagnés de monceaux de purée de légumes et de pommes de terre, mes gâteaux dégoulinent de crème fraîche liquide et très sucrée. Je fais la queue à l'école primaire, je resquille, je me bats pour obtenir ce deuxième ou troisième bol de chocolat au lait qui faisait mes délices... Qui faisait? Qui fait? Je ne sais plus. Que deviendrais-je si je n'avais pas ces soupapes de l'imaginaire? Je remplis mon tube digestif toujours vide avec les crèmes glacées de mes rêves et il me laisse tranquille quelques minutes.

Mais après, il se venge de mes leurres perpétuels. Et mon supplice de damné de la survie recommence.

Je sens, je vois la bête ronger mes entrailles. Maintenant, j'imagine que c'est un poulpe. Je devine ces longs bras à ventouse qui me fouaillent, m'aspirent. Je souhaitais me fondre dans l'océan, je voulais vivre en osmose avec la mer. Par une étrange aberration mentale, cette osmose se crée finalement dans les délires de la faim d'un corps détraqué. Intellectuellement, je sais bien que tout cela n'est qu'illusion, mais je préfère encore penser que cette douleur atroce me vient de l'extérieur, plutôt que d'accepter l'idée que mon corps lui-même se détruit dans cette danse infernale.

La pieuvre me déchire l'estomac, le poison de sa salive provoque des contractions violentes, intolérables, m'arrache des plaintes que je ne peux contrôler. Je me force pourtant toujours à respirer, à détendre mentalement mes organes torturés, mais c'est extrêmement difficile. Parfois, je n'y arrive pas, et souvent il me faut de longues minutes avant de me ressaisir. Je pense à ces amies, qui avaient pratiqué le yoga elles aussi, qui s'étaient exercées à garder la maîtrise de leur corps et qui pourtant, au moment de leur accouchement, ont été emportées sans pouvoir faire grand-chose dans la tornade sublime et terrifiante de l'enfantement.

Moi non plus, mes maux ne sont pas inutiles. Si je survis, ils prouveront aux plaisanciers (à qui le canot de sécurité obligatoire rappelle constamment que le naufrage n'arrive pas qu'aux autres) qu'on peut durer très longtemps sans se nourrir, ou très peu, qu'on peut souffrir pendant plusieurs semaines et voir ses réactions vitales s'amoindrir sans pour autant mourir. A condition de boire un minimum et d'entretenir toujours intacte la flamme de son esprit.

Dans ma prison bleue, où jamais aucune porte ne s'ouvre devant mes pas, même si parfois j'ai l'impression de couler, je surnage toujours, je m'adapte tant bien que mal.

En cette sixième semaine de ma traversée, je sais que je dois vivre de plus en plus au ralenti, j'analyse sans cesse la meilleure façon de ne pas perdre mes forces, de garder mon équilibre. Ce sont ces dizaines de petits détails que j'inspecte, que j'améliore minutieusement, presque maniaquement, qui vont me sauver la vie.

Ainsi, je passe tous mes moments de loisir à préparer mon sac de couchage pour le transformer en voile de fortune supplémentaire. J'ai aussi sorti le petit cerf-volant de rechange que j'avais emporté, pour tenter de le rendre opérationnel. Les premiers essais avaient été un échec. Mes jambes, en s'amaigrissant, supportent de moins en moins bien la pression qu'exercent les manchons de latex qui empêchent l'eau de rentrer dans mes bottes : j'essaie de réfléchir au moyen de remplacer ces accessoires indispensables de ma marche, sans gêner la circulation du sang dans les mollets.

Tout s'abîme, tout s'esquinte, y compris moi, il est vraiment temps que j'arrive. Je m'efforce de ne négliger aucun soin d'hygiène, malgré les efforts intenses que me demandent chaque mouvement. Je surveille aussi régulièrement mon pouls, qui pour le moment semble normal : cinquante et un battements à la minute. Je lave mes chaussettes à l'eau de mer, je nettoie ma figure, je fais une toilette générale dès que je me sens moins bien.

Je frotte doucement cette peau de randonneur des mers qu'un rien fait partir en miettes. Sous le cuir séché qui s'effrite, j'ai un épiderme de bébé, parsemé de taches de rousseur. J'enduis de pommade protectrice cette peau si blanche qui tranche sur tout ce brun dont je suis fait et où je peux, maintenant, voir en relief les artères, les veines, les veinules.

Mon réseau sanguin dessine des routes angoissantes sur mon corps. Je n'aime pas voir si vulnérables, si bombés, ces tunnels minuscules et fragiles où coule encore ma vie.

Le 15 mai, en refixant une fois de plus les attaches du filet gauche de ma nacelle, j'aperçois plusieurs grappes de pousse-pied accrochés au bout du safran et qui doivent me freiner sérieusement. Je donne de grands coups avec la main pour dégager ces anatifes. Je suis en équilibre sur mon flotteur, à la limite de tomber et, lors d'un faux mouvement, ma main dérapant entre les coquillages et le safran, je me blesse. Un gros lambeau de chair s'est carrément décollé sur le dessus de ma main droite. Plaie impressionnante. Mon sang dégouline le long des doigts et ce que je vois me glace.

Sur cette main de vieillard, étonnamment musclée pourtant, c'est un sérum bleu que je crois voir couler à travers mes verres filtrants. Je cligne des yeux sous la réverbération intense qui m'enveloppe constamment d'un voile indigo. Je contemple avec stupéfaction ce liquide bleu-noir qui sort abondamment de moi. Suis-je si anémié? On dirait que toutes les particules ferreuses qui composent mon hémoglobine ont fui dans l'océan, ne me laissant en dépôt que ce liquide cuivré qui sent l'eau salée. L'homme aux yeux de poisson est devenu l'homme au sang de mollusque.

J'observe avec dégoût les colonies d'anatifes qui sont la cause de ma blessure. Peut-être ces abominables et immangeables pédoncules ont-ils aussi du sang bleu? J'aurais dû porter des gants pour nettoyer la coque, mais ils me gênent pour me tenir lors de cette manœuvre délicate. Considérations pratiques brusquement noyées sous une vague de terreur. Toutes les frayeurs que j'avais refoulées ces derniers jours avec mes rêves d'arrivée remontent à la surface.

La bête! Elle était presque silencieuse ces derniers temps. Mais elle a poursuivi son invasion secrète. Le sang de poulpe, ce sang de céphalopode est un sang bleu! Un rire étouffé. Je me secoue : Allons, réveille-toi, Rémy, tu ne joues pas dans un film d'épouvante. Il n'y a qu'au cinéma que les vampires investissent leurs victimes, sur les planètes inexplorées que des monstres se repaissent de l'organisme des audacieux qui osent les défier.

J'ôte mes lunettes noires. Je m'asperge, je me gifle. Rémy,

tu es venu sur la mer, mais garde-toi de retourner à la mer. Dépêche-toi de retrouver la terre ferme, si tu ne veux pas te laisser emprisonner dans les sortilèges de l'océan.

Je trempe ma main dans la mer, je la lave. De la blessure grande ouverte, le sang continue à suinter. Mais ce n'est pas un sang étranger. J'ai rêvé bien sûr. Délire encore. Obsession de tout ce bleu que je supporte de moins en moins parce qu'il représente la mer et mon enfer.

Le sang coule plus vite, il me paraît plus fluide. Mais il est incontestablement rouge. Rouge. Rouge. Rouge. Je reste fasciné par ce petit ruisseau vermillon qui tranche sur l'uniformité monochrome de mon univers. D'autres rouges m'envahissent. Un chandail de Marie-Rose, tricoté à la main, où pendent des cerises en relief.

Le rouge de l'uniforme des zouaves. La rue de mon enfance, c'était la rue des Zouaves. Je me revois vers huit ou neuf ans, perché sur une grande échelle, un gros pot de peinture rouge à côté de moi, dans cette fameuse rue où mon clan familial (huit enfants) se bat souvent à coups de pieds ou de pierres contre le clan voisin (onze enfants). Rouge des écorchures. Rouge des lettres immenses que je trace sur la maison blanche de mes parents. La mince plaque où est inscrit notre nom me paraît trop petite, et je peins à la gloire de notre famille un *Bricka* géant sur toute la façade...

Rouge de la fessée qui suivit. Rouge des griottes sauvages, des fraises des bois dont nous faisions des orgies.

Rouge du sang, rouge de la vie. Allons! Je range ma blessure au placard des douleurs classées, des souvenirs à ouvrir après mon retour. L'eau de mer l'a désinfectée. Le soleil la cicatrisera.

Je vais marcher, marcher encore, c'est la seule chose à faire si je ne veux pas sombrer dans la folie... Chaque jour qui passe transforme un peu plus mon corps, le sectionne, le diminue. Bientôt, je renoncerai à le regarder, de peur d'y voir le reflet de mon impuissance, la mesure de mon inconscience.

16

Requins

Je marche à nouveau. Un peu n'importe comment.

Je roule sur les vagues. Je vacille et je titube. Mais j'avance, solidement retenu par le système de câbles, poulies et sandows qui me permet d'écarter mes skis flotteurs.

Je n'ai plus l'allure très fière.

Je me tiens encore droit, mais avec mes jambes écartées, mes mouvements désordonnés, je fais un peu n'importe quoi. Parfois, je perds l'équilibre sur une vague un peu plus forte. Mais je continue à tracer mon sillage fantôme dans la houle, immédiatement effacé, de même que mes appels à la VHF, que je branche de temps en temps depuis que je sens la terre plus proche, sont toujours sans écho.

Le Rémy de trente-neuf ans que j'ai lancé sur l'océan il y a un mois et demi maintenant, à plus de 3 600 kilomètres de là, me revient comme un boomerang dans l'intense brouillard lumineux où je baigne, sous les traits du Rémy enfant. Marchant déjà. Se battant. Inventant. Pris dans cette mouvance perpétuelle, enchaîné entre air et eau, je devais avoir besoin de me raccrocher à quelque chose d'inaltérable et je me cramponnais en marchant aux racines de mon enfance.

Des musiques sonnent dans ma tête. Depuis que je suis parti, j'ai composé quelques chansons sur la mer, grifouillant sur mes carnets, enregistrant au magnétophone (tout sera perdu plus tard dans le pillage de ma nacelle).

Mais aujourd'hui, pendant cette marche à la fois exaltée et cauchemardesque, c'est un refrain de mes vingt ans que je fredonne. Je me vois avec des instruments partout, sur le dos, sur la tête, aux bras, aux jambes, au cou, aux chevilles. J'arpente les rues, traînant dans les magasins de musique et les quincailleries (après mon travail de bureau). Je compose, j'invente de nouveaux sons, je bricole d'invraisemblables instruments à l'aide de quelques ressorts et de beaucoup d'inspiration. Puis je propose mes trouvailles musicales le soir dans les rues les plus animées. Et bientôt, je ne fais plus que ça : je marche, je marche, en chantant, en jouant.

Retour arrière. Une vague me repousse. Je me rattrape à l'aide de la pagaie. L'océan bruisse et j'y vois se profiler des clairières, des arbres imposants. J'ai dix ans, je sillonne les bois avec Raymond, mon ami d'enfance, et, d'une forêt, je crée un orchestre. Une tige de pissenlit devient trombone, quelques brins d'herbe et des feuilles se transforment en clarinette et tambourin, d'une branche coupée j'ai fait un arc musical et, avec des roseaux et quelques bouts de bois, fabriqué des flûtes, des sifflets et des claves. Le tout forme un ensemble symphonique étonnant d'où surgissent des sons magiques, fascinants.

Puis je rapetisse encore.

Maintenant, j'ai trois ou quatre ans, à peine. Dans la rue à nouveau. Mon père est venu me chercher à la sortie de l'école. Mais, voilà que retentit la sirène. Un incendie! Mon père est pompier. Il doit faire passer son devoir avant tout, avant son fils même. Alors, il me lâche la main, il m'explique rapidement. « Tu marches tout droit, tu retrouveras la maison si tu suis bien le trottoir. Tu reconnaîtras n'est-ce pas? Allons, tu en as pour cinq minutes à peine. Je te fais confiance, Rémy, tu es grand, tu vas y arriver! » Je me retrouve seul entre les passants et les voitures qui me paraissent gigantesques vues de mon tout petit mètre de gamin de maternelle, au ras du trottoir où je progresse. Mais je trottine vaillamment. C'est la première fois que je rentre seul à la maison. Et quand j'aperçois enfin la porte de mes parents, je cours à toute vitesse, et je m'effondre dans les bras de ma mère.

Tout à coup, je m'aperçois que ma trajectoire décrit par rapport à la nacelle de curieuses sinusoïdes sur l'océan. L'air, de plus en plus chaud, nébulise autour de moi une vapeur salée qui brouille la vue. Où est-ce encore le vertige qui me saisit? J'ai cru voir dans ma glace de bizarres taches ocre nées ces derniers temps sur le blanc de mes yeux.

Mirage encore?

Je distingue non loin de mes skis une masse noire tranchant sur la lumière. Puis une autre. Avant que j'aie le temps de réaliser, ils sont presque à côté de moi. Deux ailerons noirs. Pas de doute, ce sont des requins!

Je frémis. J'ai essayé de ne pas y penser pendant toute ma traversée. D'exorciser le spectre de ces fauves de l'océan. C'était un des dangers qui angoissaient le plus mon entourage. J'allais affronter les mangeurs d'hommes au ras de l'eau, les jambes à nu! Une amie, qui me voulait du bien, m'avait longuement parlé des morsures terribles de requins, des victimes récupérées dans les mers du Sud avec un bras ou une jambe en moins, la hanche arrachée, l'épaule ouverte. Quand on les retrouvait.

Peut-être ont-ils été attirés par l'odeur du sang? Mon sang que j'ai allègrement répandu tout autour de la nacelle il y a quelques heures? Je rebrousse chemin. J'essaie de me raisonner, de ne pas penser aux injonctions de Marie-Rose :

« Regarde toujours derrière toi! S'il y en avait un qui allait te croquer le mollet sans prévenir! » Ces recommandations, qui ressemblaient trop à celles que font les mères à propos de tout et de rien, me faisaient sourire. Mais, maintenant, je me hâte, et je regarde devant, derrière, sur le côté, si un aileron ne surgit pas brusquement à quelques centimètres de mes jambes.

J'essaie de ne pas trop me précipiter. Mon équilibre, en ces jours difficiles, est déjà si précaire. Heureusement, je n'ai jamais vu *Les Dents de la mer*. Je n'ai rien voulu lire sur les requins. Je n'ai même pas pris de fusil comme on me l'avait conseillé. Je crois toujours, comme je l'ai déjà dit, à mon pacte de non-agression. Je sais que peu de requins attaquent d'emblée l'homme. Enfin... On m'a dit aussi qu'ils étaient le plus souvent solitaires. Et là, j'en vois deux d'un coup! Peut-être y en a-t-il d'autres aux alentours?

Je ne veux pas le savoir. Rémy, ce n'est pas le moment de flancher. Concentre-toi sur tes skis, sur les vagues. Rapproche-toi paisiblement de ton refuge, comme si tu revenais simplement pour le « dîner ». Regarde : les anatifes te tendent leurs doigts accueillants. Dans quelques minutes, tu seras en train de déguster ton plat préféré...

Enfin, la nacelle!

J'attrape le portique. Je souffle un grand coup.

Et puis, dans mon énervement, je glisse en m'extirpant des skis. Je tombe à moitié dans l'eau. Mon Dieu, ma main! La blessure est à peine refermée et chacun sait que les requins sentent le sang à des milles à la ronde. Je vais attirer le troupeau entier! Je jette un coup d'œil rapide. Ils sont toujours là. A quelques dizaines de mètres de moi. Ils ne semblent pas plus curieux que ça, gardant leurs distances. Peut-être suffit-il que je garde les miennes pour que tout aille bien.

Je me force à agir sans trop de hâte. J'accroche mes skis correctement, je vérifie deux fois mon attache de sécurité. Et enfin je m'affale sur le dôme de la capsule. Je décide de ne plus m'occuper de mes inquiétants visiteurs. Chacun pour soi maintenant. J'ai tant et tant de corvées à assurer avant la nuit pour ma simple survie! J'ai renoncé, après de multiples bricolages, à faire voler le petit cerf-volant de rechange. J'ai tout essayé : il ne tient pas la route. Mais il y a plus urgent. Pour pallier mes vertiges éventuels pendant la marche, je vais essayer de confectionner des haubans longitudinaux qui me maintiendront en avant et en arrière pour m'aider à tenir l'équilibre sur mes skis.

Il faut aussi que je me replonge dans mes cartes de l'Amérique. Je dois me rendre à l'évidence. D'après mes derniers points, ma route zigzague un peu en direction de l'Amérique du Sud, et si je continue ainsi, c'est dans la mangrove et les marécages d'eau saumâtre de Boca Grande, au Venezuela, que je vais me retrouver. Je pense pouvoir éviter cela, mais dans mon état, je n'arriverai jamais à remonter aussi haut que je l'avais prévu au départ. Il me faut faire une croix sur les Antilles françaises et retrouver, s'il n'est pas trop mouillé, mon dictionnaire anglais. Avec beaucoup d'obstination et un peu de chance, je devrais pouvoir arriver à la Barbade. Viser la Martinique m'obligerait à des efforts démesurés, dangereux, et rallongerait mon voyage de je ne sais combien de jours.

A ce moment de mon périple, je ne me rends pas vraiment compte que je suis à bout, mourant à petit feu, mais je réalise que vingt-quatre ou quarante-huit heures de plus peuvent m'être fatales. Le tout sera de ne pas louper l'île de la Barbade, assez petite, et dont je n'ai pas les cartes détaillées.

Un coup d'œil vers le large pour surveiller mes visiteurs du soir. J'espère qu'ils me sauront gré de ne pas avoir encore goûté une seule tranche de leurs congénères, même au beurre blanc... Les ailerons noirs m'accompagnent toujours. Ils ne se rapprochent pas trop. Mais ils me suivent, à moins qu'ils aient une affaire à régler dans mon voisinage, mais la coïncidence est troublante...

Ils vont me suivre quelques heures ainsi. A la nuit tombante, épuisé, je suis allé dormir. Sommeil haché, où je me retournais sans m'assoupir, pour moultes raisons, parmi lesquelles je ne voulais pas voir figurer mes hôtes indésirables. Mais leur ombre menaçante planait autour de moi, même si je m'interdisais de sortir dans le noir pour surveiller d'hypothétiques abordages.

De toute façon, sur cette mer que je commençais à comprendre, sans vraiment la connaître encore, malgré mes quarante-sept jours de périple, une menace de mort planait en permanence. Elle pouvait venir d'un souffle s'amplifiant là-bas à l'horizon, d'un bouillonnement proche, d'un bruit difficile à identifier mais différent du grondement habituel, aussi bien que de l'un de ces corps sombres se profilant entre deux eaux. Le risque et la peur faisaient partie intégrante de mon univers.

Seul perdu sur des milliards de mètres cubes d'eau salée, je vivais en alerte perpétuelle, tous mes sens aux aguets, un peu comme ces prisonniers que l'on forçait à avancer dans des champs de mine, où le moindre mouvement, la moindre étourderie pouvait signifier leur fin. Le danger était dans l'air, dans les éléments, et même au fond de moi.

Je me sentais comme le condamné (condamné à mourir de faim, j'en avais parfois l'effrayante certitude), dont les murs de la cellule se resserraient chaque jour un peu plus, jusqu'au moment ultime où il étoufferait, faute de place pour vivre et respirer.

Heureusement, j'étais parti seul!

Une telle traversée à deux, jamais! Il aurait fallu que je connusse l'autre à fond. Et encore! A deux, la vigilance diminue, les efforts aussi. Chacun compte sur l'autre, et c'est ainsi que les accidents arrivent. Et puis, la promiscuité à bord d'un bateau, et *a fortiori* d'une minuscule nacelle du type de la mienne, peut déchaîner les pires instincts, dévoiler des aspects de la personnalité restés jusque-là soigneusement cachés, une agressivité latente qui peut gonfler et exploser. Pendant une des dernières Mini-Transat (course à travers l'Atlantique sur les voiliers de 6,50 mètres maximum), deux coéquipiers qui traversaient en double, en sont venus à se détester d'une telle haine qu'ils ont sorti les couteaux et se sont sérieusement blessés.

Je repense souvent au *Radeau de la Méduse*. Livrés à eux-mêmes sur un espace réduit, sans autorité pour les guider, sans aucune discipline, les cent quarante-sept naufragés du célèbre radeau n'étaient plus que treize quand un navire croisa leur route, après treize jours seulement à la dérive. Il y eut certes de nombreuses noyades, dans la tempête qui broya le radeau les premiers jours, jetant à la mer les seules provisions emportées (quelques agrumes et biscuits et de l'eau). Mais comment expliquer autrement que par une hystérie collective cette folie qui poussa les survivants, dès le troisième jour de jeûne, à se jeter sur un des cadavres pour le dévorer?

Jamais, même en ces jours terribles de la fin de ma traversée, où mes forces me lâchent faute de nourriture, je n'ai pensé que j'aurais pu craquer au point de manger de la chair humaine. Je me suis demandé, si, dans cet état de survie au dernier degré, même en pensée, je ne pourrais pas, traversant avec un ou une amie, convoiter une partie de son corps, m'en délecter dans un délire éveillé, comme c'était arrivé à Lucien Schiltz et Catherine Plessz, vingt-cinq et dix-neuf ans, naufragés en Méditerranée, après douze jours de dérive dans leur canot de sauvetage. Honnêtement, je ne le pense pas. D'abord parce que je n'aime pas beaucoup la viande, mais ce n'est pas un argument car, par manque de protéines sûrement, j'ai aussi rêvé de saucisses et de côtelettes durant ma traversée.

Mais aussi, parce que mon estomac était devenu si faible, à force de ne pas travailler, que mes désirs de nourriture dans les derniers moments, tournaient surtout autour d'aliments prédigérés, genre petits pots pour bébés. Enfin, parce que toute la préparation psychologique que je m'étais imposée à terre avant le départ, visait justement à me prémunir contre ce genre de dérèglement mental.

Quand je m'éveille le 17 mai, après une nuit très agitée, les requins ont disparu.

Un autre miracle m'attend sur les filets. Une nuée de petits poissons volants jonchent le trampoline. Je les ramasse : vingt-quatre en tout! Il y a aussi du plancton. Et puis la mer est calme. L'espoir revient. J'avale le plancton, je cuis les poissons. Je mange presque à ma faim, avant d'attaquer le dernier quart de mon périple.

Courage, Rémy, tu tiens le bon bout! La terre est là, même pas à 1 500 kilomètres devant tes skis. Tu vas gagner! Tu ne peux pas échouer si près du but! J'ai retrouvé le livre de Bombard au fond de la nacelle. Je vais pouvoir me servir de ses indications sur son atterrissage à la Barbade en 1952. Il faut que je vise le nord. Pour cela, je dois marcher, augmenter la cadence si je le peux. Ces derniers jours, je marchais six à huit heures par jour seulement, contre huit à douze heures la semaine précédente. Il faut que je m'accroche.

Je les ai faites, ces huit heures par jour. Du moins jusqu'au 20 mai.

Mais à quel prix! Sur mon journal de bord, les mots témoignent : serrés, précipités, désordonnés.

Chaleur torride le 18 mai. Je vomis. Les poissons volants

ne passent pas. J'écris : « C'est très dur, terrible, tout mouvement prend une éternité. » Mal au cœur, mal, mal partout. Je m'arrête souvent de marcher. Je dors au pire de la chaleur. Un des distillateurs débloque, je bois de l'eau salée. Heureusement, j'ai des réserves. Je réussis à le remettre en route : du sel accumulé sur l'absorbant noir du bas du dôme s'était mélangé à l'eau distillée.

La chaleur s'accentue. Je ne peux plus marcher l'après-midi, je crains aussi la déshydratation. Alors je dors, essayant de récupérer mes nuits infernales : je change de position des dizaines de fois, car mes os me font atrocement souffrir, en frottant sur le caillebotis où je repose. Je marche le matin, je marche le soir. Fourmis dans les jambes, vertiges, pauses fréquentes. Je marche, je marche toujours, peinant, titubant, mais glissant héroïquement sur mon océan de souffrances.

Mais à ce rythme-là, je crains de mettre trop de jours pour atteindre la terre. Pourtant, d'après mes longitudes observées, j'ai déjà avancé plus vite que prévu. Je devrais m'en réjouir, mais cela produit sur moi l'effet inverse : j'ai encore plus hâte d'en finir!

Mal au ventre, mal au cœur. Ne pas désespérer.

20 mai. Toujours rien dans le ventre, que de l'eau. Pourtant j'avance toujours, plus vite même depuis ce matin, car un vent fort me pousse. Il faut que je bouge, que je me sauve d'ici, de cette étuve où j'étouffe mortellement. Je suis sur la bonne trajectoire, j'en suis sûr, d'après mes derniers relevés. Je vais bientôt m'échapper de cette prison.

Crampes d'estomac insupportables. Je me sens mal, je veux vomir, mais rien ne sort. Je n'ai rien à rendre. Quand cette torture cessera-t-elle? Je bois par petites quantités, mais très souvent, à la fois pour étancher ma soif qui ne cesse presque jamais et pour économiser l'eau. Quand je me repose, je ressens sans arrêt le besoin d'uriner, alors, pour éviter de me lever à chaque fois pour de si faibles quantités, tant chaque mouvement est pénible, je fais quelques gouttes dans l'éponge que je rince après. Détails sordides, petites misères de ma vie quotidienne.

Faim intolérable. Mal au ventre. Nausées. Je me tords à nouveau mais en vain. je vomis, mais il n'y a presque rien. Toujours aucun poisson à manger. Ça n'a plus d'importance. Je ne pourrais pas les supporter de toute façon.

Je suis à bout. J'implore Dieu.

Confiance, Rémy, cramponne, cramponne.

Pause. Marche. Pause. Marche.

Je combats la faim et la peur aux limites de l'épuisement physique et nerveux.

Je marche dans un état second sur cette mer de feu et de folie, où le soleil me brûle, où je deviens incandescent. Je me contemple comme si j'étais un spectateur étranger, petit homme gonflé d'espoir et de peine, marchant au niveau de l'eau, disparaissant dans les creux de l'océan et puis réapparaissant, toujours debout. Si les enfants qui m'applaudissent d'habitude sur la scène, dans mes habits de lumière, dans l'aura de rires et de bonheur que mes instruments et mes artifices engendrent, me voyaient ainsi... Ce que je vis est inimaginable. Comment pourrai-je le raconter à terre?

Dans les tourbillons du vent et de mon imagination, à l'horizon, je vois grandir une croix, une arche dorée. Je retrouve mes mots magiques, je me raccroche à mes bouées mentales, aux phrases d'autosuggestion que je sais les plus stimulantes. J'essaie de provoquer, de faire monter en moi cette énergie qui me fuit. Je la visualise, de même que j'imagine mon arrivée. C'est une lumière blanche, une étoile brillante qui sort de mon plexus solaire, une boule de feu qui m'emporte comme la foudre vers cette arche qui se dresse à l'ouest, comme un gigantesque arc-en-ciel qui surgirait des tréfonds de l'Atlantique pour m'encourager, me montrer la voie.

Même le plus endurci des hommes, le plus héroïque, a parfois besoin, dans une solitude totale, en pleine détresse, de se raccrocher à un flotteur divin. On a vu des athées notoires invoquer Dieu au moment de l'agonie. Moi, je ne crois pas en un dieu précis, mais plutôt au dieu des panthéistes, une entité divine qui serait l'univers, qui serait la terre, le ciel, la mer. En somme, je vois Dieu partout.

Je crois aussi et surtout en l'homme, en son avenir, en ses immenses possibilités cachées, qui relèvent sûrement du divin. Pendant ce cauchemar interminable, j'étais comme pris dans la masse des eaux, poussière de chair au milieu des vagues, funambule en équilibre instable. Crevant de faim et de soif. Se mourant de fatigue extrême. Mais tendu, arqué vers un seul objectif, la terre ferme, quelque part, là-bas, droit devant. Dans cette quête du Graal, je voyais naître en moi un homme nouveau, plus fort, plus sûr de lui, plus calme. J'avais contribué à le forger et la mer et la solitude l'avaient fait grandir. Il m'étonnait, ce géant! Mais comme il était fragile encore! Je devais sans arrêt lui tenir la main, le stimuler.

Comme en réponse à mes réflexions, l'horizon se déchire. Très loin vers l'Amérique, quelque chose se prépare. L'espace vers lequel je cours est bleu-noir, il plonge dans la mer en volutes sombres, dans une brume d'orage.

Planant à une vitesse folle au-dessus de l'encre des flots, un énorme oiseau vient d'apparaître. En quelques secondes, il est sur moi. Solitaire. Lugubre.

Est-ce l'un de ces puffins voyageurs, migrant de l'hémisphère Sud vers le Nord, dans son périple sans fin en boucle autour des océans? Ou est-ce un oiseau de la tempête, un de ces impressionnants pétrels fulmars qui ne se plaît que dans la tourmente?

Que veut-il me faire comprendre? Il tourne au-dessus de moi et de la nacelle, puis plonge au ras des vagues, fendant les crêtes d'un battement de ses ailes immenses.

Que cherche-t-il? Il s'élève dans les airs, puis revient voler sur la cime des vagues, décrivant des cercles de plus en plus rapprochés autour de mon petit univers.

Le ciel tombe au loin, l'oiseau fonce sans raison.

J'ai peur.

J'ai faim.

Je suis retourné à la nacelle. J'ai saisi l'épuisette.

L'oiseau s'est enfui.

Oiseau, je ne sais pas qui tu es, ce que tu voulais.

Mais quand je serai arrivé, c'est promis, je te planterai un arbre.

17

Mon cœur craque dans la tempête

Encore une fois, ça gronde et ça roule dehors. Recroquevillé dans ma capsule, je somnole, essayant d'oublier les dix mille loups hurlants qui me cernent.

La vague a éclaté comme le tonnerre.

L'instant d'après, je suis en plein dedans. Trou noir. Mon sarcophage est à l'envers. Je gis sous mille objets que j'avais presque oubliés. L'eau a giclé de partout, par les aérateurs et par le joint de la bulle insuffisamment étanche.

Je ne veux pas mourir!

Poussée par le vent violent, la nacelle a presque sanci. Elle se stabilise, couchée sur le côté. C'est la quatrième fois depuis le début de la tempête. Mais cette fois-ci, les minutes s'étirent, interminables. Déjà cinq minutes au moins. J'attends que mon refuge revienne à l'endroit sans rien pouvoir faire, coincé dans ma capsule où tout s'emmêle. Impuissant, affolé, je tâte pour évaluer le désastre : l'eau s'est infiltrée partout, plus rien n'est sec. Dans quel état vais-je retrouver les installations extérieures à la capsule! Les vagues cognent, s'acharnent. Ai-je bien attaché les skis? Ai-je bien fermé le sabord?

J'étouffe, à moitié enseveli sous mes affaires trempées, la tête émergeant à peine de tous ces objets.

Enfin, au bout d'une dizaine de trop longues minutes, la nacelle se redresse d'elle-même. C'est fini. J'ouvre rapidement la bulle, j'examine en une seconde l'état de mon engin de survie avant qu'une vague ne vienne de nouveau tout submerger. Apparemment une pagaie brisée, mais c'est tout.

Je m'écroule dans mon tiroir plein d'eau salée. J'ai soif. Je veux siphoner un peu d'eau douce du bidon de réserve, mais rien ne sort. Plus d'eau! Elle a dû s'écouler par le tuyau de prise d'air. Tant pis, on verra demain.

Je ferme les yeux. Je noie mes angoisses sous une brume d'indifférence. J'essaie du moins. J'ai mes boules Quiès, mais la mer hurle toujours dans ma tête.

Dormir.

On est le 22 mai. Trois heures du matin. Depuis deux jours, la tempête me réduit à l'état de naufragé impuissant. Mes distillateurs ont éclaté sous les déferlantes. La ligne de vie a été arrachée et le tuyau plastique qui l'entourait traîne dans la mer. La radio et la lampe néon sont mortes. Il ne me reste plus que la lampe frontale qui a parfois de faux contacts. J'avais pourtant étamé toutes les jonctions avant le départ. Et la lampe torche? Morte elle aussi. Elle ne m'aura servi qu'un soir. Peut-être s'est-elle rallumée quand je l'ai rangée. Même pas question d'utiliser un mini chargeur solaire en ce moment. Tout d'abord, il ne charge que deux piles à la fois alors qu'il m'en faut quatre. Et ensuite, où est le soleil? Dans le ciel noir et gris, pas la moindre étincelle d'espoir.

Je n'ose pas mettre le nez hors de ma capsule. Puanteur de la dérive des corps. Des effluves de pourri sortent de mon ventre, se mêlent à l'odeur affreuse des poissons volants qui moisissent dans un sac en plastique.

Je vomis. En un éclair, j'ouvre la bulle. La mer m'arrache mes derniers sucs. Je crache une salive jaune qui me brûle au passage. A chaque spasme, j'ai l'impression que je vais m'évanouir. Parfois, je tente de m'endormir, mais j'ai toujours peur de ne pas me réveiller. Alors j'attends, je ne sais quoi, rampant dans mon cachot, me demandant si les volumes gonflables vont pouvoir tenir encore longtemps, si le prochain chavirage ne sera pas définitif.

Soudain, la tempête est en moi. C'est mon cœur qui craque maintenant. Il bat comme un fou, de plus en plus rapide, de plus en plus fort.

La tête au bord de la bulle, je tente de respirer profondément, de calmer cette course terrifiante. Mais c'est pire. Mon corps entier tressaille.

Je me soulève et je retombe en vomissant.

Ma tête tourne, mon cœur m'échappe...

Moi qui n'avais jamais voulu envisager ma mort, je hurle. Ce n'est pas possible que le mal de mer puisse rendre aussi malade un être humain, le réduire ainsi à moins que rien, le faire geindre et ramper comme un animal, toute raison enfuie! Je ne veux pas finir dans cette boîte, couvercle scellé par des milliers d'anatifes, mer dessus, mer dessous, partout.

Je ne veux pas mourir. Il faut que je fasse quelque chose. On m'attend à terre. Fini de jouer! Je n'en peux plus.

Râles, cris et gémissements. Ce doit être de moi que viennent ces bruits incontrôlables. Est-ce cela l'agonie?

Mon Dieu, faites que je m'en sorte! Je ne sais pas quel dieu j'invoque, mais cette fois-ci, ce n'est pas moi que j'adjure. C'est la mer, l'espace, ce ciel où tournent des vents déments, cet océan d'où vient l'enfer. C'est tout ce que je ne comprends pas, c'est l'inconcevable, le suprême, l'infini.

Que puis-je faire?

Je ne suis plus maître de moi-même. Mais je respire encore et je me persuade que seule la respiration permettra à mon corps affolé de se reprendre. Alors, j'inspire, j'expire, je me force et, en même temps, je prie. Ce sont des mots qui sortent de mon cœur et cela m'aide aussi. Puisque je n'ai plus la maîtrise de mon voyage pour l'instant, j'invoque l'Être suprême qui me sauvera, calmera les éléments, me permettra de continuer.

Nuit jamais achevée.

Des voix me hantent au milieu de ma fièvre. Elles viennent de loin. Ce sont des murmures presque inaudibles, comme si des êtres rôdaient autour de la nacelle sans vouloir me réveiller. J'ouvre les yeux et ils disparaissent. Mais le cauchemar que je vis est pire que mes songes et je sombre à nouveau.

Maintenant, des lutins dansent sous mes paupières. Je fais

la fête dans la forêt. Je me suis endormi au pied d'un arbre d'avoir trop chanté, trop bu.

Une minute passe. Sans fin des vagues me tombent dessus. Les lutins s'enfuient. Ils ont peur des anatifes. Ces horribles pousse-pied ont envahi la clairière tout autour de moi. Ils ont fait mourir la végétation et ils prolifèrent, poussant comme des champignons autour de mon arbre.

Ophélie, la noyée de la légende est à côté de moi. Elle m'offre une pleine brassée d'anatifes. Elle a le sourire de Marie-Rose : « Aphrodisiaque, murmure-t-elle. Mange, cela ira mieux. Tu sais qu'il y a de riches amateurs qui les paient jusqu'à huit cents francs le kilo dans le restaurant où je travaille, à Madrid! »

Je dors, je délire. Mais à part Ophélie, tout est vrai. Dire que je vis depuis cinquante et un jours sur du caviar, et que je suis incapable de l'apprécier! Mais à mon retour, je serai riche! Je vais tout vendre à prix d'or. Me venger, enfin!

Une minute de sommeil. Divagations. Horreur du retour au réel. Il faudrait manger. Mais je n'ai rien, à part les poissons moisis et... les éternels anatifes. A nouveau, la nausée me retourne. La seule évocation de ces choses innommables, avec leurs filaments noirs et leurs pieds diaboliques se multipliant à une vitesse exponentielle, me soulève le cœur. Ma gorge s'ouvre comme un gouffre, mais comme je ne peux plus vomir, je me contracte pour rien, et les spasmes s'enchaînent, m'épuisent.

Couché ainsi, j'ai tout le temps de tâter le squelette que je suis devenu en presque deux mois de régime océanique. J'ai un trou incroyable à la place de l'estomac, au bas des côtes où plus aucune chair ne camoufle les os. Je suis presque sûr d'avoir perdu plusieurs dizaines de kilos, vingt, trente peut-être. Pas de déchets, mon corps a utilisé au maximum le peu que je lui ai fourni, puis il a puisé le reste dans mon organisme.

Les douleurs diffusent partout maintenant.

Je dois me rendre à l'évidence : la sangsue, le poulpe, tout ce que j'évoquais pour mieux noyer la vérité, ces bêtes qui me torturaient, ce n'étaient que mes organes qui commençaient à se dévorer entre eux. Il m'en vient comme une terrible certitude.

C'est affolant. J'entends mon estomac qui se vide avec d'ignobles bruits. Mon corps se consume, mes organes s'aspirent et se détruisent les uns les autres. C'est une sensation effrayante de s'anéantir ainsi.

Je me pelotonne. Impossible de me rouler en boule dans mon cercueil, mais j'arrive quand même à replier les jambes sur mon ventre, je croise mes bras sur ma poitrine.

Les vagues s'écroulent autour de moi. De l'eau suinte par la bulle. Je suis dans un sous-marin, je suis dans le berceau de Moïse. J'attends, je respire lentement, j'essaie par mon immobilité d'exorciser ma peur.

J'attends. Je voudrais pouvoir renaître.

Deux jours durant, je suis resté enfermé ainsi dans la capsule. Des vents de quatre-vingts à cent kilomètres/heure soufflaient sur l'Atlantique et emportaient ma nacelle vers le sud-ouest sans que je puisse rien faire. Mon corps et mon esprit étaient si faibles que je perdais toute notion du temps. La nacelle bouchonnait, et moi j'étais chahuté comme dans un panier à salade.

Enfin, au matin du 25 mai, le jour se lève sur une mer livide, écumante, mais plus calme, semble-t-il.

Je me dresse dans un effort immense. Une orphie aux reflets fluorescents s'est échouée sur la nacelle. Je retrouve une énergie oubliée. Je me précipite, j'arrache sa tête pointue comme celle d'un espadon, et je la croque toute crue avec les arêtes, la tenant à pleines mains, m'en fourrant plein la bouche, avalant comme je peux, en essayant de ne pas m'étouffer. Pas une seconde, je n'ai pensé à cuire cette manne divine. D'ailleurs, aurais-je vu la différence? J'avais tellement faim.

Je décide de marcher. La seule façon de me sortir de cette léthargie mortelle. Marcher, c'est vivre pour moi. Dans le trou fœtal de ma capsule, je régresse, je me ratatine. Je ne serai bientôt plus qu'une momie. Si salé que je tiendrai certainement des siècles sans produit de conservation. Pas besoin de me congeler, moi, comme le font certains américains en attendant des jours meilleurs. J'ai trouvé la solution la moins chère et la plus expéditive : la saumure de l'Atlantique...

Mais ce n'était pas en situation de naufragé passif que je voulais traverser. Je ne sais pas d'ailleurs si j'aurais survécu dans ce cas. En essayant de maintenir en toutes circonstances (sauf cas exceptionnel, comme ces quatre jours de tempête), mon rythme de laboureur de l'océan, avec ses trois-huit (huit heures de marche, huit heures de pêche et de bricolage pour la survie, huit heures de sommeil), j'ai réussi à garder jusqu'au bout la tête haute et le corps droit... Enfin, presque!

A part ma barbe fleurie et mon amaigrissement spectaculaire, je n'avais pas cette allure de gisant prostré qui accable souvent les rescapés restés bloqués sur leurs radeaux sans exercice physique. J'étais à demi mourant, mais une fois à terre, je n'aurai pas besoin de canne pour marcher comme Bombard après ses soixante-cinq jours dans son radeau pneumatique. On ne me transportera pas infirme à l'hôpital comme Romer après ses cinquante-huit jours d'homme-tronc sur son canoë.

Voir son corps mourir lentement, c'est abominable. Mais rester couché sans savoir si ses membres pourront obéir à nouveau normalement, subir cette dégradation psychique qui accompagne inévitablement le pourrissement du corps impuissant, figé à la même place, c'est une torture encore plus intolérable. On peut aussi en mourir et beaucoup plus rapidement.

Le naufragé sur son radeau réagit souvent comme une vieille personne jusque-là très active, qu'on a transportée brutalement à l'hôpital, et qui se laisse mourir. Beaucoup de naufragés meurent dans la première semaine paraît-il. Le contraste est tellement brutal, le contexte si traumatisant que le vacancier, le passager plongé soudain dans cet univers inhumain au ras de l'océan n'a pas le courage de réagir. C'est la fin du monde pour lui.

Ce phénomène peut aussi se produire à terre. C'est arrivé à un vieillard qui habitait mon immeuble, peu avant mon départ.

J'avais chanté pour fêter le centenaire de cet incroyable bonhomme, alerte, vif, rieur. Et puis, quelques mois plus tard, pour une cause médicale relativement anodine, on l'a transporté à l'hôpital. On l'a couché sur un lit de grabataire. On l'a traité comme un bébé, soigné comme un invalide. Il ne s'est jamais relevé.

Victoire! Je tiens debout.

Sans tomber, sans fléchir.

C'est mon test de survie. Je gagnerai, je le sais!

Le marcheur de l'Atlantique est à nouveau sur l'eau. Il avance, étrange silhouette squelettique à cheval sur les vagues, montant et descendant sans s'effrayer une houle démesurée, où l'ouragan a imprimé des gouffres, creusé des ornières et des crevasses.

Il serait presque heureux s'il pouvait encore sourire. Mais il a perdu ses joues et, dans les croûtes qui tirent sa barbe, les lèvres trop sèches ne savent plus badiner. Il a trop souffert.

Mais il marche. Donc il vit. Et cela suffit pour lui redonner espoir. Il avance, son regard fixe posé sur l'horizon. Le vent siffle des rengaines assourdissantes autour de lui, la mer se fend en torrents d'écume. Il danse debout sur les crêtes, transfiguré. Voyage fou.

Il marche une heure, une heure et demie peut-être. Mais, des ombres menaçantes se rassemblent au-dessus de lui. Le vent forcit. Il tombe une première fois. Pas trop méchant. Il pagaie encore, jusqu'à l'épuisement. Il déboule à trois ou quatre nœuds au milieu des grains qui le giflent et le font vaciller d'un côté sur l'autre. Il tient encore, on ne sait par quel miracle de volonté et de courage. Muscles tétanisés.

Il s'envole...

Ce n'est plus la mer qui le porte, mais le vent. Il chute. Ses jambes se dérobent sous lui, tandis qu'un geyser le fait gicler contre une montagne d'acier liquide. Le choc l'assomme à moitié. Vertiges.

Il faut abandonner, la bataille est trop inégale.

Pas de recours possible. La mer devient trop cruelle. Je dois absolument rentrer à la nacelle. Je me dépêche. La mer se creuse de plus en plus.

Vite, rentrer avant que les déferlantes ne soient infranchissables et qu'il ne soit trop tard. Je multiplie les précautions et je vérifie, pour la dixième fois depuis le début de ma marche, mon arsenal de sécurité (boucles, cordons, mousquetons).

La mer est de plus en plus dure. Sur le court trajet qui me sépare de mon refuge, je manque de tomber deux fois encore. Au moment où j'arrive à la nacelle, elle démarre brusquement sous une risée. A moitié déséquilibré, je me rattrape à un hauban. L'arrière de ma capsule monte au ciel alors que le devant enfourne et descend aux enfers. Les flotteurs ont failli piquer du nez, eux aussi, heureusement, ils bénéficient de la portance de la paire de skis de rechange.

Je m'accroche, je me hisse en pleine tornade. La nacelle tourbillonne et je dois m'y reprendre à trois fois avant de réussir à amarrer solidement mes skis. Mon équipement part morceau par morceau. Encore quelques jours d'ouragan et ma capsule explose, c'est sûr!

Je descends dans ma bulle et referme le couvercle sur une abominable odeur de pourriture. La mer est repartie pour un tour.

Pourquoi, mais pourquoi a-t-il fallu que je m'engage dans cette galère? Je le savais, pourtant, que c'était une entreprise complètement folle. Mais c'était en moi. Je n'aurais pas pu vivre non plus sans aller jusqu'au bout de ce que j'avais décidé. Je voulais être un pionnier. Le premier homme à marcher vraiment sur l'eau, à traverser la mer à pied...

J'ai faim, j'ai froid, j'ai soif.

Quand cette tempête finira-t-elle?

Pour la deuxième fois depuis mon enfance, à part quelques chagrins d'amour, je fonds en larmes. Ce sont de vrais pleurs, de colère, de souffrance, qui sortent de mes yeux sans que je puisse les en empêcher.

Je n'ai plus une goutte d'eau douce. Je bois l'eau à demi salée qui reste dans le distillateur matelas. J'aspire, sans faire attention à son goût affreux, l'eau qui croupit dans le bidon gauche préservé par miracle. Je bois ce liquide qui ressemble à de l'eau de mer. Je ne peux que boire, puis vomir. Puis boire encore.

Mais ce que j'aspire, dans ce bidon dont les tubes d'alimentation et de vidange ne sont guère étanches et, où l'eau distillée a stagné trop longtemps sous le soleil, c'est de l'eau polluée, empoisonnée.

Elle finit de me tuer.

Pendant deux jours, je suis malade à crever, je rends de la bile. Je me roule d'un côté sur l'autre pour essayer d'échapper aux contractions, pour contrer les nausées qui me coupent le souffle et épuisent encore un peu plus mon cœur.

J'ai surtout peur que mon cœur ne tienne pas. Je l'ai tant sollicité depuis deux mois.

Angoisse. Bataille. Je lutte heure par heure pour ma survie.

J'écris encore, allongé sur mes vêtements et mes affaires trempés. Soupapes. Mes cris à moi sur le papier quand je réussis à contrôler les autres, ceux que m'arrachaient les vagues dans la nuit. Des mots que je jette n'importe où, sur les couvertures de mes cahiers, à l'envers, sur des bouts de page, dans les marges, là où mon crayon réussit à se poser.

Des mots épouvantables. Que j'aurai du mal à relire plus tard, tant ils évoquent la folie, la mort.

Dans la nuit du 25 au 26, je griffonne, presque en diagonale sur une page : « Mon cœur s'emballe à nouveau. Il devient furieux, il est stressé à mort. J'espère qu'il ne va pas lâcher. Non, il ne faut pas qu'il lâche. Je tente de le ralentir, de dominer mon corps. Il faut que ça se calme. je mets ma main comme pour faire une imposition. J'ai mal partout. J'ai envie de tout casser. Calme-toi, Rémy. Courage, courage. Tenir encore, mais combien de temps? »

J'ai visité l'enfer, je ne souhaite à personne de souffrir comme j'ai souffert. Le calvaire extrême.

L'homme qui marche sur l'eau

La vague frappe sans prévenir.

Je ne tiens plus...

Courage, Rémy! Aie confiance!

Si je m'en sors, je créerai des musiques avec des paroles qui soulagent la douleur, calment, apaisent le stress, stimulent la guérison.

Si dans une danse d'enfer,
Un jour la mer démontée venait à t'emporter
Vers l'éternité des cimes d'écume,
On ne parlera pas de toi comme d'un héros,
Mais comme d'un pèlerin de l'absolu
Qui cherchait sa liberté...

18

Je meurs de sel

Je marche depuis deux mois bientôt.

J'ai l'impression d'avoir ainsi marché toute ma vie sur les vagues de l'océan.

La terre se rapproche, mais elle m'effraie maintenant. J'ai peur de ses brisants, de ses côtes hérissées de rochers où je n'aurai peut-être même pas la force de me hisser, où je vais peut-être me fracasser. La terre n'est pas toujours accueillante, vue de la mer.

Moi, le randonneur de l'Atlantique, je fais partie de l'océan. J'y ai pris mes habitudes. C'est devenu mon univers. Comme ces grands cétacés qui se meuvent en silence sous les flots pendant leur sommeil, je marche parfois en dormant.

Je marche dans du coton.

J'ai tellement la mer dans la tête, à force de jouer les funambules sur les crêtes, que j'arrive à avancer les yeux fermés pendant de longues secondes. Je glisse ainsi en aveugle, paupières closes, de lame en lame, jusqu'à ce que le bruit sourd d'une vague me fasse tressaillir. Presque automatiquement, sans stopper ma respiration paisible, j'évalue alors la force et la direction des vagues suivantes. Puis je repars pour un mini-sommeil réparateur, réglant mes pas de somnambule sur le rythme de l'océan...

Depuis la dernière tempête, qui m'a brisé les os quatre jours durant, l'Atlantique se montre plus clément. Mais il m'a moulu, vidé de mes forces, déjà bien entamées par près de huit semaines de jeûne. Je continue à marcher, mais dans un demi sommeil fiévreux, entrecoupant mes glissades de pauses de plus en plus fréquentes sur la nacelle.

En ce 27 mai 1988, cinquante-sixième jour de ma traversée, je sens la fin de mon voyage proche. Voyage au bout de la vie. Odyssée effrayante qui m'a transformé au-delà de l'imaginable. Marie-Rose, qui doit me chercher dans ces parages des Petites Antilles où je me traîne, me reconnaîtra-t-elle? Tiendrai-je encore jusqu'à elle?

J'ai vécu le pire ces derniers jours.

Rien à manger. Je raclais du plancton, je réessayais pour la centième fois de machouiller les pieds nauséabonds des anatifes. Par raison, car ces dînettes diaboliques me faisaient plus de mal que de bien. Mon corps avait besoin de protéines, mais je ressentais surtout le manque de sucre et de produits laitiers. Je délirais sur un plat que j'ai mangé cent fois avec mon père disparu, des pâtes filées, fines comme du vermicelle, et longues comme des spaghettis. Je voyais couler dessus du beurre et du gruyère fondu et je me tordais de dégoût devant les boyaux noirâtres et salés de mon plat unique. Et sur l'Atlantique, vous avez mangé quoi pendant deux mois? Du caoutchouc. Et encore, il trouvait souvent le moyen de réintégrer la mer dans les dix minutes, servant de nourriture aux poissons qui dédaignaient mes leurres artificiels.

Si je n'avais pas si soif...

Pendant des semaines, j'ai trompé ma faim en buvant l'eau de mes distillateurs. Et puis la tempête a fracassé les distillateurs solaires. Encore intact, le distillateur-matelas rendait de l'eau salée par tous ses tuyaux et, pendant quarante-huit heures, je n'ai pas eu une goutte d'eau douce. Je carburais à l'eau de mer... et au moral. Mais, le moral en a pris un sacré coup. Je savais que je dérivais, et chaque mille de dérive pouvait augmenter la distance et donc les heures et les jours qui me séparaient de la terre.

Rétrospectivement, je crois avoir atteint les limites de ma résistance physique. Empoisonné par l'eau saumâtre que j'avais ingurgité au début de la tempête, intoxiqué par l'eau de mer que je buvais toute la journée par petites gorgées, je me vidais de partout. Vomissements. Diarrhées. Mon corps explosait, se décomposait, s'anéantissait. Je mettais ma main sur mon ventre, et je sentais ces volcans, ces bouillonnements qui l'agitaient désespérément.

C'était d'autant plus intolérable que je savais qu'il n'y avait rien à digérer, rien à expulser. J'en arrivais à la conclusion effroyable que mes organes se dissolvaient, se pompaient entre eux. Comme ces plantes vertes qui, en cas de famine, absorbent leurs propres cellules dans un réflexe de survie, d'autocannibalisme, qui les aide à attendre des jours meilleurs.

Parfois, quand je gémissais comme un pauvre diable, cramponné au filet de ma nacelle, tandis que des nausées insurmontables me faisaient vomir une bile salée, jaunâtre, je pensais qu'il serait si facile de se laisser rouler dans la mer. Mais je m'accrochais, têtu, à la folie.

Petit homme trop présomptueux, cesse de lutter, tu te tortures en vain, laisse-toi couler, endors-toi pour de bon, semblaient dire ces vagues qui me lavaient.

Alors, je fermais les yeux, j'essayais de calmer en respirant profondément ce mal de mer, ce mal de l'être qui me tordait l'estomac et le corps. Je me calais comme je pouvais sur la coque instable, car je ne supportais plus l'inconfort et l'odeur affreuse du cercueil à demi inondé où je me réfugiais quand la mer déferlait trop fort. C'était sur le côté que je préférais me reposer, mais cette position en boule m'était refusée la nuit par l'étroitesse de ma capsule.

Cependant, quand j'étais ainsi calé à l'extérieur, les nausées me reprenaient encore, malgré le vent et l'air pur. Alors je m'allongeais à nouveau sur le dos ou le ventre, jusqu'au moment où le frottement de mes os à vif devenait insupportable. Il ne me restait plus qu'à me lever, et à tenter de marcher. Marcher encore. Malgré mon épuisement, la marche sur l'eau me soulageait, me faisait oublier mes souffrances à cause de l'intense concentration qu'elle exigeait.

Dans cette carcasse pitoyable, mourant de soif et de faim à côté des distillateurs cassés et des lignes de pêche où rien ne mordait, une voix inflexible ordonnait au Rémy supérieur, à ce marcheur olympique increvable, de se relever encore, d'aller reprendre son marathon. Mais superman mettait un temps infini à réagir. A partir du moment où je décidais de me mettre debout, il fallait bien un quart d'heure au moins avant que mon corps gisant obéisse aux injonctions de mon esprit.

Enfin, une fois debout, harnais de sécurité enfilé, ça allait mieux. Il fallait encore faire très attention à la descente sur l'eau, car la houle restait méchante, sournoise, et je tombais souvent au moment de quitter la nacelle. Mais, je me redressais inlassablement, essayant de ne garder qu'une seule pensée en tête : ne pas flancher avant la terre, avant l'arrivée. Je vérifiais de plus en plus soigneusement mon double amarrage, l'un à la nacelle, l'autre à mes skis (au cas où le cordon ombilical aurait lâché, j'aurais toujours mes skis pour continuer) et je me lançais, fantôme vacillant, sur mon ensorcelant enfer bleu.

Nuit du 27 au 28 mai. Mer barbare, houleuse, de plus en plus déchaînée. Nuit de folie et de grandes eaux sur l'océan, nuit de petits détails abominables pour moi. A nouveau l'inondation dans ma capsule. Vêtements trempés, flotte qui dégouline sur tout le corps. Certaines feuilles du journal de bord, mal protégées, se sont transformées en pâte à papier. Je sors de ma capsule pour mieux arrimer le distillateur et essayer de rendre ma bulle plus étanche, en bricolant une protection avec l'écran solaire en aluminium. Un faux mouvement : une vague nous bouscule et tout s'envole. Je tente un demi-plongeon, mais c'est inutile, je ne vois rien, que des furies noires qui tonnent, roulent et s'entrecroisent autour de moi, sous un vent changeant et hurlant.

La mer, je n'en peux plus! Je ne peux plus vivre ainsi!

Je sais, l'homme n'est pas à l'échelle de ta démesure. De tous temps, des pionniers, des marins ont sillonné les océans. Ils souffrent, luttent, meurent parfois pour te conquérir. Quand ils reviennent de ces corps à corps terribles, c'est toujours transformés, marqués, vieillis, usés. Ils n'oublieront jamais. Toi, la mer, tu gommes d'un coup de vent leur sillage, comme tu effaces d'un jour sur l'autre les traces de tes colères. Immuable, éternelle, monstrueuse.

Laisse-moi tranquille! Mon corps ne supporte plus ce vacarme, ces commotions, ces secousses perpétuelles, cette eau qui s'infiltre partout. Mer, je te hais pour ton indifférence, ta sauvagerie, ces milliers de vagues que tu lances sur moi et qui me changent en loque. Je n'ai même plus la force de ramper jusqu'au fond de la nacelle pour y attraper la pharmacie, essayer de surmonter, par un suppositoire, l'effroyable mal de mer qui m'assomme. Quand tu me charges ainsi, je te hais pour cet être que je deviens, gémissant, puant, comateux. Je te hais de n'être plus Rémy, de ne plus oser regarder ce corps qui me trahit...

28 mai. Pardonne-moi, la mer! Pardonne-moi pour ces poissons volants qui pourrissent dans un linge mouillé à côté de moi : je ne peux les manger tant je suis malade, pourtant je ne me résous pas à jeter ces petits corps souples récupérés pendant la tempête. Quel gâchis! On écrira : « Retrouvé mort d'inanition avec deux poissons sur son flanc! »

Mon dernier point me situe beaucoup trop au sud de la Barbade. Je ne pourrai jamais remonter. J'ai essayé hier, en faisant du 315 au compas, c'est-à-dire du nord-ouest : impossible de lutter, au bout de dix minutes contre le vent et les courants, tout était encore trempé... Il faut que j'oublie la Barbade. Que je me résigne à atteindre une terre plus au sud, Trinidad je pense. Que j'accepte ces deux ou trois jours de calvaire supplémentaires.

Mais je ne pourrai pas survivre plus longtemps au régime eau de mer, que j'entrecoupe d'eau à demi salée récupérée sous ce distillateur-matelas complètement déréglé, et dans le petit distillateur rond qui me donne au compte-goutte quelques cuillerées d'eau saumâtre. Il a plu tout à l'heure. Je me suis précipité pour installer le taud de récupération. Rien, ou si peu. Le vent a bousculé furieusement quelques gros nuages noirs qui s'étaient accumulés au-dessus de la nacelle. J'ai recueilli sur le taud un liquide douteux et salé encore une fois.

J'ai lutté contre les pleurs. Je ne veux pas qu'une goutte de cette eau, que j'ai tant de mal à obtenir, sorte de moi. M'économiser. Ne pas me dessécher, tomber en poussière au milieu de toute cette eau : quelle dérision! « L'homme qui marche sur l'eau s'est évaporé sur l'Atlantique », écriront-ils. « On n'a retrouvé qu'un petit tas d'os sur la nacelle à la dérive. » Le sel m'érode pourtant. Je le sens à l'œuvre. Mes muqueuses déjà ulcérées par la faim me brûlent.

Je dessine en imagination les marais salants de mes entrailles, de mon corps tout entier. Cela commence par la bouche. Il en sort un grisou iodé et suffocant. Vapeurs salines dans lesquelles je marine. A l'intérieur, le sel s'est accumulé, sûrement. Il encrasse mes organes, mes artères, je ne suis pas loin de lui attribuer les emballements épouvantables de mon cœur. Le pire, c'est que je vois ce sel épars absorber le peu d'eau potable que j'ingurgite, l'empêcher de me revitaliser.

Je me transforme lentement en statue cristalline, en mort-vivant. Osmose... « L'homme qui marche sur l'eau a failli réussir son pari fou », raconteront-ils. « A quelques jours près. Par un étrange phénomène biochimique, il semblait avoir concentré en lui tout le sel de cette mer qu'il avait voulu défier. Sur la peau transparente où l'on devinait les os poreux et violets, une couche de sel s'était déposée, gardant intact le corps du malheureux skieur océanique... »

Je meurs de sel, de trop de sel.

La mer me ronge et se venge. Mais qui es-tu donc, Rémy, pour oser affronter ainsi l'Atlantique à pied? Tu te crois arrivé, mais rien n'est jamais acquis sur l'océan. Ton royaume, pauvre musicien ambulant, c'était la terre, les chemins d'herbe et les champs de blé. Tu aurais mieux fait de continuer tranquillement tes spectacles, au lieu de t'inventer sur les flots un orchestre de steel-band que ton corps décharné ne verra peut-être jamais. Les bougainvillées des Antilles ne fleurissent que dans ta tête. Bientôt ta flûte jouera seule pour l'éternité dans ce désert d'eau et de sel qui n'a jamais été fait pour toi...

29 mai. Je revis. J'ai réussi à fabriquer à nouveau de l'eau douce. J'en bois deux ou trois gorgées à la fois. Je me rationne, mais j'ai du mal. C'est la meilleure boisson du monde, elle coule comme de l'eau de source dans ma gorge. C'est un délice inouï. Jamais, je n'ai bu liquide aussi réconfortant. Extase. Il me faut si peu de chose maintenant pour être heureux. Et il en aurait fallu si peu tout à l'heure pour que tout s'inverse irrémédiablement...

A force d'inspecter le distillateur-matelas, j'ai réalisé que la façon dont il était fixé pouvait être à l'origine de cette invasion d'eau de mer qui polluait l'eau distillée. J'ai donc décidé de l'installer en un endroit moins exposé aux vagues, sur le ponton arrière de ma nacelle. Et puis, au moment où je bricolais, la nacelle a escaladé violemment une crête, s'est à demi couchée. Le distillateur allait sombrer avec moi! Au dernier moment, elle s'est redressée. Ce n'était pas encore pour cette fois, le grand plongeon!

Secoué de frissons, nauséeux à nouveau, j'ai rapidement terminé mon installation. Pour constater le miracle quelques heures plus tard : de l'eau douce, ma potion magique! Il ne m'en fallait pas plus pour tenir. Eau et moral de fer : j'irai jusqu'aux confins de l'océan, même si la terre continue à reculer devant mes skis.

Un pas, deux pas, deux mille pas, deux cent mille pas. J'arrive au bout de mon défi : deux millions de pas... Quelle jubilation quand je sors ma règle graduée de randonneur des mers. Le piéton de l'Atlantique, marchant, glissant, trottinant, titubant, volant et se traînant, ajoutant un pas de galérien à l'autre, additionnant ces victoires minuscules, a tout de même parcouru quelque 5 300 kilomètres d'océan!

Je crispe mon front où les sillons de mon martyre se sont inscrits en rides profondes. Je me stimule en pensant encore une fois aux naufragés, volontaires ou non, qui sont passés par là. Je tiendrai. Je terminerai ma traversée. Tout à l'heure, j'ai fait le point. Mon sillage me plaçait presque pile sur le dixième parallèle, celui qui traverse le Venezuela. Bof! Je ne suis plus à un degré près! D'accord, j'ai encore dérivé vers le sud. Il va falloir batailler pour atteindre Trinidad, cette grande île indépendante, la dernière avant l'Amérique du Sud. Mais je ne peux plus divaguer très loin. Le pire qui puisse m'arriver, c'est de me retrouver dans quelques semaines en train de marcher sur les crocodiles de l'Orénoque, à moins que je n'aie atteint l'Amazone entre-temps! Peu importe, rien ne m'effraie plus. Je suis devenu immortel...

Je glisse sur mon océan lumineux où les oiseaux sont de plus en plus nombreux à m'accueillir. J'ai cru voir un aileron noir rôder au loin, mais je n'en ai cure. Mon destin est là, dans la minute de mes pas, dans la routine de mes réflexes de survie.

Parfois, je me dis que je pourrais marcher ainsi des années. Ou que j'ai déjà marché des mois, des siècles. Mon temps n'est plus celui des terriens. C'est un curieux amalgame d'heures où les jours et les nuits se mélangent. Je n'arrive plus à dormir vraiment qu'une ou deux heures d'affilée, et quand le soleil fait bourdonner mes tempes, je m'assoupis, un bandeau noir sur les yeux. Un sommeil inquiet, léger, d'où j'ai peur de ne jamais sortir. J'erre entre deux songes, sans avoir le temps de rêver vraiment (je ne me souviens d'aucun rêve fait à ce moment). Et je me demande si je m'éveillerai jamais de ce cauchemar interminable.

Aujourd'hui, quelque part, très loin, sur la terre d'où je viens, c'est la fête des mères. Ma mère pense à moi. Je l'évoque comme un souvenir très doux, irréel. Heureusement qu'elle ne peut voir ce fantôme hagard où seul l'esprit tient encore en état de marche un corps à la dérive!

Je croise de curieuses méduses violettes, semi-sphériques, avec de longs filaments gélatineux qui pendent sous l'eau. Un petit amas d'algues flottantes au loin. Et s'il cachait des crevettes, des crabes, quelque chose à manger enfin... Je délire en me hâtant vers mon paquet surprise. Mais le courant l'emporte avant que je parvienne à sa hauteur.

Du vacherin glacé, de la compote de pommes, du jus de raisin à flots... Je ferais n'importe quoi pour sentir du yaourt liquide couler dans ma gorge, cette gorge irritée où l'eau de mer a de plus en plus de mal à passer. En arrivant, je ferai des orgies de chocolat au lait très sucré. J'ai ma liste dans la capsule, elle s'allonge tous les jours. J'ai décidé de manger en rentrant tous les plats que j'ai notés.

Et maintenant, tirer une droite foudroyante pour fendre les vagues, et filer vers cette terre que je redoute et que j'espère tant. C'est la fin Rémy, tu vois le bout! Ne lâche pas dans les derniers milles. Dans moins d'une semaine, dans quelques jours si les courants et les vents t'aident à voler sur l'eau, tu auras réussi, réussi, réussi...

30 mai. « Rémy, Rémy! »

Je me retourne. J'ai entendu une voix féminine crier dans mon dos... Marie-Rose, déjà?

Mais à perte de vue, l'océan scintille et moutonne, sans qu'aucun signe à l'horizon puisse permettre le moindre espoir de rencontre. Quand je suis dans la capsule, je branche toujours ma VHF. Elle marche, enfin je le crois, mais je ne capte rien. Et personne n'entend mes appels.

Le zombie reprend sa marche vers l'ouest, fil de chair fragile tirant son îlot de survie. Il a les yeux dans le vague, il ne sent plus ses jambes, mais il fixe intensément l'horizon, et, il avance à n'y plus rien comprendre, encore et toujours, faisant résonner pour la millième fois dans sa tête douloureuse la frénésie de l'arrivée.

La pagaie frappe l'eau. Il a du mal à l'arracher des vagues, à la relancer bien droite. Mais il met toute son énergie pour garder l'équilibre dans ces mouvements tant de fois répétés depuis deux mois, il s'escrime à orienter sa marche pour tenter de rattraper un peu de nord-ouest, il s'acharne à guider la pagaie pour qu'elle ne s'affole pas, il laisse ses pieds s'écarter, mais leur ordonne de lui obéir encore, de tenir encore et encore...

A demi conscient.

Balbutiant quelques mots d'encouragement.

Et continuant sa route héroïque, soutenu par sa rage d'arriver, sa rage de vivre, sa fureur de vaincre.

S'il ne chute pas, ce n'est pas un miracle. C'est parce que

ses dernières forces sont tendues pour éviter ce désastre, auquel il ne survivrait pas, auquel il ne survivrait plus. Il a énormément ralenti le rythme ces dernières heures, c'est comme s'il décomposait chaque mouvement, l'analysant avant de lui donner le feu vert.

Il est tout simplement mourant, mais il ne s'en aperçoit pas. Ultime frontière du possible et de l'épuisement.

Plus rien ne compte pour lui, sinon avancer, toujours debout, avec l'espoir fou que son cœur, que son corps tiendront jusqu'à la fin, malgré le labeur inhumain qu'il leur impose.

Je crois que je serais mort à la tâche si l'horizon avait continué à me cacher la terre. Jamais je n'aurais appelé au secours par la balise Argos. Il suffisait pourtant de tirer sur un petit cordon rouge en boucle. Mais cela, je me l'étais interdit depuis toujours. Déclencher Argos, c'eut été échouer. Et tant que je tenais debout, je pouvais réussir. D'ailleurs, j'allais gagner : je me rapprochais de Trinidad. Encore 300 kilomètres environ : j'étais presque arrivé.

J'avais réussi à remonter au-dessus du dixième parallèle, ce qui chassait l'effrayante vision des marécages des bouches de l'Orénoque, piège de vase et de fièvres d'où je ne serais sûrement pas ressorti vivant. Il ne me restait qu'à bien calculer mon approche. D'après ma carte des courants, j'avais dû rejoindre le courant chaud sud-équatorial. C'est lui qui me portait vers mon île. Le seul risque, c'était de passer entre Trinidad et Tobago plus au nord et de continuer sans voir la terre sous le soleil de plomb de la mer des Caraïbes.

Confiance, Rémy, tu vas t'en sortir!

Nuages énormes dans l'après-midi, cumulus titanesques, le ciel est noir sur des kilomètres de hauteur. Chaleur oppressante, angoissante. J'ai peur de l'orage. Je me sens trop vulnérable. Je ne sais pas si je résisterai à un nouveau déferlement, à de nouveaux chavirages, aux vagues qui inondent la nacelle.

Et puis, soudain, la pluie!

Dieu est avec moi, je le savais!

Vite, j'attrape le taud de récupération. Je l'accroche aux quatre haubans. L'eau tombe du ciel, des cataractes.

Je m'accroche au portique. J'aspire à même le taud les premières gorgées sans compter.

Malédiction! Je crache en maudissant à nouveau ce sel qui envahit tout! C'est de l'eau saumâtre, plus détestable encore que de l'eau de mer!

Je vomis maintenant. Bien sûr, j'aurais dû attendre.

Brûlures intérieures, vomissements à nouveau.

J'ai froid, je frissonne de fièvre et d'horreur. Spasmes, bile verdâtre, mon corps est plein d'ennemis, et je n'arrête pas de me vider. L'eau que j'ai ingurgitée ces dernières heures, et puis je ne sais quoi, mes tripes, mes boyaux, de la salive. Je vomis la mer, et la mer m'emporte dans un ruissellement de sel et de pluie. Je ne peux plus arrêter cette nausée qui tord mon cœur, envahit mon cerveau.

Debout, Rémy! Domine-toi!

Tu as de l'eau douce maintenant.

Cinq litres au moins! Plus qu'il n'en faudra, je l'espère, pour atteindre la terre.

Mais j'ai faim.

Je suis si faible.

19

Sauvé! J'ai traversé l'océan!

On dirait que la mer me parle : brouhaha de voix d'enfants. Petits cris, murmures. Bruissement des vagues sur un écho de plaintes et de sons étouffés.

Je me réveille à moitié d'un sommeil lourd et bourdonnant de mille maux. Ce matin, 31 mai, j'ai marché quelques heures puis j'ai été obligé de me coucher, pour chasser la fatigue et m'épargner le grand soleil.

Je me relève, je me hisse comme un somnambule, à demi conscient, hors de la bulle, pour découvrir d'où viennent ces voix grinçantes, à la fois puériles et graves. Je ne m'attends pas à voir des hommes. Je me sens encore trop loin d'eux. Et puis, ne m'ont-ils pas ignoré pendant toute ma traversée? En revanche, je ne serais pas étonné de trouver, installés sur les flotteurs, une colonie de gnomes ou d'elfes, comme ceux qui hantaient mes rêves de petit garçon.

Mais il n'y a rien. La rumeur cesse brutalement quand je sors de ma tanière.

Je me rallonge à même le plancher de la capsule et, je m'apprête à glisser à nouveau dans cet engourdissement cotonneux que me procure le bercement de la nacelle sur la houle, et dont je sors désormais toutes les dix minutes environ pour changer de position, pour ménager mes os si sensibles.

Les voix m'appellent.

Plus fort. Je distingue maintenant des paroles, au milieu de ce murmure liquide et doucereux : « Rémy, viens, viens nous rejoindre! Nous t'attendons depuis si longtemps! Ne nous quitte pas, Rémy! Ta vie est là, parmi nous, au milieu des poissons. Nous savons que tu commences à nous apprécier. Au fond de toi, tu nous aimes bien, Rémy. Reste, reste, reste... »

Les anatifes! Je n'en aurai donc jamais fini avec eux! Ils envahissent tout! Même mes rêves!

Hier, j'ai été effrayé par le nombre considérable de leurs rejetons, pendant en grappes épaisses tout le long des flotteurs et sous la capsule, proliférant à nouveau sur le safran, s'accrochant même parfois aux filets. En deux mois de traversée, mon engin flottant a engendré plusieurs générations de pousse-pied. La surpopulation ne les gêne nullement. Au contraire. Ils s'agglomèrent par familles : minuscules pieds grisâtres collés les uns aux autres, et qui grandissent à une vitesse fabuleuse, faisant pousser à leur tour d'autres pédoncules, de plus en plus noirs et ridés, repoussantes caricatures de la vie sous l'océan. Ces centaines de crustacés me freinent considérablement. S'ils n'étaient pas là, je serais peut-être déjà arrivé.

J'ai arraché le bandeau noir qui protège mes siestes en plein midi. Dans un délire semi-éveillé, ébloui par le soleil qui éclabousse la bulle, abusé par mes yeux qui me trahissent de plus en plus, avec ces ombres nées sur l'Atlantique, et ces buées soudaines qui me voilent la rétine, je vois des anatifes partout.

Ils ont collé leurs ventouses sur les parois de la capsule. Mon Dieu! Mais ce sont eux qui bloquent cette bulle que j'ai tant de mal à soulever. Je veux sortir! Je ne veux pas périr étouffé, il faut que je sorte tout de suite! Je respire avec difficultés coincé dans mon sarcophage, soudain impuissant à ouvrir ce capot censé me protéger de la mer, mais pas de mes divagations...

Les anatifes ont surgi dans les équipets, repoussant le long de mes jambes les objets si bien rangés au début de la traversée. Ce sont eux qui cabossent le plancher où je dors, créant ces points d'usure si douloureux dans mon dos et sur mes hanches. Je les aperçois aussi dans les replis de l'éponge qui me sert à vider les fonds où stagne l'eau de mer. Et maintenant, ils pompent mon eau douce! J'en distingue une masse sombre jusque dans la casserole où je conserve jalousement l'eau de pluie recueillie la veille. Leurs becs pointus s'ouvrent et se referment et leurs filaments noirs s'étirent dans l'eau comme autant de petits fanons. Peut-être mangent-ils aussi le plancton, ce plancton si rare que je n'ai pas dû en recueillir plus de quelques kilos (et encore, bien mouillés d'eau de mer) durant tout mon périple...

Je saisis le gourdin, pris d'une colère féroce. Je vais frapper, je vais les exterminer, ces bestioles nuisibles et indigestes! Je vais tout arracher des coques, à coups de dague et de gaffeau s'il le faut. Que je sois enfin débarrassé de ces parasites! Alors, libéré, je filerai comme un roi, sans entraves, vers cette Amérique si proche et si lointaine...

Et puis, d'un seul coup, les remords m'assaillent : j'aurais dû me forcer. Essayer d'avaler plus souvent ces orteils noirâtres et poilus que la mer m'offrait en abondance. J'avais refusé au départ d'enduire de peinture antifouling (antiparasites) les dessous de ma nacelle, pour éviter de polluer un peu plus cet Atlantique où je me sentais déjà un intrus. J'ai ainsi donné la vie aux anatifes. Ils se sont offerts alors que la plupart des autres habitants de la mer me snobaient. Je n'aurais pas dû les dédaigner ainsi. Ces petits crustacés primitifs se nourrissent d'eau de mer, d'algues microscopiques et d'animalcules. Ils contiennent sûrement de nombreux oligo-éléments nécessaires à la survie. J'aurais dû en manger tous les jours, insister. Je ne serais peut-être pas aussi faible maintenant.

Attendrissement de dernière minute. Maintenant que je ne suis plus condamné à survivre, que mes délires de victuailles et de légumes frais sont sur le point de se concrétiser, ces pédoncules ridicules et éléphantesques, je ne suis pas loin de les trouver émouvants. Presque appétissants.

Mais c'est fini.

Fini, les anatifes, vous ne m'aurez pas!

Votre mélopée me cache cette musique que j'entends parfois au loin, venue des tréfonds de l'océan, des abysses où ne perce aucune lumière. La mélodie de tous les disparus en mer. C'est pour eux aussi que j'ai entrepris ma longue marche.

Je suis arrivé à un stade où je n'ai même plus envie de me

contraindre. J'ai des réserves d'eau de pluie et d'eau distillée suffisantes. C'est assez pour tenir jusqu'à la terre. Et je crois que j'aurai encore la force de subsister ainsi. Je m'autodévore. Je sais. C'est dangereux. C'est par autolyse, par autodestruction que les tissus des animaux se nécrosent : c'est ainsi que le têtard perd sa queue. Moi, je me sens faible dans tout mon corps. Je me dissous de partout. J'ai perdu ma graisse, mes muscles, et je ne sais pas où mon énergie puise ses dernières ressources. Mais je suis sur le point de gagner. Mon errance solitaire s'achève. Ce calvaire prend fin.

Si j'avais su...

Mais je ne regrette rien.

J'ai réalisé l'impossible. J'ai vécu l'impensable.

Si je n'avais pas été assez fou pour partir sans eau ni vivres, jamais je n'aurais eu l'occasion de voir pousser ce nouvel homme en moi. Jamais je n'aurais connu ce Rémy indomptable, ce battant qui réussit à actionner vers la victoire les jambes de chiffon d'un squelette qui sans lui ne pourrait que balbutier, blotti dans la sécurité fœtale de sa capsule étroite : « Maman, j'ai faim... »

Je ne sais pas où ma volonté va chercher ces forces qui se relaient chaque jour en moi. Très loin dans mon être profond. Tout ce qui m'arrive est inexprimable et s'accomplit dans une région que jamais la parole n'a foulée. Se dépasser : grandir en esprit alors que le corps a cessé depuis longtemps de se déployer. Mon corps a cessé de fonctionner au sens où on l'entend habituellement : il ne mange pratiquement plus, il a du mal à dormir, il ne ressent même plus les désirs qui font d'ordinaire le piment des jours : la tendresse, l'amour, le rire. Il est arqué vers un seul objectif, que j'ai réussi à imprimer dans toutes ses cellules : vivre et rester debout jusqu'à ce qu'il ait traversé l'océan.

Manger est chaque jour plus pénible. Je ne veux plus souffrir. Le principal, c'est que mon corps m'obéisse toujours, même avec retard. Je tiens encore sur mes jambes. Je marche encore, à condition de ne pas excéder des durées de plus en plus courtes. Mais je marche. Et même si j'ai parfois l'impression d'évoluer dans un état hypnotique, ou de vivre des rêves éveillés, je suis toujours très lucide. Aucun de mes cauchemars ne m'a encore conduit à enjamber les flotteurs ou à couper le cordon qui relie mes skis à la nacelle. Pour moi, ce sont presque des délires positifs : ils me permettent de m'évader, de me défouler. C'est mon petit théâtre de marcheur solitaire. Et même si le rideau s'ouvre parfois sans que je le demande, jusqu'ici, il n'a jamais refusé de se refermer.

Adieu, chimères! Les anatifes sont revenus à leur place. Sous les coques. Et moi à la mienne : sur les skis.

Il faut en finir. C'est toujours plus dur. Mais demain, après-demain, je serai à Trinidad. Une centaine de kilomètres seulement.

Les vagues se chevauchent parfois dans mes yeux où je frotte des embruns qui n'existent pas. Troubles de la vue. Vertiges. Ma démarche est celle d'un vieil homme.

Heureusement, la mer est douce aujourd'hui. La houle ne gonfle ses démons blancs que dans ma pauvre tête et, c'est mon corps qui vacille, pas mes skis. Mais je rassemble ce puzzle instable mètre par mètre et j'avance, dans un bonheur mélancolique et brumeux.

C'est bizarre. Il a pourtant traversé l'Atlantique, cet homme. Il a réussi. Dans quelques jours, dans quelques heures peut-être, il verra enfin la terre. Mais il ne semble même plus capable de se réjouir de son exploit. Mutant au regard inhumain, hagard, il a l'œil transparent et sans expression, la bouche figée dans un demi-sourire forcé. Il enchaîne un pas derrière l'autre et, on dirait qu'il marche dans un autre monde.

Si quelqu'un lui tapait sur l'épaule, il lui accorderait à peine un signe de tête, en direction de l'ouest : là-bas, la terre, murmurerait-il, c'est la terre. Et en lui-même : deux mois d'océan. L'éternité dévalée. J'ai vécu plusieurs vies d'homme en si peu de temps. Et pourtant, pour moi, ce fut si long...

« L'homme est ce qu'il fait », disait Malraux. J'ai grandi d'un océan. J'ai appris... à vivre. Jamais je ne me suis autant senti exister qu'en ces moments terribles où la vie semblait me quitter. Je me suis ouvert les portes d'un univers inconnu, fermé, inimaginable, où relativement peu d'hommes ont accès, je crois. J'ai appris à souffrir pour ne plus avoir à subir la souffrance. J'ai appris à reculer mes limites indéfiniment, aussi loin que l'océan. Je ne serai plus jamais le même.

L'homme est à bout de forces. Dans un éclat de soleil, il voit des écailles d'argent briller au bout de ses skis, des étoiles étinceler dans les vagues, des cierges magiques éclater sur les crêtes. La mer déborde de lumière. Et puis, il ne voit plus rien. Que du bleu et du blanc qui se mélangent en geyser sous ses paupières rougies.

Il balbutie : « Homme-poisson, homme-sandwich. Homme tout seul. » Il grommelle : « Le héros est fatigué. » Il s'oblige à rentrer vers son refuge, bien que cela retarde encore le moment béni de l'arrivée.

Il doit être vingt heures. L'homme qui marche sur l'eau ne sait pas encore qu'il est en train d'accomplir ses derniers pas sur l'Atlantique. Que l'escorte d'honneur qu'il n'a pas pu prévenir est déjà là! Comme il l'a fait des centaines de fois pendant ces soixante jours, il agrippe le côté gauche du portique, place le ski droit dans son encoche. Il s'apprête à remonter le deuxième ski.

Une sorte d'intuition. Il se retourne machinalement.

Son cœur bondit. Une masse énorme se dresse derrière lui par le travers.

Hallucination encore.

Il ne veut pas y croire. C'est un bateau, haut comme un immeuble, qui tourne autour de lui. Sur le pont, il aperçoit des gens qui le photographient, qui semblent l'appeler. Il leur fait des petits signes de la main gauche, le ski toujours en suspens dans l'eau. C'est comme si le temps s'était arrêté brusquement. Il hoche la tête courtoisement, essaie de sourire, se contente de secouer à nouveau la tête. Vieux réflexes du citadin qu'il fut, il y a si longtemps, des années lui semble-t-il.

Bien loin de lui l'idée de monter à bord. Mais sa vue se

trouble à nouveau. Une tornade embrouille sa tête. Il ne sait plus très bien quoi faire. Il a décrété depuis toujours qu'il ne grimperait jamais sur un navire de rencontre. Pour ne pas se laisser tenter d'abord et puis, pour que ces instants de répit ne lui soient pas reprochés, comme ils le furent à d'autres. Mais là, il est pratiquement arrivé, à une journée de marche environ de la côte. De nombreux aventuriers de l'Atlantique ont préféré éviter l'atterrissage dangereux et traverser d'un cap européen à un phare américain, ou l'inverse, se faisant remorquer ou accompagner jusqu'à la côte. Lui voulait absolument accoster seul et éprouver la joie sublime d'avoir traversé d'un rivage à l'autre, joignant à pied les deux continents. Mais trouvera-t-il du sable accueillant demain sous ses skis? La mer déjà houleuse ne va-t-elle pas le jeter sur les brisants?

Inconsciemment, il se rend compte qu'il a peut-être devant lui une chance unique d'aborder la terre sans dommages. Que dans son état de faiblesse, une arrivée sur les récifs ne lui laisserait probablement aucune chance de survie. La côte est de Trinidad, où le mène son cap le plus direct, est rocheuse, sauvage, inhospitalière. S'il veut rejoindre Port of Spain, la capitale, il faut contourner l'île par le nord, allonger encore le chemin...

Alors sa réflexion se bloque, il ne sait que décider si vite, pourtant, machinalement, il fait le signe que les marins attendaient. Et la suite devient irréversible.

Le bateau se rapproche. Comme il semble toujours dans son nuage, on lui demande de ranger son dernier ski. Sans prendre aucun papier sur lui, ni aucun objet du bord, sans même allumer le feu-flash de nuit sur la nacelle, tant il est persuadé qu'il ne s'agit que d'un aller et retour rapide, il fait ce qu'on lui dit. Il lance aux marins l'amarre verte de la nacelle qu'il a décrochée de son harnais, et le bout jaune de sa ceinture de sécurité. Et il se laisse hisser à bord.

D'où vient-il, qui est-il, ce marcheur insolite jailli de derrière l'horizon? Il vient de l'est, de l'autre côté de la mer, de la vieille Europe. Il a traversé l'Atlantique. 5 636 kilomètres à pied. Tout seul. Il ne peut pas le dire tout de suite aux marins.

Parce qu'ils sont Japonais. Et qu'il ne se souvient brusquement plus d'un seul mot de leur langue. Il ne peut que bégayer en espagnol. Quelques mots qu'il a peine à arracher de sa gorge.

On m'a tendu la main. J'essayais de marcher, mais je titubais comme un ivrogne. Pourtant, je tenais à me débrouiller tout seul.

J'ai continué en vacillant et, voyant que j'allais m'écrouler, je me suis laissé tomber par terre. On m'a apporté une coupole d'eau fraîche. Je l'ai avalée d'un trait. J'ai réussi à me soulever jusqu'à un rebord où je me suis assis. On m'a alors offert une boisson gazeuse marron. Du sucre et des bulles. Merveilleux! C'est bizarre, j'ai oublié de nombreux autres détails de mon arrivée, mais le souvenir précis de cette première boisson sucrée m'a particulièrement marqué. Pas un gramme de glucose depuis deux mois! J'allais me rattraper... Mais, malgré le plaisir indicible que me procurait ce liquide, cela passait difficilement et, j'ai été obligé de le boire en plusieurs fois.

J'étais si maigre, si décharné, si dénué de tout, que l'équipage ne savait pas trop par où commencer pour me satisfaire. Car, par ailleurs, malgré mon épuisement et mes troubles de la vue, je n'étais pas malade. On me filmait, on me demandait si j'avais faim. J'ai parlé de mon obsession : de la compote de pommes. Plus de compote. Ils m'ont apporté de l'ananas en boîte. C'était sublime. Je me suis forcé à mâcher très lentement trois tranches. Pas plus. Le danger, c'était de trop manger d'un seul coup. Je le savais.

Je ne devais pas avoir l'air très très en forme pourtant, car quand j'ai voulu retourner sur ma capsule, le capitaine a refusé catégoriquement de me laisser finir mon voyage sur la nacelle, arpenter les derniers milles sur mes skis.

Il m'a proposé de hisser mon refuge à bord. Mais je suis têtu. J'avais quand même cette idée en tête : débarquer à Trinidad les skis aux pieds, traînant ma masure flottante. Alors, ils ont envoyé un marin chercher mes documents à bord. Il a rapporté l'étui plastique qui contenait... le sextant, croyant qu'il s'agissait de mes papiers. Et puis, sans écouter mes supplications, le capitaine a donné l'ordre de poursuivre la route. Et le gros navire s'est ébranlé vers Trinidad, tirant la nacelle par le bout vert de traction.

J'ai encore discuté, longuement. Il était vingt heures trente, ou vingt et une heures, je ne sais plus très bien. Pleine lune. Les marins m'entouraient, me harcelaient avec compassion : « Santa Maria, santa Maria », disaient-ils sans arrêt, en faisant le signe de croix. « Tu es fou. Si tu continues, tu vas mourir. » Le commandant a finalement décidé de me laisser réintégrer ma nacelle à minuit, quand je me serai reposé un peu.

Soudain, j'ai eu comme un pressentiment.

J'ai marché, comme je pouvais à l'arrière, avec mon interprète pour surveiller la nacelle. Et, c'est à ce moment précis que le bout a lâché. Le solide bout vert qui avait résisté sans aucun signe de défaillance à deux mois d'escalade sur la houle. Sur une photo prise par un des marins, on voit qu'ils avaient pourtant renforcé l'amarrage par deux autres bouts. Mais en vain.

La nacelle s'est décrochée et a disparu en quelques secondes. Le temps de faire demi-tour, elle s'était fondue dans la nuit. Et dire que je n'avais même pas allumé le feu-flash qui aurait permis de la repérer! Je ne pouvais pas les aider à la chercher, tant ma vue était trouble. Alors je me suis lové dans un coin du bateau. Et j'ai prié.

Je ne pouvais rien faire. Mon rêve s'était cassé net, juste au moment de s'achever. C'était une partie de ma vie qui partait avec la nacelle. Le témoignage de mon épopée. Mes skis de randonneur océanique. Tout ça avait tenu fidèlement jusqu'en Amérique. Pour se perdre maintenant dans la nuit.

Tant pis pour mes fantasmagories de débarquement triomphal, héros sorti ruisselant de la mer, un ski après l'autre, glissant tel un mutant aquatique sur le rivage d'Amérique. En soixante jours de marche et de calvaire solitaire, j'avais appris la modestie. J'étais plus philosophe. D'accord, on m'avait frustré de la fin du film. Mais comment pouvais-je être sûr du bon scénario? La plage et les applaudissements, c'était dans ma tête! Là-bas, il n'y avait peut-être que des coraux coupants et des crabes de terre en guise de comité d'accueil pour un héros aux jambes brisées et à la peau déchirée.

Ne demande pas trop à la chance, Rémy! Le principal, c'est d'avoir réussi cette traversée. Et d'être vivant!

Néanmoins, je savais que même si Trinidad avait été à dix jours de là, j'aurais tenu encore dix jours, peut-être plus. En ce moment précis, écroulé sur le bateau japonais, j'étais à zéro, à demi-mort, mais c'était parce que je savais que mon rôle était fini. Je décompressais brutalement, toute force anéantie. Mais si j'avais dû marcher encore en solitaire, en ménageant mon énergie, en trouvant plus de poissons à l'approche des côtes, j'aurais tenu. Je me savais capable de demander cela à mon corps, malgré sa faiblesse. Un naufragé ne doit compter sur rien, que sur lui-même et, dans cette optique, on doit toujours viser très large, au-delà du probable. Si on pense toucher terre dans dix jours, il faut se persuader que ce ne sera que dans vingt. Et s'organiser, s'économiser en conséquence.

Les recherches ont cessé assez rapidement. Et le bateau a repris son trajet vers Port of Spain.

Moi, je n'avais plus le courage de parler, ni même de me lamenter sur mon sort. J'ai mangé. Je me suis lavé. J'ai pris ma première douche depuis deux mois : décapage d'un mélange de sel, de crasse, de pommades et de cellules mortes. Puis j'ai dormi d'un sommeil de bébé. Mon dos à vif reposant enfin dans des couvertures sèches. Mes bras pouvant bouger à droite et à gauche sans se heurter aux bords de la capsule. Mes jambes enfin libres de se replier, de s'étendre sans meurtrissures.

Au matin, c'était Trinidad. Du vert partout. Si beau. Le paradis terrestre. Avant le déjeuner, nous étions dans le port. J'ai pleuré en touchant la terre.

Je n'ai même pas une carte d'identité. L'homme de l'océan. Venu de l'autre côté de la terre. Pêché et tiré tout nu hors de la mer. Heureusement, les Japonais, choqués par mon dénuement (je suis monté à bord avec seulement mes bottes de marche, un short et un tee-shirt délavés), m'ont habillé de pied en cap. Le jean trop grand (japonais pourtant), tient avec des bretelles, j'ai même des chaussettes et des baskets. Enfin, j'ai l'air civilisé malgré ma barbe de deux mois, et je ne fais pas trop peur aux autochtones.

Ensuite, tout s'est bousculé. Je me souviens d'avoir beaucoup mangé, double yaourt, double chocolat, je commandais tout en double. Accueil chaleureux du vice-consul, Alain Biancardini, qui facilite les formalités administratives. Foule et agitation de la ville. Officiels. Photos. Réception sur l'aviso *L.V. Lavallée*, navire de la Marine nationale, tout juste arrivé de Fort-de-France, et en route vers la Guyane. On me présente à l'ambassadeur, au commandant, mais je ne pense qu'aux petits fours... et à mes nausées. J'ai trop forcé sur les chocolats!

Télégramme du Premier ministre, Michel Rocard : « Très impressionné par votre exploit, je le salue en tant qu'amoureux de la mer et je vous adresse mes plus vives félicitations. Je vous souhaite de recouvrer promptement de vos fatigues. »

Premier bilan médical, avant celui, beaucoup plus poussé, que je subirai au CERMA (Centre d'études et de recherches de médecine aérospatiale), à mon retour en France, et où l'on découvrira que je n'ai que 3,7 millions par mm^3 de globules rouges, au lieu de 5,3 millions avant le départ. Je me rends deux fois à l'infirmerie de l'aviso *L.V. Lavallée* où je suis examiné par le médecin major Pachoud. Apparemment, à part une atteinte de boulimie sévère, je n'ai rien de grave. Il y a bien ces fameuses taches dans les yeux (qui disparaîtront petit à petit), et des plaques rouges un peu partout (qui se multiplieront étrangement d'un bout du corps à l'autre pendant plusieurs mois), mais c'est tout.

Ouf! J'ai mon passeport pour la grande bouffe. A condition de ne pas en abuser, de bien mastiquer et de continuer à prendre à chaque assiette les premiers cachets digestifs et intestinaux provenant de la pharmacie du bateau japonais. Je vais pouvoir mettre en œuvre mon programme de débarquement. Une bonne glace pour commencer, et puis de la purée au gratin, et puis...

Et puis, le lendemain de mon arrivée à Trinidad, il y eut enfin Marie-Rose.

Elle me cherchait depuis près d'une semaine. Elle avait trouvé avec quelques amis, l'un photographe, les autres journalistes, un voilier en Martinique, et ils étaient descendus vers Trinidad en louvoyant contre vents et courants, me ratant de très peu. Ils se guidaient d'après les positions Argos, et essayaient de ne pas croire les mauvais augures. Beaucoup de gens, aux Antilles, pensaient que ma nacelle dérivait selon le principe d'une bouteille à la mer, et qu'il y avait de grandes chances pour qu'on ne retrouve rien à l'intérieur. Il faut dire qu'à l'époque où j'ai traversé, un grand voilier de 11 mètres, parfaitement équipé et skippé par une famille en route pour le tour du monde *via* les Antilles, avait disparu. Ce n'est que bien après mon arrivée à Trinidad (heureusement pour le moral de ceux qui m'attendaient) que l'on a retrouvé, échoués sur une côte, deux radeaux de survie attachés l'un à l'autre, avec seulement un cadavre desséché à l'intérieur.

Ce 2 juin, je suis torse nu, je me dirige péniblement vers la piscine (dans laquelle je n'ai pas encore le droit de plonger), quand j'entends un grand cri derrière moi :

« Rémy! C'est bien toi? Mais tu as quatre-vingt-dix ans! »

C'est Marie-Rose. Elle pleure. Et c'est moi qui la console, qui la rassure.

Puis je salue André Virlouvet, Éric Préau, de l'agence *Sygma*, Emmanuel Maubert, d'*Aventure FM*, ils ont tous les larmes aux yeux. Un peu plus tard je rejoins en Guadeloupe Bernard Dussol, de *Thalassa,* l'équipe de Jacques Pradel, de *France Inter* et d'Agfa. Ils me regardent d'un air curieux, presque effrayé. Et je fais comme eux. Je me contemple. Je n'avais pas trop osé jusqu'ici. J'avais surtout pensé à manger, à jouir du confort du retour à une vie normale. Mais là, je me vois dans leurs yeux, tel que l'Atlantique m'a sculpté, m'a patiné.

L'ombre du Rémy d'avant. Vingt kilos de moins. Cinquante-deux kilos tout compris au lieu des soixante-douze du départ des Canaries. Les côtes saillent, soulignant encore la maigreur affolante de tout mon buste. Je n'ai plus de hanches. Mes jambes ressemblent aux fils de fer des sculptures de Giacometti. Je ne suis plus qu'os et barbe, rides et peaux mortes. Et puis surtout, je me tiens bien droit, trop droit, comme si j'affrontais encore l'océan sur mes skis. Et mes yeux vagues et ternes sont encore fixés sur cet horizon où j'ai si longtemps cherché à deviner la terre. Mon corps est là, aux Antilles, mais mes yeux vivent encore dans cet ailleurs que mes interlocuteurs ne connaîtront jamais, qu'ils ne peuvent pas imaginer.

Squelettique, l'œil hébété, incapable de sourire vraiment : je suis sûrement impressionnant. Je me débrouille pourtant tout seul. Je marche, difficilement, mais je marche. A condition de ne pas trop présumer de mes forces : la veille, je me suis ouvert le coude en tombant dans l'escalier. Mais je vais bien, en somme. Après soixante jours où je n'ai ingurgité que quelques kilos de plancton et d'anatifes et une quinzaine de poissons (sans compter le fretin volant à partir du deuxième mois, apéritifs minuscules dont je ne faisais qu'une bouchée), ce pourrait être bien pire.

C'est vrai que sur le moment, à part ma silhouette famélique, ma démarche pas très assurée et quelques difficultés pour parler (bégaiement, trous de mémoire, parole lente), je ne me trouvais pas trop diminué. Ensuite, mes cheveux ont commencé à tomber. C'est alors que je me suis aperçu que ce n'était pas seulement le sel qui leur avait donné cette teinte grise nouvelle. Sous ma peau desquamée, des plaques, des croûtes, des boutons se sont succédé. Mais mon anémie s'est vite comblée et jamais je n'ai souffert de la dépression annoncée par certains. J'ai repris une vie normale presque immédiatement, avec quelques nuits blanches, beaucoup de spectacles et des orgies de nourriture (modérées par Marie-Rose). Au début, c'était Marie-Rose qui m'aidait à soulever les vingt-cinq kilos de ma grosse caisse. Elle aussi qui me soufflait les paroles des chansons d'avant que j'avais estompées dans un coin de ma mémoire ou égarées, quelque part dans les remous de la houle, très loin sur l'Atlantique.

Et puis, les forces et la mémoire me sont revenues petit à petit. Assez vite. En même temps que les kilos : un mois et demi après, j'avais même dépassé mon poids habituel de soixante-six kilos, et retrouvé mes taches de rousseur et une grande partie de ma résistance physique.

C'était en dedans surtout que j'avais changé. J'étais plus calme, plus raisonnable, j'avais acquis une assurance plus tranquille, plus généreuse. J'étais vraiment autre. J'étais étonné et heureux de cette transformation. C'était ma seconde victoire.

Mon exploit, je l'avais gagné contre l'océan, mais aussi contre moi-même.

Tout cela m'a aidé à surmonter la terrible déception qui m'attendait. On avait retrouvé la nacelle. Grâce à Argos qui émettait toujours. Elle s'était échouée à Balandra Bay, côte nord-est de Trinidad. Sur les rochers.

Mais il n'en restait presque plus rien. La nacelle était éventrée, les skis désossés. Des pilleurs avaient tout saccagé, tout emporté, même mon carnet de bord.

Négociations avec les pêcheurs du coin pour tenter de récupérer quelques objets. Ils ne sont pas contents. Ils me restituent pourtant ma flûte, le loch, la batterie pour recharger les piles-accus, un leurre. Ils promettent de rassembler le « reste » le lendemain. Nous partons à Sangre Grande, un village de l'intérieur, où le commissariat a, paraît-il, quelque chose pour moi. Et là, c'est le miracle : quelqu'un a déposé mon journal de bord, pratiquement intact. Il y a aussi la carte d'identité (sans son timbre) et une des cartes de navigation.

Je ne récupérerai la nacelle et les skis que trois mois plus tard, après un nouveau voyage à Trinidad pour charger le tout sur un cargo de la CGM. Le « reste » (soit une centaine d'objets) s'est perdu dans la nature. A part le panneau solaire et la balise Argos qu'un autochtone m'a finalement rendue, ne sachant vraiment pas du tout que faire de cet objet insolite.

On m'a demandé si je repartirai.

J'ai dit : « Jamais plus. » Je ne voulais même pas revivre en pensée ce que j'avais vécu sur l'Atlantique.

Marie-Rose m'a lancé un regard sceptique. Elle sait, elle, que je suis un homme qu'on ne peut pas stopper, qu'on ne peut pas attacher. Que je fourmille d'idées et de projets, et que l'aventure est une passion dont on guérit rarement.

Peut-être, quand j'aurai réellement quatre-vingt-dix ans...

En attendant, je récupère, je refais ma graisse et mes muscles. J'ai recopié au propre ma liste de quelque cent plats et aliments préférés composée sur l'océan. Je coche au fur et à mesure que je savoure. Au moment où je termine ce livre, début septembre 1988, je n'en suis pas encore au bout.

Quand j'aurai tout rayé... On verra!

Je sais le Rémy voyageur tout à fait capable, hélas, de fermer le volet « mémoire douloureuse », et d'ouvrir à nouveau, avec un sourire rêveur, la case « Rien n'est impossible... A condition de vouloir »!... Si l'autre Rémy n'a pas trop grossi!

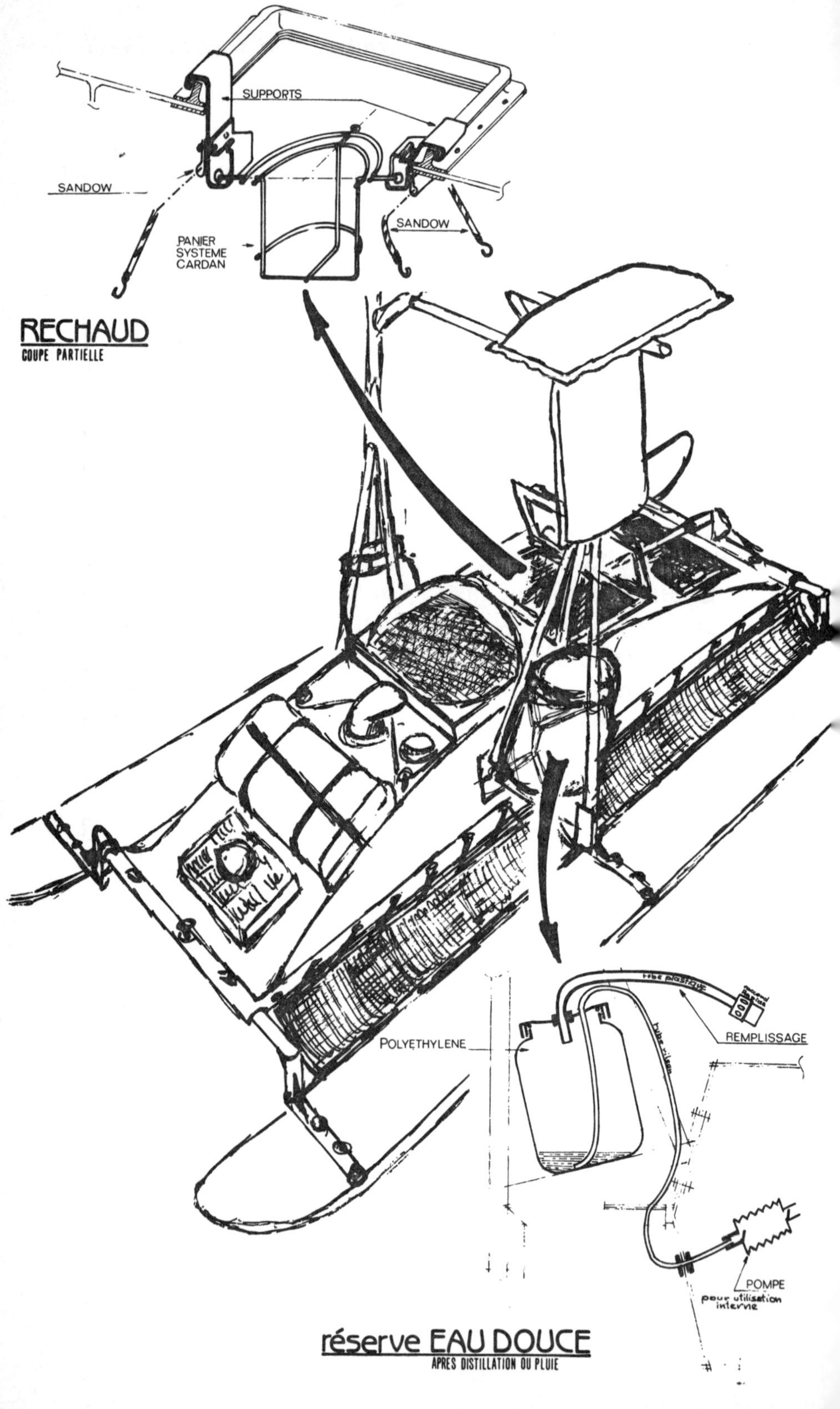
SUPPORTS
SANDOW
SANDOW
PANIER SYSTEME CARDAN
RECHAUD
COUPE PARTIELLE
tube plastique
REMPLISSAGE
POLYETHYLENE
POMPE
pour utilisation interne
réserve EAU DOUCE
APRES DISTILLATION OU PLUIE

Réflexions sur une expérience de survie active

« Rémy Bricka compare volontiers son rêve de marcher sur l'eau à celui d'Icare qui voulait voler. C'est la même recherche fondamentale de l'homme, jamais assouvie, d'extension de son espace vital vers des milieux pour lesquels il n'a pas été conçu » a écrit le docteur Xavier Maniguet, auteur de *Survivre.* « Il a voulu rester debout jusqu'à l'ultime limite, refusant que son corps ne le suive pas. »

Si j'avais su dans quelles conditions terribles j'allais devoir effectuer cette traversée sans eau ni vivres, honnêtement, je crois que je ne serais jamais parti. Dès les premiers jours, je me suis retrouvé dans les conditions d'un naufragé involontaire avec quelques différences tout de même :

A mon détriment : contrairement au naufragé involontaire, je n'avais aucun aliment récupéré sur un bateau, aucune ration de survie, aucune réserve d'eau douce. Je faisais, en outre, quotidiennement un gros effort physique qui augmentait encore ma faim. En revanche, mes problèmes financiers du départ (pratiquement pas de sponsors) m'ont fait partir avec de très faibles moyens de télécommunication : je n'avais pas de BLU, donc pas de radio qui aurait pu me permettre de communiquer avec la terre ou de me faire router. J'avais juste une VHF pour les liaisons à courte portée avec les bateaux de rencontre, à laquelle personne n'a jamais répondu. Tout ceci m'a obligé à pousser à l'extrême mon expérience de survie.

A mon avantage : j'avais emporté un stock très complet de matériel de survie (voir liste pp. 245-252) et je m'étais préparé physiquement et psychologiquement à cette épreuve, même si je l'avais sous-évaluée.

Voici, pour compléter le récit de mon aventure, les quelques réflexions que je tire de cette expérience, sans vouloir être exhaustif et en rappelant que la lutte pour la survie est la plus dure de toutes les écoles de la vie.

L'avantage d'une bonne condition physique

J'avais un corps en béton grâce à l'entraînement intensif auquel je m'obligeais depuis un an (jogging, marche sur l'eau, gymnastique, musculation). Le programme de suralimentation des derniers mois m'avait permis de prendre 6 kilos, de renforcer ma musculature, et d'accumuler de nombreux éléments précieux : protéines, oligo-éléments, vitamines, calcium, entre autres. Je pesais donc 72 kilos au départ (contre 52 kilos à l'arrivée, après laquelle j'ai repris un kilo par jour). J'avais un programme essentiellement végétarien, avec très peu de protéines animales (surtout sous forme de poissons), beaucoup de céréales, des graines germées, et je m'étais même habitué à manger des algues (plusieurs sortes, dont de la laitue de mer). En réalité, je n'ai pas eu l'occasion d'en manger sur l'Atlantique : les touffes jaunâtres que je croisais me dépassaient trop au large pour que je puisse m'en emparer. Les poissons, je les mangeais très peu cuits, ou même crus. Sans cette préparation, je n'aurais sans doute pas résisté aussi longtemps au manque de nourriture.

Tenir avec un minimum de nourriture

J'ai mangé en deux mois deux maquereaux-serpents, deux balistes, une daurade, une orphie, plus une dizaine de poissons volants de bonne taille qui ont atterri sur la nacelle, et une trentaine de petits. Je n'ai pas fait le décompte exact de ces poissons volants miniatures, qui constituaient tout de même un appoint appréciable avec le plancton et les anatifes, dont j'ai dû avaler plusieurs kilos. Soit une trentaine de kilos de poissons et de crustacés pour la totalité de la traversée (évaluation approximative : je n'avais pas de balance sur la nacelle et, en outre, il faut retrancher de ce total les déchets, environ 1/3 du poids). Quand on sait que 100 grammes de poisson apportent environ 100 calories (77 pour la daurade, 128 pour le maquereau à titre indicatif), cela ne faisait pas très lourd.

J'ai essayé à mon retour de faire le calcul des calories que j'avais ingurgitées : cela variait selon les jours, mais je pense qu'en moyenne cela a dû tourner autour de 500 calories par jour (parfois moins, parfois plus, selon l'approvisionnement du marché!). Les rares jours de pêche heureuse, je faisais « bombance », mais en me rationnant en vue des jours creux, et je ne pense pas avoir dévoré, même frais pêché, plus d'une livre de poisson d'un coup. Mon estomac ne l'aurait pas supporté non plus. Parfois, j'aurais voulu profiter plus du poisson frais, mais je ne le pouvais pas. Moi-même, je fournissais en outre des efforts physiques importants, mais il ne faut pas oublier que j'avais un corps bien entraîné, programmé pour réussir, comme un sportif de haut niveau, et que la préparation mentale et la stimulation psychologique, dont je parle par ailleurs, ont été aussi essentielles. En outre, j'étais suralimenté et j'avais donc 6 kilos de réserves supplémentaires à mon départ des Canaries.

Avec ces 500 calories par jour, je serais mort de faim et n'aurais jamais pu continuer à marcher si je n'avais pas puisé dans les réserves de mon organisme. Les 20 kilos que j'ai perdus en deux mois de traversée ont complété ces rations insuffisantes de nourriture en me faisant profiter de leurs calories. J'ai fait avec mon diététicien-nutritionniste Serge Baudoin un calcul indicatif afin de mieux appréhender ce mécanisme physiologique. Cela donne un ordre de grandeur qui n'a probablement pas toute la rigueur scientifique souhaitable, mais qui peut être le point de départ de recherches plus approfondies dans ce domaine mal connu. J'ai donc maigri de 20 kilos sur l'océan, à quoi il faut ajouter environ 4 kilos d'eau en rétention (due à l'eau de mer ingurgitée à fortes doses dans les derniers jours de la traversée). En réalité, il s'avère donc que j'ai perdu environ 24 kilos. Sur ce total, on peut estimer que les 2/3, soit 16 kilos, représentaient des graisses et que, le reste était constitué de muscles pour 4 kilos, et d'eau pour 4 kilos également. Sachant qu'un kilo de graisse apporte environ

9 000 calories, un calcul de transformation des calories montre que ces 16 kilos de graisses (soit 12,8 kilos de lipides purs, 20 % environ représentant de l'eau de constitution des graisses de réserve) constituaient un stock de 115 200 calories de réserves. A ceci, il faut rajouter les 4 kilos de muscles soit 16 000 calories (1 kilo de muscles représente 4 000 calories environ). Si on divise ces réserves caloriques par soixante jours, on peut estimer approximativement que j'ai dû puiser 2 200 calories par vingt-quatre heures dans mon organisme.

Malgré ses réactions douloureuses et éprouvantes aux agressions de la mer et de la faim, malgré son amaigrissement spectaculaire, mon corps a finalement bien réagi à long terme, et cette vingtaine de kilos en moins ne furent pas perdus, puisque ce sont eux en réalité qui m'ont permis de survivre. Si l'on additionne ces 2 200 calories quotidiennes puisées dans mon corps aux quelque 500 calories de poissons et de crustacés que j'avalais par jour en moyenne, on trouve un apport énergétique total quotidien de 2 700 calories environ par vingt-quatre heures, ce qui explique aussi que j'aie pu continuer jusqu'au bout une activité physique quasi quotidienne. Mon corps avait aussi appris à s'économiser, ce qui a permis un rendement énergétique maximum.

Tout ceci prouve, comme on l'avait déjà constaté sur certains naufragés, qu'il ne faut jamais désespérer, même en situation de survie extrême. On peut vivre pendant de nombreuses semaines avec très peu de calories, car on trouvera dans son propre corps (à condition qu'il ne soit pas déjà malade ou très amaigri), des réserves caloriques importantes. Je m'étais suralimenté de 6 kilos (ce qui fut un atout considérable); j'ai maigri au total de 24 kilos (amaigrissement constaté, plus eau de rétention), ce qui fait que j'ai puisé encore environ 18 kilos dans mon organisme pour survivre. A condition, bien sûr, de disposer d'eau douce en quantité suffisante et, de ne pas hésiter à avaler régulièrement un peu d'eau de mer si besoin est (voir paragraphes sur la fabrication d'eau douce et l'ingestion d'eau de mer).

L'anémie constatée à l'arrivée montrait une baisse importante, mais non dramatique, des globules rouges de 5,3 millions par millimètre cube à 3,7 millions et, il est probable que si j'avais continué encore plusieurs jours cette expérience de survie, j'aurais pu tenir, même au régime de la fin de la traversée (où je n'ai avalé que quelques poissons volants), car je n'avais sûrement pas épuisé toutes les réserves de mon organisme. Il est intéressant de noter qu'Alain Bombard, qui avait perdu 25 kilos en soixante-cinq jours, n'avait plus que 2,5 millions de globules rouges par millimètre cube, anémie importante due, entre autres, à des diarrhées hémorragiques.

A la fin de mon parcours, la diarrhée que j'ai subie provenait de l'augmentation brutale de la quantité d'eau de mer bue. Ma constipation de plus de cinq semaines n'a pas eu de conséquences dramatiques, les gaz ne s'étant pas accumulés. Cela prouve que le corps a profité des moindres particules d'aliments, le changement de régime alimentaire ayant provoqué cependant un certain déséquilibre.

J'ai emporté un réchaud (petit camping-gaz à cardan) par un vieux réflexe de civilisé, mais j'aurais pu m'en passer : en effet je l'ai peu utilisé car la mer faisait trop bouger la nacelle. En outre, le poisson cru est tout à fait mangeable (bien qu'il soit moins appétissant quand il sort gluant et entier de la mer, sans être présenté en minces filets marinés au citron et épicés). Toutefois la cuisson des poissons m'a permis de changer un peu de goût et d'éviter le rejet par mon estomac qui, devenu paresseux et sujet aux nausées, ne supportait plus grand-chose. Si j'avais su comment préparer les pousse-pied, ce réchaud m'aurait été beaucoup plus profitable. Bon à savoir : les anatifes ou pousse-pied *(pollicipes cornucopia)* dont la chair est riche en iode, se cuisent dans de l'eau de mer bouillante durant deux à trois minutes (pas plus sinon ça redevient presque aussi caoutchouteux que cru). On égoutte et on mange l'intérieur du pédoncule en enlevant la peau. Si on est obligé de manger l'anatife cru, veiller à bien mâcher le pédoncule pour en extraire le maximum de substance et recracher la peau. On peut aussi l'avaler entier (sauf la coquille!), comme je l'ai fait, mais c'est beaucoup moins digeste.

Dernière remarque à propos de la cuisson éventuelle du poisson : elle permet, en respectant mieux les habitudes digestives, de manger plus de poisson, mais elle oblige toutefois à boire un peu plus d'eau.

Écosystème, pêche, matériel, appâts

Tous les cas d'intoxication étudiés et publiés ne viennent que des poissons pêchés près des îles et des côtes. Tous les poissons du large sont donc, en principe, consommables. Pour permettre à un écosystème de se former sous les coques de ma nacelle, volontairement, je n'ai pas accéléré le rythme durant les trois premières semaines, allant même jusqu'à ralentir ma progression par une ancre flottante. Mais rien n'y fit : seuls des anatifes ont proliféré, et je ne fus suivi en permanence que par quelques petits poissons tigrés, qui refusaient de mordre à tout hameçon et qui fuyaient ma main quand j'essayais de les attraper. Je n'ai vu que très peu de gros poissons (quand je pouvais les apercevoir, c'est-à-dire par mer calme). Un mérou et un baliste m'ont échappé, et je n'ai réellement pêché que deux maquereaux-serpents, un baliste et une daurade. Le deuxième baliste et l'orphie se sont échoués sur les filets, de même que les poissons volants à partir de la cinquième semaine.

Pour la pêche, les seules lignes efficaces furent celles à la traîne. Le moulinet ayant mal fonctionné, je leur ai accroché de gros élastiques, et lorsque l'élastique se tendait, cela pouvait dire qu'il y avait une prise au bout. En réalité, dès que la mer devenait houleuse, les élastiques se tendaient souvent... Je me levais plusieurs fois par nuit pour tirer sur les lignes mais, au petit matin, en les remontant, je ne pouvais que constater la perte des appâts engloutis par de gros poissons. En y réfléchissant, je m'aperçois que je n'étais peut-être pas suffisamment concentré sur la pêche, activité qui demande une patience infinie. Renseignements pris auprès de l'océanologue Alain Saliot (CNRS), il s'avère, en outre, que les eaux pélagiques et, en particulier celles des alizés où j'ai marché, ne sont guère poissonneuses.

Mes meilleurs appâts : des octopus (petites pieuvres ou chipirons) qui cachent dans leurs pattes ou filaments un hameçon triple. Prévoir dans l'armement de survie beaucoup de plomb pour pêcher à des hauteurs différentes, des hameçons variés en inox, du fil de pêche de différentes grosseurs, une paire de gants pour manipuler le poisson. J'ai essayé de me servir de la tête des poissons volants comme appât, voire des tous petits poissons entiers, mais cela n'a rien donné. J'ai également essayé d'attirer les poissons en laissant flotter la lampe néon étanche la nuit, mais en vain.

Pour attraper plus de poissons volants, autres que ceux qui s'échouaient naturellement sur les filets tendus entre mes coques, j'aurais peut-être dû utiliser le grand filet du hamac différemment. J'aurais pu le tendre sur le portique pendant la nuit au lieu d'essayer en vain de piéger les poissons en le plaçant à l'horizontale avec les coins relevés. Je pensais que durant la journée les poissons auraient normalement dû se laisser prendre dans la voilure de fortune mais il est possible que le vent qui gonflait le taud et le matelas pneumatique ait fait dévier leur trajectoire hors de la nacelle.

J'ai conservé les filets de poisson en les faisant sécher, pendus au soleil. Pour la nuit, je les rentrais en les empilant avec des bouts de tissu entre chaque filet pour éviter la moisissure.

Plancton

Le plancton est un complément d'alimentation très précieux pour quelqu'un en situation de survie sur l'océan, et j'ai regretté de ne pas pouvoir en pêcher plus que mes quelques petites cuillerées quotidiennes (à la fin j'ai même complètement abandonné à cause de la tempête, des conditions difficiles et du fait que je n'avais plus rien de valable pour le récolter). Un kilo de plancton contient beaucoup d'eau et relativement peu de calories, 400 environ, essentiellement des protides. Il ne faut, de toute façon, pas en abuser car il est difficilement assimilable : indigeste, très salé (obligeant à boire plus d'eau douce) il peut même renfermer des éléments toxiques. C'est probablement l'explication de certaines de mes crampes d'estomac. Il est surtout appréciable à cause de sa richesse en oligo-éléments et en vitamine C.

J'avais bien emporté une loupe pour examiner le plancton, mais elle est restée dans son étui la plupart du temps, la mer bougeant trop. Je le récoltais à la tombée de la nuit, à l'aide d'un filet à provisions en nylon tissé à mailles très fines (environ 0,5 millimètre de côté), cerclé et relié à la nacelle avec un bout muni d'un émerillon et d'un sandow pour éviter les à-coups. Il recueillait un peu de plancton, contrairement à l'extracteur de parachute que l'on m'avait conseillé (dont le tissage trop serré ne laissait même pas passer l'eau!), mais pas assez, probablement à cause de ses fils très épais. Je l'ai remplacé après l'avoir perdu par un collant de nylon, coupé et cerclé lui aussi, guère plus efficace, car il n'était probablement pas assez large et, le fil de fer se tordait sans arrêt. Aucun filet à plancton n'est vendu dans le commerce, et pourtant plusieurs filets spéciaux devraient être prévus dans l'armement du radeau de survie. Un filet efficace doit laisser passer l'eau et avoir un cerclage (si possible en acier inox) de 50 centimètres à un mètre de diamètre, être assez long et en forme d'entonnoir si possible.

L'ingestion d'eau de mer

Je pense que l'eau de mer que je me suis forcé à avaler durant ces deux mois a beaucoup limité ma déshydratation et contribué à compléter le peu de nourriture que je pêchais, m'apportant sûrement de précieux éléments. A titre indicatif, l'eau de mer contient pour un litre : 27,3 grammes de chlorure de sodium, 3,4 grammes de chlorure de magnésium, 2 grammes de sulfate de magnésium, 1,3 gramme de sulfate de calcium, 0,6 gramme de chlorure de potassium, 0,1 gramme de carbonate de calcium, avec un PH essentiellement alcalin, et des traces de nombreux corps : de l'or (à doses homéopathiques!) mais surtout des vitamines, dont la précieuse provitamine A, dûe à l'activité du phytoplancton.

J'ai bu quotidiennement de l'eau de mer, par petites quantités, l'équivalent d'un verre par jour en moyenne, en plus de l'eau distillée et de l'eau de pluie. A la fin du parcours, faute d'eau douce, j'ai même dû en boire pendant deux jours de suite à fortes doses, en appliquant la méthode Bombard : 800 millilitres par jour (8 à 10 prises de 2 à 3 gorgées à chaque fois). Cette ingestion d'eau de mer en continu ne peut guère dépasser six à sept jours, le temps de trouver d'autres sources de liquides. D'autre part, il ne faut surtout pas attendre d'être déshydraté pour boire de l'eau de mer. Après la tempête, pour ménager mon peu d'eau douce, j'ai alterné eau de mer dans la journée et eau distillée la nuit, ce qui a tout de même provoqué une diarrhée. Mais je n'ai pas eu de problèmes de reins. Il ne faut pas oublier pourtant qu'on risque une néphrite chlorurémique en dépassant le seuil de tolérance de 800 millilitres par vingt-quatre heures qui représente près de 30 grammes de chlorure de sodium.

Par ailleurs, il est important de noter que l'ingestion d'eau (de mer ou distillée) comblait très souvent la sensation de faim : je remplissais ainsi mon ventre creux. Ces petites quantités d'eau de mer puisées régulièrement pendant les dépressions où j'étais malade me rechargeaient l'organisme en sels minéraux perdus par mes vomissements fréquents.

La soif et la fabrication de l'eau douce

Si j'ai beaucoup souffert de la faim, je n'ai pas, en revanche, eu de gros problèmes d'eau douce grâce aux trois distillateurs solaires emportés. Le seul dessalinisateur emmené ayant rendu l'âme le premier jour de la traversée après quelques minutes d'utilisation (c'était un dessalinisateur manuel par osmose inverse).

Les distillateurs solaires produisent de l'eau douce par évaporation et condensation sous l'effet du rayonnement solaire. Les deux distillateurs solaires en pyramide étaient de modèles Still-Mark III (voir dessin). Ces modèles se gonflent à la bouche, d'abord le boudin puis le cône. On met de l'eau de mer dans la poche du fond (plusieurs litres, en rajoutant de l'eau éventuellement, selon la cadence d'évaporation, mais en veillant toujours à ne pas mouiller l'absorbant). L'eau s'évapore à travers l'absorbant noir (qui ressemble à un tissu éponge), des

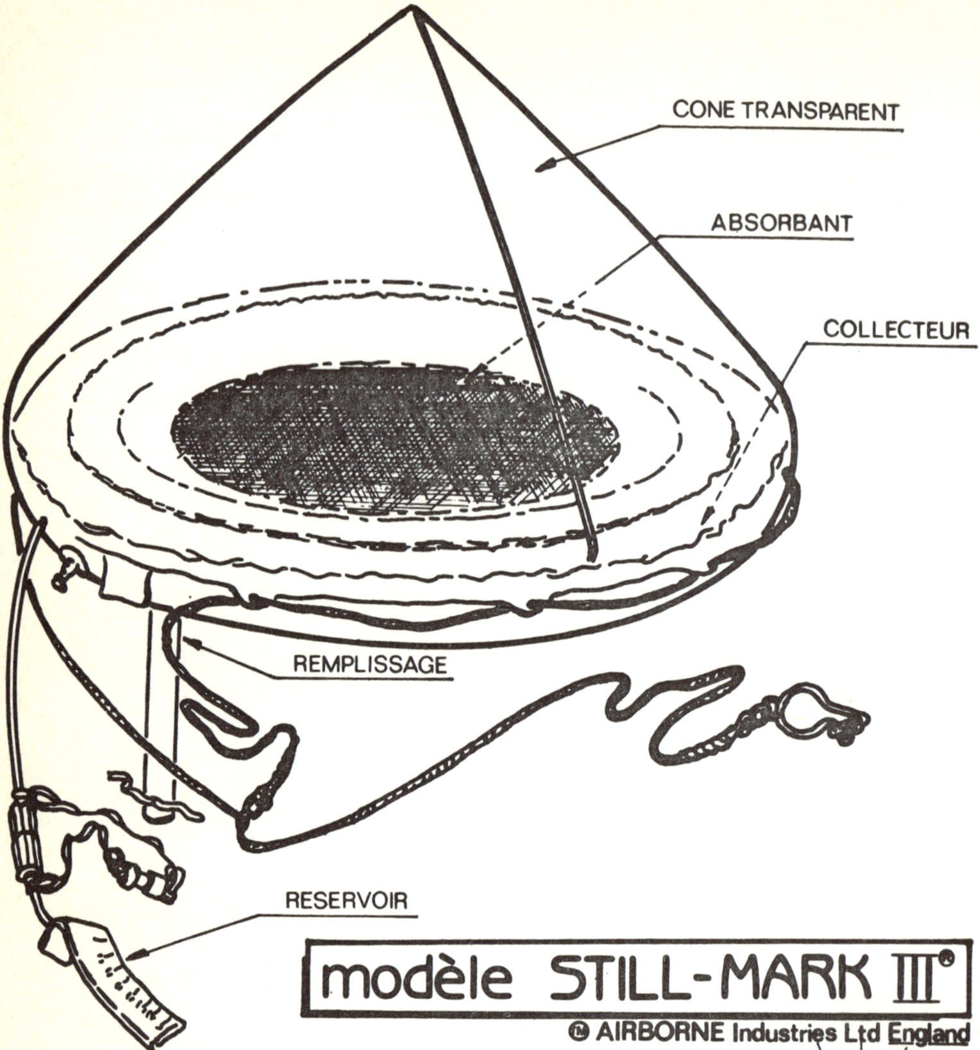

modèle STILL-MARK III®

© AIRBORNE Industries Ltd England

FONCTIONNEMENT

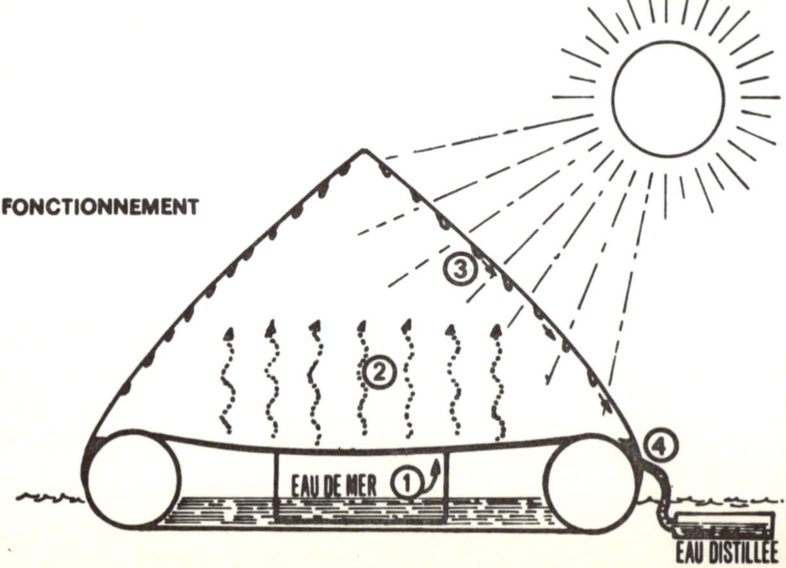

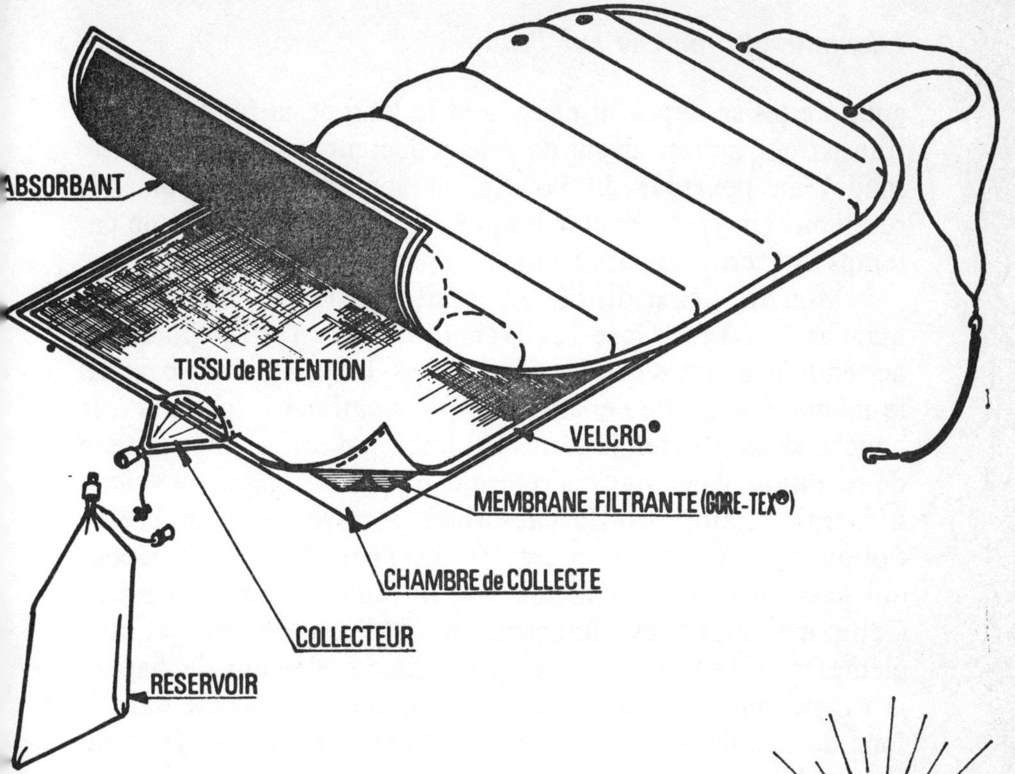

modèle LIFE-LINE®
™ W.L Gore & Associates USA

principe de FONCTIONNEMENT

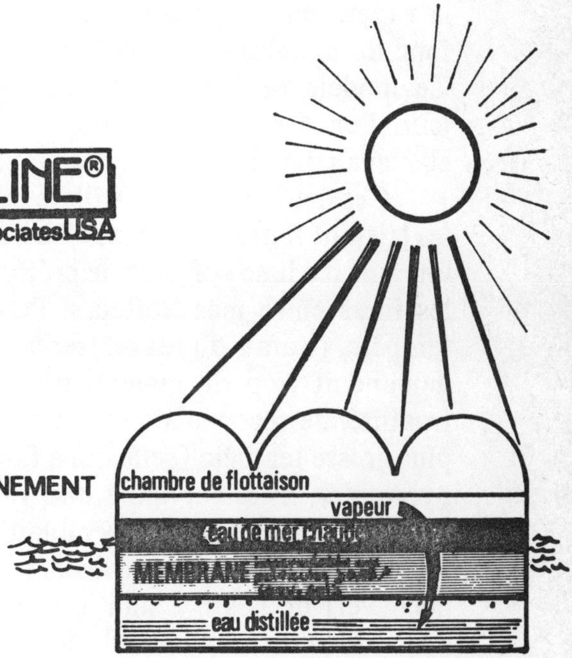

DISTILLATEURS SOLAIRES

D'APRES NOTICES CONSTRUCTEURS

gouttelettes se déposent et coulent le long de la paroi du cône transparent, se retrouvent dans le collecteur (sorte de gouttière ronde) au pourtour du boudin, et sont récupérées dans le réservoir. On peut récolter jusqu'à un litre par jour. Même par temps couvert, l'appareil produit un peu d'eau distillée.

Mon troisième distillateur était un modèle en forme de matelas Life-Line Gore-Tex (voir dessin). Je l'ai fait fonctionner en même temps que les deux autres. Le principe de base est le même. On gonfle ce « matelas pneumatique », toujours à la bouche si on n'a rien d'autre. On imbibe d'eau de mer le tissu de rétention blanc, puis on referme le pourtour grâce au velcro. L'énergie solaire chauffe l'absorbant à travers la chambre de flottaison transparente et transforme l'eau de mer en vapeur qui passe à travers la membrane filtrante située en dessous. Cette membrane est imperméable à l'eau de mer et aux éléments salins qui sont arrêtés et, laisse seulement s'échapper la vapeur qui se condense dans la chambre de collecte dans le fond du matelas. L'eau potable est récupérée dans le réservoir. Ce modèle peut produire jusqu'à 3 litres d'eau distillée par jour. J'en ai récolté beaucoup moins, mais l'eau était meilleure et n'avait pas le goût de plastique du modèle à cône.

Ces deux types de distillateurs solaires peuvent s'utiliser en les laissant flotter sur l'eau, ou à bord, à condition de reposer sur une surface lisse et froide de préférence. Je les avais installés sur les filets entre mes flotteurs. Pour éviter la casse pendant la tempête, j'aurais dû les rentrer à l'abri durant la nuit, mais cela demandait trop de manipulations et risquait d'accroître leur fragilité. Je reconnais que j'ai pris beaucoup de risques car la plus grosse tempête (celle qui a fait éclater les deux distillateurs pyramide), n'est survenue que vers la fin de la traversée. Le distillateur-matelas, qui semblait moins fragile, m'a tout de même réservé une mauvaise surprise à la fin, quand j'ai découvert de l'eau, à moitié salée, dans le réservoir. Ceci est arrivé lorsque le bout du filet gauche, sur lequel reposait le distillateur, a lâché. L'appareil fut traîné à moitié dans les vagues. Un trou minuscule a sans doute dû se former dans la chambre de collecte de l'eau douce, laissant pénétrer l'eau salée.

Il ne faut pas laisser stagner trop longtemps l'eau dans les bidons de réserve, surtout quand il fait chaud, car elle se putréfie très vite, comme je m'en suis aperçu durant la tempête avec le seul bidon de réserve (le bidon de dernier recours contenant l'eau mise de côté volontairement depuis quelques semaines).

Il faudrait imposer la présence d'au moins un ou plusieurs distillateurs dans l'équipement des radeaux de survie, car l'eau douce, c'est la vie. Je n'ai pas utilisé le presse-fruit qui permet d'extraire l'eau des poissons (qui en contiennent 60 à 80 % selon les espèces) mais il aurait pu m'être fort utile si j'avais manqué d'eau douce (à condition de pêcher plus de poissons bien sûr).

Recueillir l'eau de pluie

J'ai réussi à recueillir 5 litres d'eau de pluie à la fin de mon voyage, ce qui m'a redonné courage dans un des pires moments (après la tempête, avec les distillateurs cassés). Je l'ai récupérée grâce au taud prévu à cet effet et au matelas pneumatique replié en poche, qui me servait également de voilure de fortune quand je marchais. Pour stocker cette eau, il faut prévoir toutes sortes de récipients et des sacs en plastique qu'on noue comme un ballon de baudruche.

La préparation psychologique et l'autosuggestion

Je m'étais longuement conditionné pour cette traversée de l'Atlantique. Je me savais discipliné, têtu, endurant et pas du tout enclin à la dépression, mais j'ai préféré renforcer mes défenses en pratiquant des méthodes de respiration et de relaxation, et en me faisant aider par un spécialiste du support psychologique, Patrick Drouot. Cette préparation mentale s'est prolongée sur l'Atlantique grâce aux cassettes enregistrées où l'on entendait sa voix très sereine, aux vertus extrêmement relaxantes m'incitant au repos, à la détente, à la décontraction musculaire. Cela m'a été très utile à certains moments où j'avais du mal à contrôler les réactions de mon corps, et en particulier quand j'avais le mal de mer. J'avais aussi emporté trois cassettes musicales, dont l'une où j'avais intercalé des phrases d'encouragement, de stimulation, de réflexions positives : mots forts, applaudissements, musiques stimulantes, centrés autour de mon objectif, réussir, gagner, vaincre.

Sur l'océan, totalement seul, sans moyens de communications, je n'avais plus d'horaires, je n'avais plus le regard des autres, j'étais face à moi-même, et ces injonctions et suggestions m'ont énormément aidé, de même que le fait d'écrire, de penser à mes projets, au retour, à l'avenir. Avant de m'endormir aussi, je me disais sans cesse : cela va bien se passer, je vais avoir un bon sommeil, je suis tranquille. Au matin, malgré un bon repos, mon corps de plus en plus épuisé au fil des jours devenait languissant et je devais lui faire violence en lui donnant des ordres pendant un quart d'heure, ou plus, pour le faire réagir. Dans la journée, sans arrêt, je me cravachais en me disant de ne pas me laisser aller, de continuer, de marcher, de tenir. Jusqu'au bout. Tout ceci, joint à mes nombreuses activités de survie, m'a permis de ne pas me laisser envahir par cette panique neuro-végétative, cette angoisse extrême caractérisque des situations traumatisantes qui bloque toute réflexion, tout mouvement et toute action.

La lutte contre le découragement

Il ne faut jamais abandonner, jamais désespérer. Les vents et les courants nous mènent tôt ou tard vers la terre, et le but est de tenir jusqu'à ce moment. On passe par des hauts et des bas, avec le souci essentiel de stocker de l'eau si l'on peut, eau distillée ou eau de pluie. Pour éviter de se laisser gagner par cet épuisement moral, il ne faut compter que sur soi-même, et essayer de rendre son embarcation dynamique à l'aide d'une voilure de fortune à bandes réfléchissantes, d'un ballon gonflé à l'hélium et radarisable (j'en avais emporté un en cas de naufrage, mais je ne l'ai pas utilisé). Ces ballons à gaz s'élèvent à quelques dizaines de mètres, et peuvent accélérer la dérive sous le vent de l'embarcation, si une brise violente ne les rabat pas sur l'eau. Ils ont une durée de vie limitée. On peut aussi utiliser un cerf-volant muni d'une queue métallisée pour ce genre de survie active. De toute façon, lutter sans arrêt et chercher par le système D à améliorer sa condition et sa survie.

Il ne faut surtout jamais se laisser gagner par le doute. Garder son sang-froid, rester calme en permanence, en s'aidant de respirations longues et profondes quand il le faut. Ne jamais se laisser aller en pensant qu'un élément extérieur (un navire de passage pour les naufragés), va agir à votre place et vous sauver. Faire des prévisions très larges pour l'arrivée (maximiser le nombre de jours qui peuvent vous séparer de la côte) et s'économiser en conséquence.

L'autosuggestion m'était très utile dans cette lutte contre la déprime. Je me forçais à rester optimiste, à toujours m'encourager, à l'aide de mots et de phrases stimulantes. Il fallait aussi me forcer à manger, car à des sensations de faim très éprouvantes succédaient souvent des périodes d'indifférence, voire de rejet. Mon estomac ne voulait plus absorber les aliments peu appétissants (comme les anatifes).

La nécessité de maintenir une activité physique (sinon sportive)

Malgré mon anémie et ma fatigue, je tenais debout après ma traversée et j'ai pu donner mon premier spectacle un mois après mon arrivée. C'est parce que je me suis astreint, coûte que coûte, à cette marche forcée, forcenée, mais salutaire. Cette activité intense, à laquelle il faut ajouter les activités de survie (pêche et eau douce, bricolages incessants) me creusait l'appétit mais fut très efficace pour lutter contre les problèmes d'ordre musculaire, circulatoire, cardio-vasculaire et cutané, et pour le moral. Rester debout ! Je savais que tant que j'arriverais à tenir sur mes skis, je serais encore vivant. Pour moi, c'était un test. La fatigue de la marche était aussi une bonne fatigue, qui me permettait de lutter contre l'ankylose, l'humidité et l'action corrosive du sel et facilitait le sommeil. Cela m'a aussi évité les ulcérations, voire les escarres, ainsi que les fuites de calcium osseux qui guettent les personnes bloquées, de même que celles dont un membre fracturé est plâtré dans la même position durant plusieurs mois. Même les cosmonautes sont confrontés à ce genre de problèmes. Je pratiquais aussi des massages sur mes membres, mon abdomen (pour les maux de ventre). A mon retour, j'ai fait une radiographie approfondie de la colonne vertébrale, il s'est avéré que je n'avais pas souffert d'une décalcification trop importante (elle était de moins de 30 %).

La conservation d'un sommeil réparateur

Grâce à l'autosuggestion et à la relaxation, j'ai dormi d'un sommeil régénérateur sans insomnies pendant la majeure partie de la traversée. J'essayais de m'endormir le plus calmement possible. Pour cela, je prenais aussi le maximum de précautions afin de ne pas perturber mon repos : j'allumais le feu-flash dont la portée était de 4 kilomètres par nuit claire, et qui pouvait me signaler aux cargos, du moins je m'en persuadais. Les boules de cire, en réduisant d'environ 25 décibels le bruit assourdissant de la mer, favorisaient aussi ma décontraction, de même que le bandeau noir pour les yeux, que j'utilisais pendant les nuits de pleine lune ou pour mes siestes.

La lutte contre l'humidité

Je savais dès le départ que j'allais baigner dans une humidité constante, mais tel était aussi mon désir : vivre directement sur la peau de la mer, sentir la respiration et les vibrations de l'océan. Sur un bateau, on est plus isolé de la mer. Il est difficile d'éviter l'humidité quand on marche et qu'on vit comme je l'ai fait au niveau de l'eau. Mais je n'en ai pas trop souffert car je prenais beaucoup de mesures de protection pour lutter contre la macération : je talquais, surtout la nuit, pieds et mains qui sont des récepteurs privilégiés de l'humidité. J'aérais, je faisais sécher vêtements et couchage dès qu'il faisait beau, sans oublier de les attacher avec bouts ou fil de fer inox.

La lutte contre la déshydratation et le soleil

Ayant beaucoup souffert de brûlures dues au soleil lors de ma traversée de la Méditerranée sur des skis flotteurs, j'avais longtemps réfléchi au problème des coups de soleil et de la réverbération et prévu de nombreux moyens de protection. J'abritais ma tête sous une casquette blanche à visière avec protège-nuque (j'en avais une autre de rechange), je portais toujours au minimum un tee-shirt et un short, j'appliquais sur la peau une crème protectrice écran total, et je mettais des lunettes de soleil (lunettes de glacier à verres très filtrants) pour lutter contre l'ophtalmie. Je m'enfermais dans ma capsule quand le soleil était au plus haut en installant sur la bulle une protection solaire (miroir réflecteur élaboré à partir de film métallisé produit par la NASA). Le soleil augmente énormément la sudation et donc la déshydratation. Ce repos de l'après-midi m'évitait cet inconvénient, tout en me permettant de reprendre quelques forces.

Bien que ce soit recommandé, j'évitais de prendre des bains autour de la nacelle sauf quand il fallait nettoyer les coques (et dans ce cas, j'inspectais soigneusement les alentours à l'aide de mon masque de plongée, car ce n'est pas toujours par un aileron dorsal que se manifeste le requin). En réalité, je prenais souvent des bains, mais involontaires, lorsque je tombais de mes skis. L'eau me faisait alors l'effet d'une douche froide qui me fouettait le corps et l'esprit. Le corps profitait de la fraîcheur relative et diminuait sensiblement sa température. Pour lutter contre la déshydratation, je n'avais pas besoin de m'asperger ni de mouiller mes vêtements : la mer s'en chargeait en me faisant chuter!

Je veillais à toujours tout attacher, à ne jamais porter trop d'objets pendus à des fils ou ficelles (du genre briquets, gourde, sifflet), autour du cou pour éviter les risques d'étranglement en cas de chute. Je les accrochais plutôt à ma ceinture. Moi-même, j'étais relié sans arrêt à ma nacelle. En marchant, je portais en permanence mon harnais de sécurité.

Appareil cardio-vasculaire

Il s'est produit durant ma traversée plusieurs phénomènes complexes : tout d'abord mon anémie a provoqué des chutes de tension qui entraînaient vertiges et tendance aux pertes de connaissance. Par ailleurs, comme on l'a constaté à l'arrivée, ma tension était remontée à la fin de mon parcours par suite de l'absorption d'eau salée et de l'effort physique.

J'ai constaté en outre, lors de la dernière tempête, différentes crises plus ou moins longues de tachychardie (accélération du rythme cardiaque), notamment une très forte. Les analyses de fréquence cardiaque montrent un processus d'adaptation de mon métabolisme qui a vécu au ralenti pour mieux économiser ses réserves durant la traversée.

– Avant le départ (4 mars 1988) : tension 11-6,5, fréquence cardiaque 69 pulsations minute.

– Durant la traversée, prise du pouls le 13 mai : 51 pulsations minute.

– A l'arrivée (1er juin 1988) : tension prise par le docteur Pachoud de l'aviso *L.V. Lavallée* :11-6.

– Après l'arrivée, durant la période de réinsertion rapide dans la vie active sans aucun repos (8 juin 1988) : tension 10,2-6,6, fréquence cardiaque 78 pulsations minute. La tension a donc baissé en dessous de la norme à ce moment, car j'avais supprimé l'eau de mer et repris un régime alimentaire normal (plutôt très sucré que salé) depuis une semaine. Je regrette pour le bilan de cette expérience de survie de n'avoir pas pu emporter un tensiomètre sur l'océan.

Navigation

Le sextant et les éphémérides nautiques (ou le *Manuel pratique d'initiation au point astro, à la portée de tous et des naufragés* de Raymond Faigniez) sont, avec une montre ordinaire à quartz réglée sur l'heure TU, deux choses indispensables à emporter pour quelqu'un qui risque de se trouver en situation de survie (j'avais même emporté deux montres de rechange pour ne pas me trouver bloqué). Savoir s'orienter, savoir où on est, c'est primordial pour le moral. J'hésitais à acheter un équipement électronique, pour des raisons financières et d'encombrement, mais aussi à cause du manque de fiabilité de ces appareils, surtout dans des conditions extrêmes.

Moi qui avais très peu navigué, j'ai appris rapidement, à

l'aide de Raymond Faigniez, les rudiments de la navigation, grâce à des cours pratiques au sextant et à la règle Aviamarine, et à des cours théoriques autour de ses sphères animées (dont une sphère céleste réglable en latitude qui permet de comprendre les mouvements apparents journaliers et annuels des astres). J'ai ainsi compris en quelques heures comment utiliser un sextant plastique simple, comment régler les miroirs, déterminer la correction (dite de collimation), ainsi que toutes les astuces de maniement de cet appareil, de son préréglage en « hauteur à observer », et du « balancement » si important, souvent cause de difficultés d'observation. J'ai pu ainsi durant toute ma progression sur l'océan déterminer assez correctement ma position en latitude et en longitude.

Définition du cap

D'après ma route théorique prévue et la direction moyenne du courant et des vents alizés, je savais que j'allais dériver d'environ 10° à 15° vers le sud. Pour tenir compte de cette dérive, il me fallait obtenir un cap plus nord de ces 10° ou 15°. Par exemple, entre le 9 et le 10 mai, alors que je me situais par 40° de longitude Ouest et un peu moins de 14° de latitude Sud, mon cap théorique « vrai » devait être d'environ 263°. Compte tenu de la déclinaison magnétique d'environ 18° Ouest en cette région, cela faisait 281° à obtenir sur le compas implanté sur mon ski droit. Mais il fallait encore ajouter une douzaine de degrés pour contrer la dérive, soit au total 281 + 12 = 293° environ de cap compas à obtenir pour faire route réelle au 263°. Cependant, il m'était trop difficile de respecter ce cap à cause des lames qui m'arrivaient alors par le travers, qui m'inondaient et rendaient ma progression pénible. De ce fait, je savais que je n'arriverais pas à la Guadeloupe ni même à la Martinique, mais entre Grenade et le Venezuela.

Parallaxe

La dérive due aux vents et aux courants, que je n'avais pas la possibilité de contrer à cause des vagues de côté, ne me préoccupait pas trop puisque de toute façon, je savais pouvoir atteindre les Antilles du Sud. J'y pensais néanmoins de temps en temps, et il me vint un jour à l'esprit que je n'avais pas tenu compte d'une erreur que je faisais depuis le départ en lisant mon compas. En effet, ce compas n'était pas situé devant moi mais sur mon ski droit ce qui occasionnait une erreur de parallaxe! Mais à combien pouvait-elle être évaluée? A un seul ou à plusieurs degrés? Une telle observation n'était pas facile dans le clapot : je l'ai tout de même estimée à 2° ou 3°. Réflexion faite, cela représentait 2° ou 3° de trop à la lecture, donc autant de moins en cap, c'est-à-dire 2° à 3° plus sud que je ne pensais jusque-là. Un degré d'écart en cap occasionne un mille d'écart au bout de 60 milles nautiques de route par rapport à l'eau. A ce stade de ma progression, action du courant déduite, il me restait en gros un millier de milles encore, et cette erreur de parallaxe m'aurait fait toucher terre environ 50 milles plus sud que mes prévisions. Peu en vérité, mais néanmoins dans le mauvais sens!

De l'utilité du cerf-volant

J'avais emporté un cerf-volant (plus un de rechange), pour corriger ma dérive. Je pensais au départ qu'il m'aiderait à remonter vers le nord-ouest, car je savais que les courants risquaient de m'entraîner vers le sud-ouest. Le vent pouvait de temps en temps souffler dans la direction du nord-ouest et me faire remonter un peu, tout en m'aidant à tirer la nacelle. En réalité, le vent moyen s'est montré plutôt sud-ouest et c'est lui qui me faisait dériver vers le sud, entre autres au moment où j'ai utilisé le cerf-volant, du 1er au 7 mai.

Pollution

La pollution de l'océan loin des côtes est plus importante qu'on ne l'imagine à terre : quelques nappes ou reflets de gas-oil, des sacs en plastique accrochés dans les hameçons, une accumulation de goudron sur la nacelle (taches et plaques de goudron sur les distillateurs), surtout dans la première moitié de mon parcours.

Feu-flash

J'ai déploré qu'aucun des bateaux que j'ai entrevus n'ait semblé m'avoir aperçu, sauf un qui a braqué ses phares sur moi. Il est un fait que dans la journée, alors qu'ils pouvaient me confondre avec l'écume des vagues, ils auraient pu apercevoir les éclairs d'un feu-flash. Ce qui signifie que j'aurais dû laisser mon feu-flash Novatech-Techmation (très performant), allumé jour et nuit, vingt-quatre heures sur vingt-quatre, mais il ne fonctionnait que sur piles alcalines, et je craignais que celles-ci ne durent pas suffisamment longtemps.

Moyennes journalières sur l'Atlantique (d'après les relevés Argos)

– Moyenne journalière sur les 5 636 kilomètres de la traversée : 93,92 kilomètres quotidiens (soit 3,91 km à l'heure) durant 60 jours.

– En avril, j'ai fait 2 213 kilomètres soit une moyenne de 73 kilomètres par 24 heures.

– En mai, j'ai fait 3 422 kilomètres, soit une moyenne de 111 kilomètres par 24 heures.

– La plus petite moyenne journalière de la traversée : le 16 avril, où je n'ai fait que 35 kilomètres (j'étais sous ancre flottante, essayant de me ralentir pour tenter de pêcher plus. En vain d'ailleurs).

– Les plus fortes moyennes journalières : 145 kilomètres quotidiens le 5 mai (un des six jours où j'ai utilisé le cerf-volant), et le 22 mai (poussé par la dernière tempête).

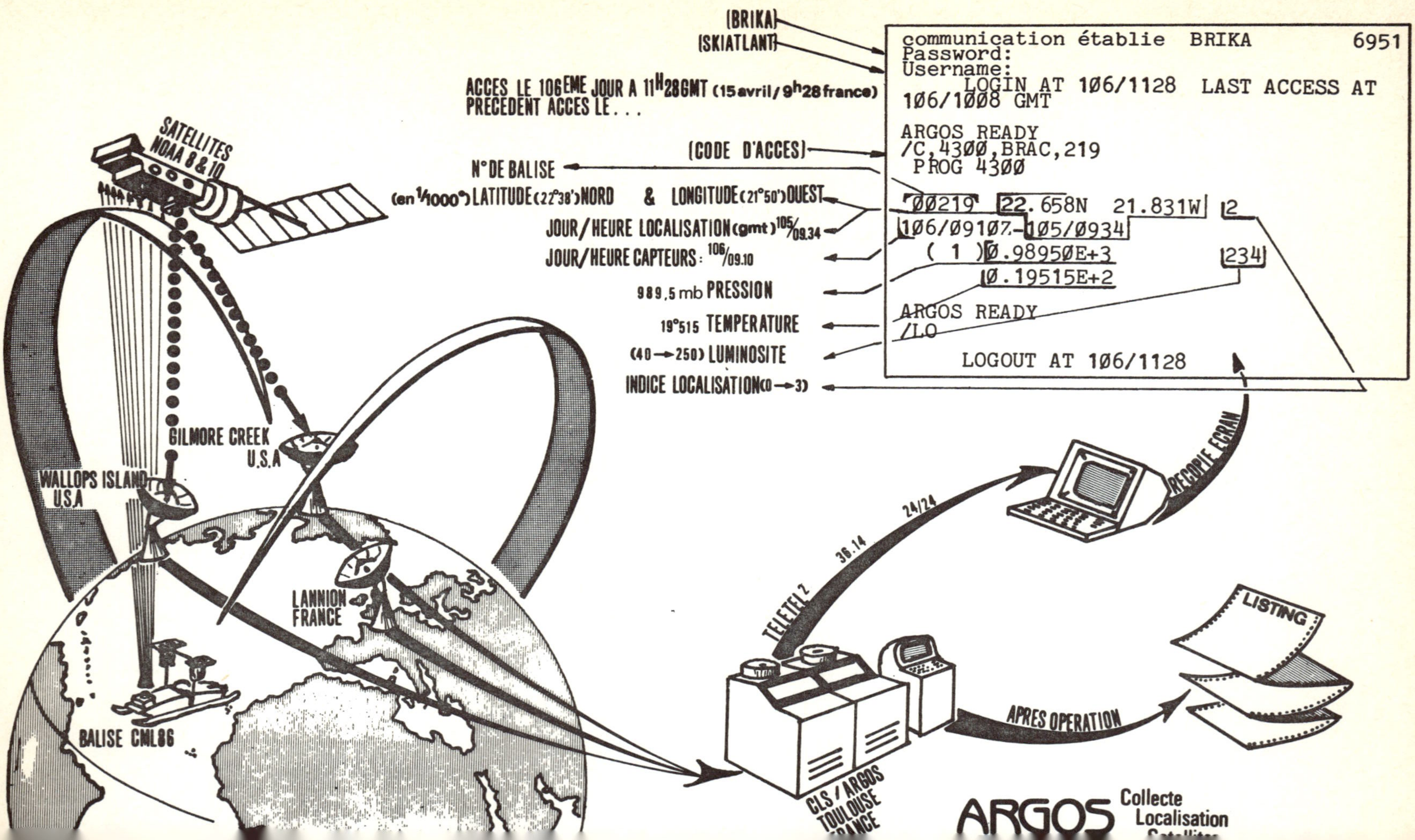
(BRIKA)
(SKIATLANT)
ACCES LE 106EME JOUR A 11H28GMT (15 avril/9h28 france)
PRECEDENT ACCES LE...
(CODE D'ACCES)
N° DE BALISE
(en 1/1000°) LATITUDE (22°38') NORD & LONGITUDE (21°50') OUEST
JOUR/HEURE LOCALISATION (gmt) 105/09.34
JOUR/HEURE CAPTEURS : 106/09.10
989,5 mb PRESSION
19°515 TEMPERATURE
(40 → 250) LUMINOSITE
INDICE LOCALISATION (0 → 3)
communication établie BRIKA 6951
Password:
Username:
LOGIN AT 1Ø6/1128 LAST ACCESS AT
1Ø6/1ØØ8 GMT
ARGOS READY
/C,43ØØ,BRAC,219
PROG 43ØØ
ØØ219 22.658N 21.831W 2
1Ø6/Ø91Ø7-1Ø5/Ø934
(1)Ø.9895ØE+3 234
Ø.19515E+2
ARGOS READY
/LO
LOGOUT AT 1Ø6/1128
SATELLITES NOAA 8 & 10
GILMORE CREEK U.S.A
WALLOPS ISLAND U.S.A
LANNION FRANCE
BALISE CML86
TELETEL 2
36.14
24/24
RECOPIE ECRAN
APRES OPERATION
LISTING
CLS / ARGOS TOULOUSE FRANCE
ARGOS Collecte Localisation

Créé en 1974, opérationnel en 1979, le SYSTEME ARGOS, est le fruit de la collaboration entre :

- Le C.N.E.S (Centre National d'Etudes Spatiales) FRANCE
- La N.A.S.A (National Aéronautique and Space Administration) U.S.A
- La N.O.A.A (National Océanic and Atmosphéric Administration) U.S.A

Il permet de LOCALISER des plateformes, fixes ou mobiles,et de COLLECTER les informations qu'elles émettent sur toute la surface du globe, dans le cadre d'applications nombreuses :

- Etudes de l'environnement
- Activités scientifiques et opérationnelles : Météorologie
  Océanographie
  Géologie
  Biologie
- Recherches off-shore
- Transports maritimes et terrestres

Sa promotion et son exploitation sont assurées par : C.L.S (Collecte/Localisation/Satellites)
31055 TOULOUSE Cédex Tél: 61.39.47.00
filliale du C.N.E.S et de l' I.F.R.E.M.E.R .

Balise CML86

DIMENSIONS	400 x 400 x 150
POIDS	7,5kg
ENERGIE	Batteries solaires (1 jour soleil = 100h d'autonomie)
EMISSION	Centrée sur 401,650Mhz toutes les 60 à 90sec. d'une durée de 360 à 920ms pour 256bits maximum
PARTICULARITES	Etanche, insubmersible Equipée signal d'urgence

Satellites NOAA 8 & 10 (h& j)

Altitudes	833 et 870km
Orbites	Circulaires Polaires décalées à 90° Héliosynchrones
Période passage	101mn (= 1 tour de Terre)
Zone balayage	Bande de 5000km de large Décalage de 25° par tour (soit 2800km à l'équateur)
Nombre de passages	6 à 8 par période de 24h
Réception	"à vue" de la balise

La préparation diététique de Rémy Bricka

Le bionutritionniste, Serge Baudoin : « Comment j'ai aidé Rémy à se transformer en " dromadaire des mers " avant son départ. »

« Un inconnu m'aborda un jour au salon Marjolaine de 1986 où je venais de donner une conférence sur la diététique : il me posa des questions sur le problème des " graines germées " et m'expliqua qu'il se préparait pour une traversée de l'Atlantique sur des skis flotteurs. D'emblée, l'homme et son projet fou me plurent et je donnai rendez-vous à Rémy Bricka à mon cabinet, lui proposant gracieusement mes services pour sa préparation diététique et physiologique à une telle épreuve.

» Rémy s'était présenté à moi en tant que végétarien (non exclusif, car tolérant la viande et le poisson). Cette discipline de vie, sa personnalité spontanée et sincère, son souci du détail matériel, et la grande minutie qu'il apportait dans sa préparation (il ne voulait rien laisser au hasard), m'ont porté à lui faire confiance car je connais bien la résistance physique et mentale particulièrement solide de nombreux champions sportifs végétariens.

» Lors des premiers examens cliniques, Rémy m'apparut comme un homme robuste, en pleine possession de ses moyens, mais je formulais toutefois le souhait de le voir " marcher sur l'eau ", lors de l'un de ses entraînements sur la Seine. A 5 heures du matin le lendemain, par une aube de novembre, dans la nuit noire, nous partîmes dans son étrange véhicule d'homme-orchestre (longue voiture à six roues qui lui sert à transporter ses instruments pour ses spectacles, mais aussi tout le matériel de ses entraînements quand il part s'exercer sur la Manche ou sur l'Atlantique) en direction du pont d'Asnières.

» Rémy sort sa paire de skis flottants et sa longue pagaie double. Je lui prends sa tension : 11,5 - 6,5, fréquence cardiaque à 65, des chiffres normaux pour un homme de trente-huit ans. Dès le départ, je suis obligé de courir pour suivre Rémy qui n'a rien d'un promeneur du dimanche et mène sur la Seine une cadence endiablée. Une demi-heure après, il va toujours aussi vite. Après 45 minutes, nous faisons demi-tour et il continue sa course sur l'eau jusqu'à notre point de départ. Nouvelle prise de tension : 13 - 8, fréquence cardiaque à 90. Compte tenu de l'effort intense fourni, c'est très bon : entraînement efficace et excellente endurance physique. Tout cela me rassure sur la capacité de Rémy à tenir longtemps l'effort dans ce sport qui paraît si peu physiologique (la marche sur l'eau oblige à des déhanchements continuels) et à souffrir physiquement dans le froid et la nuit.

» Pour bien comprendre sa physiologie, je lui ai fait faire un journal alimentaire, c'est-à-dire que, pendant un mois, il a noté sur un cahier tout ce qu'il mangeait en pesant à chaque fois les aliments absorbés, sans oublier le moindre biscuit ou le moindre carré de chocolat !

» Ensuite, j'ai calculé aliment par aliment les quantités de glucides (sucres et amidons), protides (protéines), lipides (graisses) absorbées. Partant de ces calculs j'ai à nouveau calculé la proportion de chacun de ces 3 nutriments (glucides, protides, lipides) repas par repas puis journée après journée de façon à voir comment il répartissait d'instinct son alimentation et afin de lui établir un programme diététique correspondant parfaitement à sa physiologie. Après dépouillement et interprétation de ce journal alimentaire, il m'est apparu que Rémy avait d'instinct un assez bon équilibre diététique en dépit d'un certain nombre d'erreurs qu'il corrigea de bonne grâce tant sa volonté de réussir était grande. »

Un régime naturel

« Le plus remarquable dans son comportement alimentaire était le fait qu'il puisse passer de 1 100 calories à plus de 4 000 calories par jour, sans aucun trouble digestif.

» Si Rémy m'a accordé sa confiance, c'est je pense en grande partie parce que je suis bionutritionniste, pratiquant une diététique naturelle à laquelle il était très attaché; avec lui pas question de vitamines de synthèse ou de fortifiants pharmaceutiques; il voulait se préparer d'une façon exclusivement naturelle.

» Tout de même, désireux de mettre toutes les chances de son côté, Rémy a accepté de bonne grâce de se soumettre à divers examens de laboratoire, analyse très approfondie de ses cheveux pour détecter les moindres carences et les moindres déséquilibres au niveau des minéraux et des oligo-éléments, analyse de sang très poussée également, puisqu'il a bénéficié entre autres d'un bilan biologique complet.

» Partant de ces résultats, il a été décidé de faire prendre tous les jours et par cures de deux mois des cocktails d'oligo-éléments spécialement dosés. Pour ce qui est des vitamines, j'ai dû le convaincre de la nécessité d'une supplémentation extra-alimentaire sous forme de macérat huileux de carotte pour la vitamine A, d'huile de poisson pour la vitamine D, d'extraits concentrés de levures pour les vitamines du groupe B, ainsi que d'extraits concentrés d'huile de germe de blé pour la vitamine E; quant au supplément de vitamine C, nécessaire pour fortifier les glandes surrénales, d'une importance capitale pour une telle épreuve, il était fourni sous forme de concentré d'acérola (c'est le fruit le plus riche au monde en vitamine C).

» Très scientifique, cette préparation était celle que j'applique à tous mes sportifs de haut niveau. En revanche, je ne m'attendais pas à la révélation que me fit Rémy fin novembre 1987 : “ Je veux partir sans eau ni vivres! ” Il me posait un terrible cas de conscience : l'aider, n'était-ce pas l'encourager et être étroitement associé à sa tentative insensée? Mais lui dire non, c'était le priver de conseils précieux et d'une préparation sévère qui lui donnerait des atouts pour échapper à la mort.

» Mon expérience personnelle d'un jeûne intégral m'est alors revenue à l'esprit. Je savais, pour l'avoir vécu moi-même, qu'on pouvait rester deux mois sans manger en ne buvant que de l'eau. Mais je l'avais testé dans le confort d'un hôpital moderne. De là à tenter cette expérience en solitaire sur l'Atlantique, c'était beaucoup moins évident! Mais Rémy était si persuasif, si bien préparé psychologiquement à cette idée, qui lui paraissait le pendant logique de son exploit sportif océanique, qu'il m'a convaincu. »

Un programme de suralimentation

« En fonction de ces nouvelles données, nous avons donc décidé d'appliquer un programme diététique encore plus strict : deux à trois jours de jeûne par semaine alternés avec des journées de suralimentation pour lui faire prendre du poids et des muscles.

» Le régime comportait du poisson cru, des algues crues, de l'eau de mer (jusqu'à 0,5 litre certains jours) en plus d'une alimentation végétarienne basée sur les crudités, les graines germées, les céréales, les fruits secs oléagineux (noix, noisettes, amandes) et une bonne ration d'huiles crues de première pression à froid (carthame, tournesol, sésame, œillette), ainsi que des huiles spéciales utilisées habituellement en milieu hospitalier pour la réalimentation des malades opérés du tube digestif et présentant de très graves problèmes digestifs.

» Heureusement que Rémy avait un long passé de végétarien derrière lui sans quoi il n'aurait vraisemblablement pas supporté un tel régime. Il a fait preuve d'une volonté peu commune pour suivre un tel plan d'alimentation : boire de l'eau de mer et avaler tout cru cuillerées d'huile, poisson et algues n'est pas à la portée du premier venu.

» L'entraînement au jeûne a été arrêté un mois et demi avant le départ, car il ne prenait pas assez de poids. A deux semaines de la date prévue pour le départ, il n'avait toujours pas ses 20 kilos de réserve par rapport au poids minimum de 50 kilos jusqu'où il pouvait descendre sur l'Atlantique et que j'avais fixé comme limite de sécurité pour ne pas mettre en jeu sa vie. Un programme de suralimentation fut donc mis en place ce qui était loin d'être évident vu l'activité débordante de Rémy très occupé à régler les derniers détails de sa tentative. Ses nuits étaient fort courtes, il lui a donc fallu beaucoup de courage, dans ces conditions, pour respecter son programme diététique. Parfois son estomac refusait la quantité énorme de nourriture prévue à son programme mais, courageusement, il insistait, si bien qu'il réussit à atteindre à force de suppléments de fruits secs, pâtes de fruit et d'amande, le poids de 72 kilos le jour de son départ. L'objectif était atteint, Rémy était transformé en dromadaire des mers! »

Analyse de l'état de santé de Rémy Bricka, après sa traversée

L'examen clinique de Rémy Bricka, réalisé lors d'un premier examen le 13 juin (soit treize jours après son arrivée à Trinidad), montre un sujet cliniquement amaigri, avec un poids de 63 kilos, une fatigabilité importante, une hyperphagie, un sommeil perturbé. Sur le plan cardiovasculaire, des douleurs thoraciques, des palpitations avec une tendance aux pertes de connaissance. Sur le plan pulmonaire, une toux persistante. Sur le plan urinaire, brûlure à la miction et légère dysurie. Sur le plan locomoteur, douleurs musculaires et douleurs articulaires. Sur le plan neurologique, maux de tête et bourdonnements d'oreilles. Sur le plan ophtalmologique, petites taches conjonctives de l'œil droit principalement.

Le bilan biologique met en évidence une anémie : 3,7 millions de globules rouges avec diminution de l'hémoglobine (12 grammes par litre) et du fer sérique (15 microgrammes par millilitre). Par ailleurs, le magnésium, le calcium et le cortisol sanguin étaient à des niveaux normaux. Avant le départ, une analyse effectuée chez un autre médecin avait montré que le nombre habituel de globules rouges de Rémy était de 5,3 millions et le taux d'hémoglobine de 15,3 g/l.

Lors du deuxième examen réalisé le 4 juillet (soit un mois après son arrivée), on a noté un retour vers la normale de la formule sanguine avec 4,4 millions de globules rouges, une hémoglobine à 14,7 g/l et un fer sérique à 25 microgrammes par millilitre. L'ensemble des autres signes cliniques avait régressé.

Lors des deux examens successifs, on a réalisé une épreuve

d'effort sur ergocycle dans le but de mesurer la consommation maximale d'oxygène (VO2 max) par méthode directe et la puissance maximale aérobie. Les résultats ont permis de mesurer un VO2 max de 21 ml/mn/kg la première fois et de 38 ml/mn/kg au deuxième test. Le premier chiffre met en évidence une diminution de moitié par rapport à des sujets sédentaires du même âge. Le deuxième chiffre montre une récupération presque au niveau d'une population sédentaire de référence.

La puissance aérobie était considérablement diminuée en comparaison des sédentaires du même âge lors du premier test, puisqu'elle atteignait seulement 120 watts. Elle est remontée à 190 watts lors du deuxième test. Lors du premier test, la fréquence cardiaque maximale obtenue n'a pas dépassé 154 battements par minute alors qu'elle était montée à 170 lors du deuxième.

Ces résultats montrent une réduction considérable de la puissance musculaire qui limite les capacités d'effort physique. Cette limitation est à mettre en relation avec la fonte musculaire des membres inférieurs. Les résultats indiquent une récupération rapide de la puissance musculaire lors du deuxième examen.

En conclusion : en l'absence d'examen initial, on a évalué l'intensité du stress physique et psychique en comparaison avec des sujets du même âge et sur la période de récupération entre juin et juillet. Au total, on constate un amaigrissement important, une réduction de la capacité d'exercice physique, et une anémie.

Analyse psychologique de l'épreuve

Il est certain que la réussite de cette épreuve est due en partie au maintien de l'aspect quantitatif du sommeil. Il s'agit d'un gros dormeur dont le temps habituel de sommeil est de neuf heures. Pendant la majeure partie de la traversée, il a maintenu et parfois augmenté cette durée : huit heures de sommeil nocturne plus deux à trois heures de sommeil diurne. Cela fait penser à la théorie biphasique du sommeil (sommeil nocturne plus sommeil diurne) mise en évidence dans les pays chauds. Cette théorie a été appliquée spontanément et naturellement par Rémy Bricka; la sieste de l'après-midi ayant lieu au plus chaud moment de la journée lui permettait en outre de réduire la déshydratation.

Le sommeil nocturne, bien que qualifié par Rémy Bricka de « profond » et bien que psychiquement tranquille, s'est trouvé fractionné de façon inhabituelle. Au cours de ces deux ou trois réveils nocturnes, il en a profité pour satisfaire des mictions (signe probable mais inconscient d'une certaine anxiété), et pour surveiller différents éléments de navigation. Cette attitude peut être rapprochée de celle des primates non humains dont le sommeil est très proche de celui des hommes, à l'exception de quelques paramètres dont ces éveils fréquents au cours du sommeil leur permettant de vérifier qu'aucun prédateur ne met leur vie en danger.

Malgré son épuisement, il a toujours combattu la lassitude morale au cours de cette longue épreuve de deux mois. Si le physique et le psychique du « moi » se dégradaient, ce que l'on appelle le « surmoi » gardait le contrôle de la situation, tenait les rênes et luttait pour aller vers le but fixé. L'épreuve a été gagnée, mais à quel prix (perte de poids importante, combat psychique permanent!) Il est probable que si l'aventure s'était poursuivie plus longtemps, les phénomènes d'hallucinations seraient devenus de plus en plus fréquents, et le « surmoi » n'aurait peut-être pas pu contrôler longtemps encore cette situation de combat isolé et permanent contre les éléments. L'homme est avant tout un animal social.

L'absence de communication avec son semblable ne peut durer bien longtemps. L'homme a un besoin énorme de communication : les exemples d'enfants abandonnés dans la forêt montrent bien la régression comportementale et intellectuelle qui s'opère alors. L'apparition d'hallucinations, la communication avec des êtres disparus, la prière sont chez Rémy Bricka autant d'exemples de ce besoin de communiquer, de ne pas se sentir isolé, d'appartenir toujours à la famille humaine. Cet aspect était d'ailleurs implicitement contenu dans la préparation de l'épreuve : enregistrement de cassettes audio visant à rassurer et à prendre le meilleur dans l'environnement imposé, autosuggestion permettant de préparer au mieux au sommeil, ou « dialogue » avec la mer et l'environnement personnalisant involontairement des éléments de la nature.

Analyses réalisées par le C.E.R.M.A. (Centre d'études et de recherches de médecine aérospatiale).

Dr Guy Santucci, professeur agrégé
Dr Charles-Yannick Guezennec, professeur agrégé
Dr Didier Lagarde, spécialiste de recherches

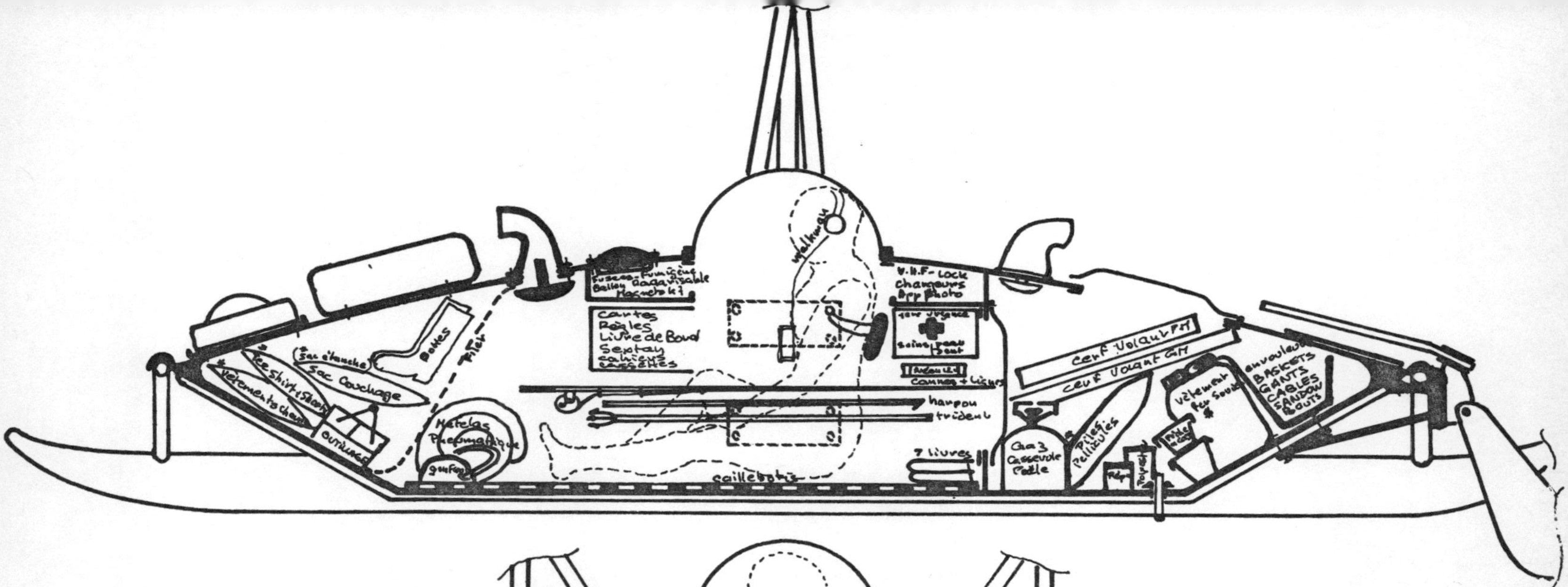

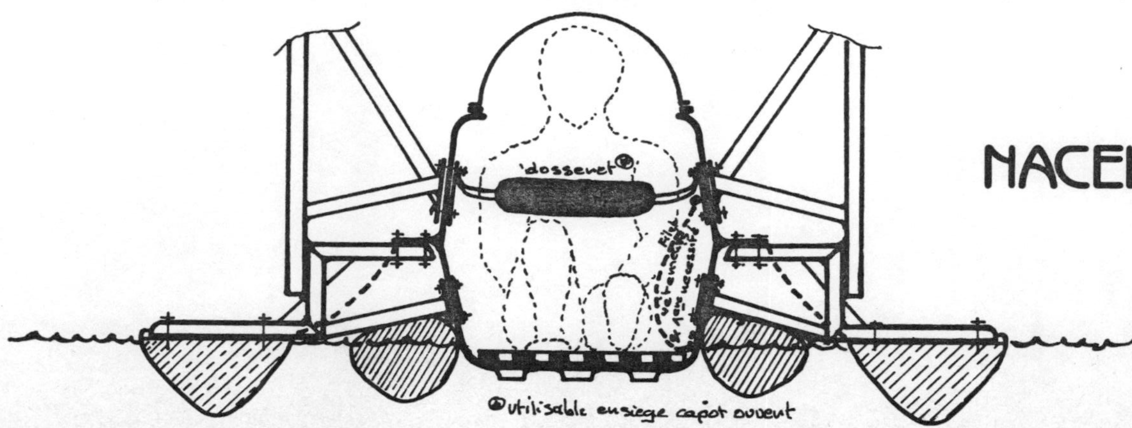

NACELLE COUPES

Liste du matériel emporté pour la traversée de l'Atlantique du 2 avril au 31 mai 1988

A la fin de ma traversée, quand j'ai été recueilli par le bateau japonais au large des côtes de Trinidad et que le bout de traction de la nacelle a craqué, celle-ci a dérivé sur 132 kilomètres, finissant par s'échouer sur la côte est de Trinidad, à Balandra Bay. Elle y fut pillée par les pêcheurs et les autochtones (qui pensaient que j'avais disparu en mer), avant que j'aie pu la récupérer. J'ai ainsi perdu la majeure partie de mon matériel, le reste étant très abîmé. Cette perte fut d'autant plus dure à supporter que je n'étais pas assuré pour mon matériel : le prix demandé étant trop élevé, je n'avais souscrit qu'une assurance minimum de responsabilité civile! J'indique entre parenthèses dans ma liste ce qui a été pillé, c'est-à-dire volé après échouage.

Matériel de survie

– 1 nacelle de survie de 2 mètres carrés (3,65 m de long sur 0,65 m de large), encadrée de 2 flotteurs de 4,71 m de long sur 0,38 m de large chacun (à moitié pillée et saccagée. Rapportée en France en septembre 1988 et exposée au Salon nautique)

– 4 volumes gonflables antichavirement (deux de pillés)

– 8 haubans (pillés)

– 1 safran (pillé puis récupéré brisé)

– 4 filets trampoline (pillés)

– 15 mètres environ de tuyaux de protection (en tuyau d'arrosage) et de tuyaux de gonflage divers (pillés)

– 1 panneau solaire (pillé puis récupéré)

– 3 distillateurs solaires (pillés)
– 1 dessalinisateur (pillé puis récupéré)
– 1 taud de récupération de l'eau de pluie (pillé)
– 1 pompe à eau (non utilisée et pillée)
– 2 pompes de gonflage (pillées)
– 4 bidons alimentaires de 25 litres (pillés, un seul récupéré brisé)
– 1 bidon souple de 10 litres (pillé)
– 1 écran solaire pour protéger la bulle du rayonnement du soleil (pillé. La moitié avait déjà été arrachée en mer par le vent après avoir été utilisée comme voile de fortune)
– 1 manche à air (pillée)
– 3 lampes dont une néon, une lampe torche et une frontale (pillées)
– 1 fer à souder de 12 volts pour le bricolage (pillé)
– 2 mini-chargeurs solaires pour petites piles de 1,5 volts (non utilisés et pillés)
– 1 boîte à pharmacie (pillée). Utilisée essentiellement pour le mal de mer (suppositoires Marzine, ampoules homéopathiques)
– 1 boîte de pharmacie dentaire (non utilisée et pillée)
– 1 boîte d'outils, visserie, manilles, pierre à aiguiser, petite scie à métaux (pillée)
– 2 boîtes de réparation polyester (qui pouvaient me permettre de boucher un trou dans la coque, même sous l'eau (non utilisées et pillées)
– 1 nécessaire à couture : aiguilles, fils solides, épingles de sûreté (non utilisé et pillé)
– 1 anémomètre (non utilisé et pillé)
– 1 matelas pneumatique (pillé)
– 1 siège amovible qui me calait les reins pour me tenir assis (pillé)
– 4 caillebottis (pillés)
– 2 sacs de couchage (pillés)
– 1 sifflet à ultrasons pour les dauphins (utilisé 2 fois, pillé)
– 1 vaporisateur (pillé).

Matériel de pêche et de cuisine

– 1 hamac transformé en filet à poissons volants (pillé)

– 1 gourdin pour assommer les poissons (pillé)

– 5 lignes de traîne avec 3 bas de ligne (pillées)

– 1 canne à pêche avec moulinet et fils divers (pillée)

– 1 dizaine de leurres, avec agrafes, émérillons (1 leurre récupéré après pillage)

– 4 boîtes diverses en plastique (pillées)

– 1 fusil sous-marin avec pointes et caoutchoucs de rechange (pillé)

– Plusieurs petits pots de couennes pour la pêche (pillés)

– 1 épuisette de 5 mètres (pillée)

– 1 gaffe (pillée)

– 1 harpon à main (non utilisé et pillé)

– 1 camping-gaz à cardan (pas vraiment utile. Voir le chapitre : Réflexions sur une expérience de survie active; pillé)

– 1 casserole et une poêle de campeur (pillées)

– 1 gobelet gradué (pillé)

– 3 filets à plancton : un extracteur de parachute, un sac à provisions à mailles en plastique perdu en mer, et un collant bricolé (pillés)

– 1 cuiller en bois pour le plancton (pillée)

– 1 presse-fruit pour extraire le jus de poisson (non utilisé et pillé)

– Plusieurs torchons et sacs en plastique (pillés)

– 3 couteaux (dont une dague et un couteau flottant) plus un dévidoir (pillés)

– 3 briquets dont un avec porte-briquet de protection et deux briquets coupe-vent (pillés)

– 1 masque de plongée avec un tuba et deux palmes (pillés)

– 1 loupe pour examiner le plancton (non utilisée et pillée).

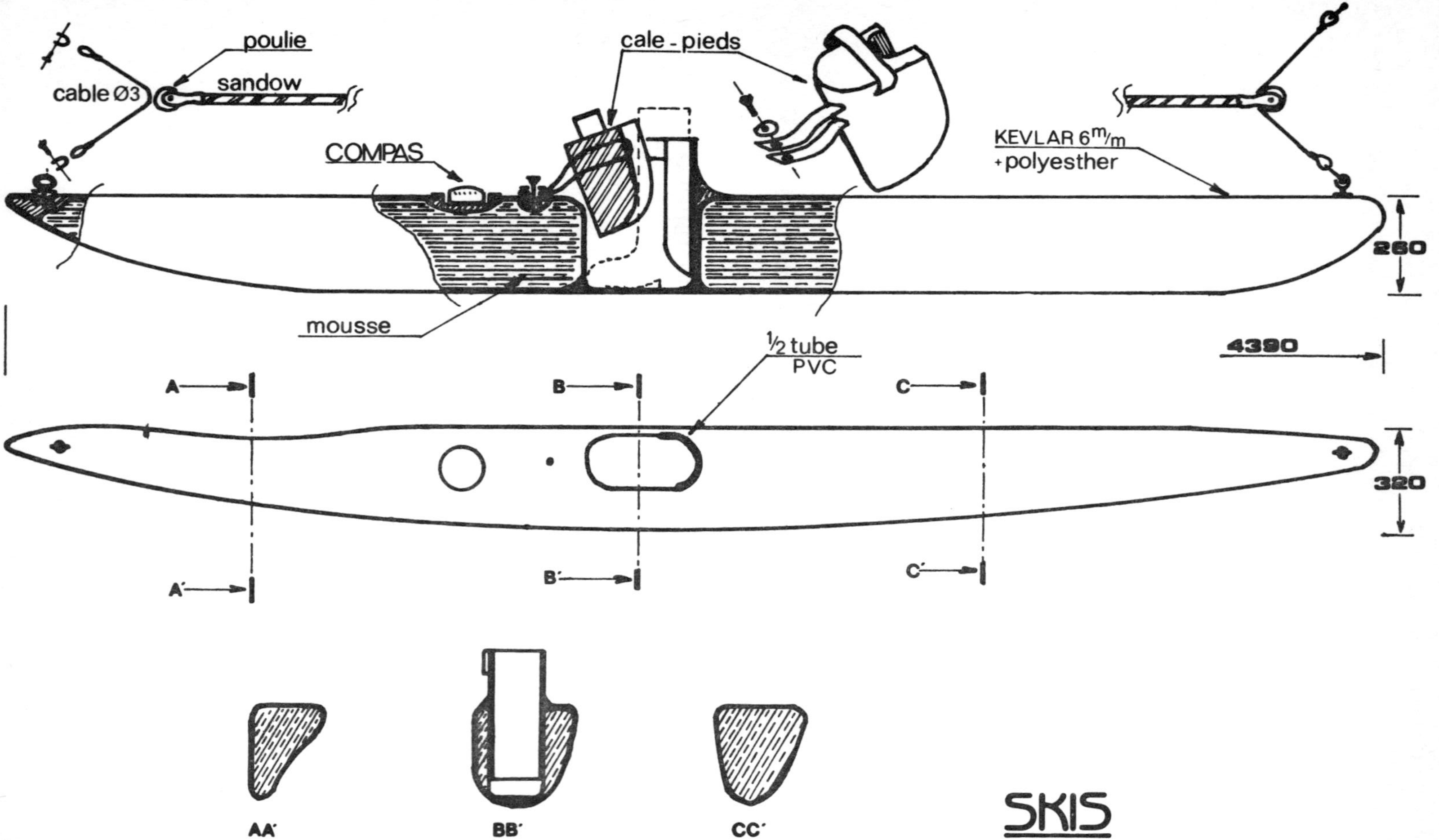
poulie
cable Ø3
sandow
COMPAS
cale - pieds
KEVLAR 6 m/m
+polyesther
260
mousse
1/2 tube
PVC
4390
A
A′
B
B′
C
C′
320
AA′
BB′
CC′

SKIS

Liste du matériel emporté pour la traversée

Matériel de marche

– 2 paires de skis. Les skis principaux : 4,20 m de long sur 0,32 m de large et 0,26 m de haut, et les skis de rechange (non utilisés), 2,51 m de long sur 0,27 m de large et 0,17 m de haut (pillés et récupérés désossés et abîmés)

– Systèmes de fixation pour skis et encoches (pillés)

– 5 pagaies de différentes tailles (3,60 m à 3,80 m, avec pales larges ou effilées. Je choisissais mes pagaies en fonction de ma forme physique et de l'état de la mer et du vent. Je prenais les plus petites et les moins larges les jours de grande fatigue, et surtout à la fin (pillées. Deux en bois furent récupérées)

– 1 bout de 17 mètres avec 2 mousquetons de harnais de sécurité (gardé avec moi)

– 1 paire de poignées de force avec crochets pour crocheter la pagaie au cas où je n'aurais plus eu assez de force dans les mains (non utilisée et pillée)

– 2 cerfs-volants, un Stratoscoop 2 de 136 cm sur 135 cm, et un Paraplane Bora de 80 cm sur 71 cm (le plus grand perdu en mer après 6 jours seulement d'utilisation, le petit non utilisé et pillé)

– 1 enrouleur de cerf-volant avec 180 mètres de fil (pillé)

– 2 paires de bottes en caoutchouc pour la marche sur l'eau. C'étaient tout simplement des bottes de cheval à l'intérieur desquelles j'interchangeais différentes semelles amortissantes ainsi que des semelles aimantées contre le mal de mer (1 paire gardée avec moi, l'autre pillée)

– 1 paire de chaussures de sport (non utilisées et pillées)

– 2 casquettes à visière blanche (le blanc repoussant la chaleur) avec protection descendant sur la nuque (1 gardée avec moi, l'autre pillée)

– 1 cagoule polaire (pillée)

– 4 paires de lunettes de glacier (1 paire gardée avec moi, les autres non utilisées et pillées)

– 1 ensemble Gore-Tex (pillé)

– 3 ensembles de fourrure polaire (pillés)
– 6 paires de chaussettes spéciales hautes (pillées)
– 5 paires de gants pour pagayer, pêcher, etc. (pillées)
– 1 vingtaine de manchons en latex, pour protéger les pieds contre l'eau de mer. Les manchons étaient à cheval sur le haut du mollet et les bottes (plus de la moitié utilisés, les autres pillés).

Matériel de sécurité
– 1 feu-flash (pillé et retrouvé)
– 1 radeau de survie d'Accastillage Diffusion (non utilisé et pillé)
– 1 balise Argos (pillée et récupérée)
– 1 ceinture de sécurité avec bout extensible et mousqueton de harnais de sécurité (gardée avec moi)
– 1 harnais de sécurité, fait sur mesure, d'une flottabilité de 7 kilos, qui me servait à être relié en permanence à la nacelle lors de la marche (gardé avec moi)
– 1 réflecteur radar 12 facettes en polyester métallisé (non utilisé et pillé)
– 1 miroir de signalisation (non utilisé et pillé)
– 1 ballon radarisable à hélium (non utilisé et pillé)
– 1 pistolet lance-fusées étanche avec 6 fusées de détresse (non utilisés et pillés)
– 1 gros fumigène (non utilisé, pillé et récupéré).

Matériel de navigation et de communication
– 1 sextant Ebco spécial en plastique qui me permettait de faire le point avec les éphémérides nautiques (gardé avec moi)
– 2 compas (pillés)
– 1 loch (pillé et récupéré)
– 3 montres étanches (pillées)
– 1 chemise de documents et une carte d'identité (pillées et récupérées)
– 1 journal de bord (pillé puis récupéré)
– 1 étui à cartes étanche (pillé puis récupéré)

– 4 cartes maritimes plastifiées du SHOM : la carte générale de la Route du Rhum, une carte générale des Antilles avec une partie de Trinidad, une carte rapprochée des Antilles françaises, une carte de la Guadeloupe (pillées, deux de récupérées)

– 1 règle Aviamarine (pillée)

– 7 livres de survie, dont 1 livret de premiers soins (pillés)

– 2 mini-dictionnaires (non utilisés et pillés)

– 2 fascicules sur le plancton (pillés)

– 2 méthodes de navigation et un guide des étoiles (pillés puis récupérés)

– 500 dollars US (non utilisés... et pillés)

– 2 tubes de colle, 3 crayons, 2 gommes, 1 taille-crayon (pillés)

– 1 radio VHF avec étui étanche, batterie de rechange et antenne spéciale (pillée)

– 1 radio ondes courtes, FM et ondes moyennes (pillée)

– 1 magnétophone avec cassette de réflexions et musiques composées durant la traversée (pillés)

– 1 walkman avec 2 cassettes de Patrick Drouot, 3 cassettes musicales et d'autosuggestion (pillés)

– 2 écouteurs étanches (pillés)

– 1 appareil photo étanche avec 6 images (pillé)

– 1 batterie 12 volts pour recharger les piles (pillée et récupérée)

– 1 centaine de piles pour le feu-flash, le walkman, le transistor, le magnétophone, les radios (ce qui me restait a été pillé)

– 150 mètres environ de bouts divers, sandows, câbles avec poulies, sangles, mousquetons, le tout dans un panier (pillés)

– 1 ancre flottante (pillée)

– 1 drapeau français (pillé).

Affaires personnelles

– 1 dizaine de tee-shirts (1 gardé sur moi, 2 perdus en mer, les autres pillés)

– 4 shorts (1 gardé sur moi, les autres pillés)

– Plusieurs sacs étanches (pillés)

– Trousse de toilette avec ciseaux, brosse à dents, glace, cotons-tiges (pillée)

– 1 boîte de boules Quiès (elles m'ont permis de mieux me concentrer le jour durant la marche, et de dormir plus tranquille la nuit car la mer est très bruyante (pillée)

– 1 quinzaine de pommades, protections diverses, talc (pillés)

– 1 tube d'argile : utilisation externe en cataplasmes contre les maux d'estomac (pillé)

– 2 bracelets d'acupuncture anti mal de mer, d'utilisation pas très facile (pillés)

– 2 savons liquides (1 utilisé en mer, l'autre pillé)

– 2 éponges (pillées)

– Plusieurs serviettes (pillées)

– 1 flûte. Je l'avais emportée pour rompre la solitude et avoir une activité de détente. Le son du pipeau peut aussi attirer les oiseaux. Pendant ma traversée, trop occupé, je ne m'en suis pratiquement pas servi (pillée et retrouvée).

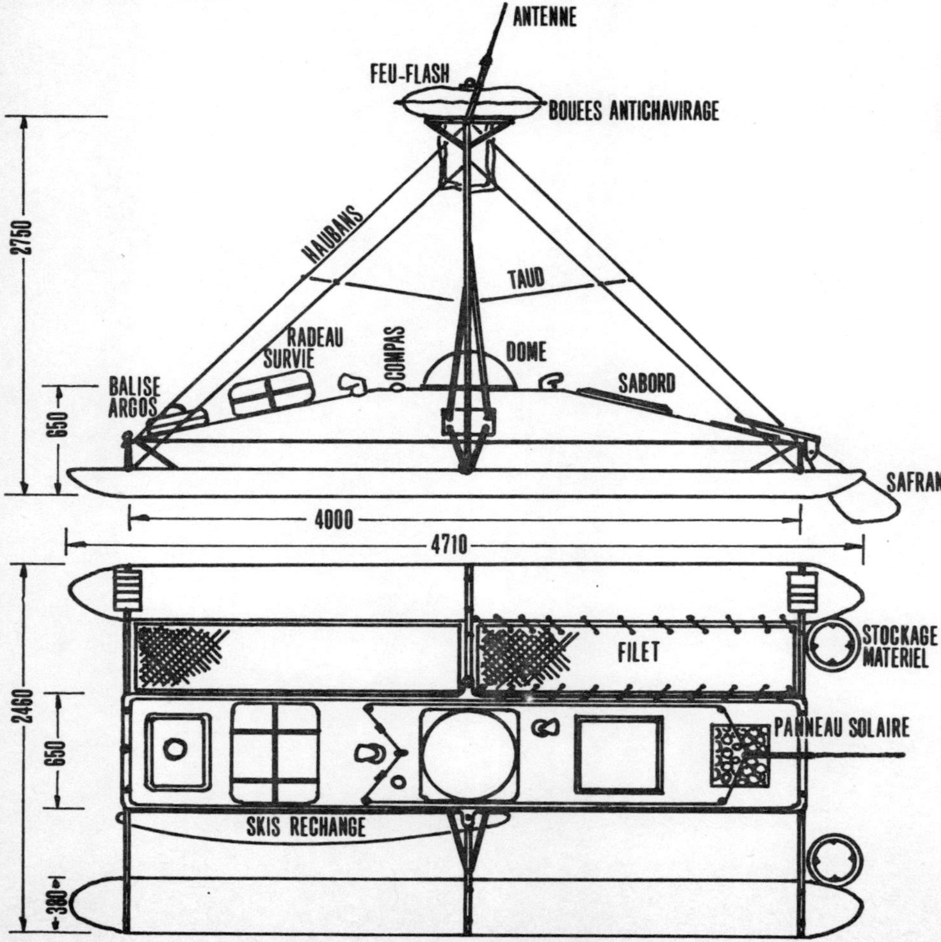

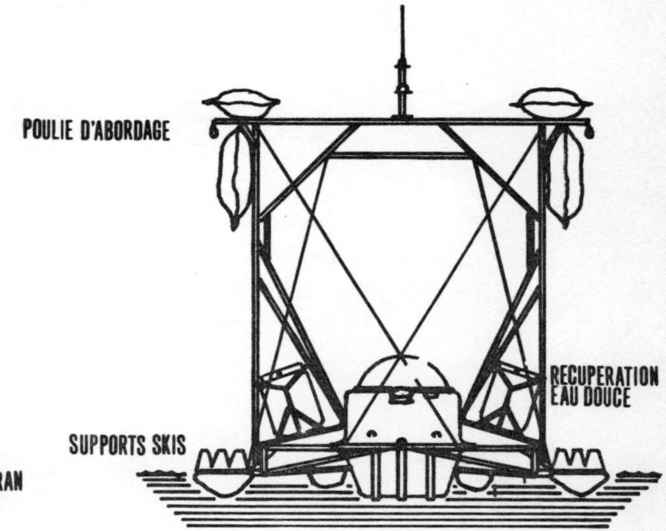

NACELLE VUES GENERALES

→ pour plus de clarté certains détails ne figurent pas dans toutes les vues

Remerciements

– Agfa Systèmes Division Graphique (Gilles Catherine)
– Crédit Mutuel Océan (André Virlouvet)
– Novatech et Techmation (feu-flash)
– CGM (Compagnie générale maritime)
– Vogod Surcouf (volumes gonflables)
– Force 9 (salle de musculation et de culture physique)
– Aventure FM
– Roland Mack (Europa Park, Rust en RFA)
– Les docteurs Santucci, Guezennec et Lagarde, du C.E.R.M.A. (Centre d'études et de recherches de médecine aérospatiale)
– Christian Tourel, Valérie Potevin et la fondation Jean-Luc Lahaye (suivi Argos)
– Lucienne Riquet (mairie de Conflans-Sainte-Honorine)
– Serge Baudoin (diététicien, bionutritionniste)
– Raymond Faigniez (École de navigation moderne de Boissy Saint-Léger)
– Patrick Drouot (préparation psychologique)
– Anne Charpentier (dermatologue)
– Georges Krygier (paradontologiste, professeur à la faculté de chirurgie dentaire de Reims)
– Port-la-Vie (Saint-Gilles-Croix-de-Vie)
– Loch Wind Shop's (bateau pour les essais)
– Jean-Claude Montesinos (Accastillage Diffusion)
– Mireille et Patrick Darnay
– Rémi Jacquier

– Didier Doussin
– Jean Tirtiaux
– Vie et Force (préparation d'aliments naturels)
– Fusa Protection (bandes réfléchissantes 3 M)
– La résidence Marazul à Ténériffe
– Les salons Ricard
– Claude Buresi, Vincent Debeau, Guy Breton, Christian Tourel, Loïc Bourdon, Roberto Larrieu (construction skis et nacelle)
– Plastan (gilet de sauvetage)
– Atan (manchons latex)
– Gérard Baroth (Compagnie industrielle des réflecteurs radars)
– Gomex (chaussettes étanches spéléo, sac étanche)
– Aris (sac étanche)
– Le capitaine Kanazawa Shigeo, commandant du navire Taisei-Maru
– Les officiers et le médecin de bord de l'aviso *L.V. Lavallée*
– Alain Biancardini (consul de France à Trinidad)
– Capitaine Turlot du Sirpa de Fort-de-France (Martinique).

Crédit photographique

1. Sygma
2. Sygma
3. Sygma
4. Sygma
5. Sygma
6. Sygma
7. Sygma
8. Sygma
9. Sygma
10. Sygma
11. E. Préau/Sygma
12. E. Préau/Sygma
13. E. Préau/Sygma
14. E. Préau/Sygma

Croquis techniques et cartographie : Christian Tourel.

Table

Cet ouvrage a été réalisé sur
Système Cameron
par la SOCIÉTÉ NOUVELLE FIRMIN-DIDOT
Mesnil-sur-l'Estrée
pour le compte des Éditions Arthaud
le 14 octobre 1988

Imprimé en France
Dépôt légal : octobre 1988
N° d'édition : 1936 – N° d'impression : 10381